Research on Modernization of State Governance

国家治理现代化研究

第三辑

北京大学国家治理研究院
Institute of State Governance Studies, Peking University

中国社会科学出版社

图书在版编目(CIP)数据

国家治理现代化研究.第三辑/王浦劬主编.—北京:中国社会科学出版社,2019.6
ISBN 978-7-5203-4514-9

Ⅰ.①国… Ⅱ.①王… Ⅲ.①国家—行政管理—现代化管理—研究—中国 Ⅳ.①D630.1

中国版本图书馆 CIP 数据核字(2019)第 105396 号

出 版 人	赵剑英
责任编辑	许　琳
责任校对	鲁　明
责任印制	李寡寡

出　　版	中国社会科学出版社
社　　址	北京鼓楼西大街甲 158 号
邮　　编	100720
网　　址	http://www.csspw.cn
发 行 部	010-84083685
门 市 部	010-84029450
经　　销	新华书店及其他书店
印　　刷	北京明恒达印务有限公司
装　　订	廊坊市广阳区广增装订厂
版　　次	2019 年 6 月第 1 版
印　　次	2019 年 6 月第 1 次印刷
开　　本	710×1000　1/16
印　　张	18.75
字　　数	312 千字
定　　价	89.00 元

凡购买中国社会科学出版社图书,如有质量问题请与本社营销中心联系调换
电话:010-84083683
版权所有　侵权必究

《国家治理现代化研究》编辑委员会

学术顾问 徐湘林

主　　编 王浦劬

执行主编 张长东

执行编辑 王　婷

目 录

宏观视角与理论研究

中国治理：经验、问题与挑战 …………………………… 燕继荣（3）
论中国哲学在国家治理现代化进程中的积极作用 …… 郝 耕（21）
国家治理中的权威、代表与公共审议 ………………… 段德敏（31）
论社会无知、社会教育与社会风险管理 ……………… 黄恒学（47）
国家治理中的"国家"：场域抑或主体？ ……………… 李修科（55）

比较视角与历史研究

国家治理现代化与美国政治发展 ……………………… 刘国力（73）
国际比较下政府主导的政商关系及其外溢效应 ……… 冉 昊（96）
中国古代地方治理的经验：清代之"梗"的
　　透析 ………………………………………… 王 成　谢新清（111）
国外数字治理的过去、现在和未来 …………… 黄建伟　刘 军（125）

微观视角与实证研究

中国基层协商的主体赋权、程序操作及其民主效应 …… 佟德志（147）

省级人大常委会接受公众互联网利益表达的
　　机制探析……………………………… 高鹏程　张　恩（175）
社会网络、生活满意度与基层政府质量
　　——基于江西部分区县的问卷调查 ……… 聂平平　黄文敏（190）
基层公众参与政策执行的机制研究
　　——基于Y地搬迁避让事件的分析 ………………… 龚宏龄（209）
社区治理下的物业管理服务绩效及其
　　评价体系研究……………………………… 萧鸣政　周一昕（229）
城市水生态治理网络中的社会资本
　　研究……………………… 徐晓林　黄　宸　毛子骏（250）
地方治理中大数据技术运用的不足及改进 …………… 赵　滕（269）

Contents and Abstracts ……………………………………（280）

Macro Perspective and Theoretical Study
宏观视角与理论研究

中国治理：经验、问题与挑战[*]

燕继荣[**]

（北京大学政府管理学院）

摘 要 世界上如此众多的国家，无论是"领导国家"，还是"成功国家"，抑或"失败国家"，都与其治理能力有关。中国改革开放40年，国家治理能力和水平有了极大改善，不仅回应了20世纪90年代由于苏联东欧巨变引发的"中国崩溃论"的质疑，反而以发展速度创新记录、人民生活水平极大改善、综合国力大幅提升、国家地位和国际影响力与日俱增等显著成就，为全球治理提供了经验。本文试图依据一个历史悠久的大国的治理需求，总结和评估改革开放40年来的治理经验：追求多重治理机制的协同效应；坚持以经济建设为中心的发展战略；实行试点改革和逐步对外开放的方法；坚持集中力量办大事的原则；努力保持国家发展和治理的集中性、高效性、协调性、连续性。文章认为，中国治理得到了共产党集中领导的制度效应和改革开放的政策效应的"双重效应"支持，中国

---

[*] 本文作为教育部政治学重点研究基地"国家治理评估与经验研究"（16JJD810001）的阶段性成果，提交于2018年5月14日北京大学国家治理研究院·牛津大学布拉瓦尼克政府学院："全球视野下的国家治理"国际研讨会。
[**] 作者系北京大学政府管理学院教授、常务副院长，北京大学国家治理研究院研究员、副院长。

"改革开放"、实事求是、虚心学习的治理过程和发展模式的灵活性与适应性是取得成绩的关键原因；中国治理是本土的，中国治理也是不断发展的；今天，中国治理还存在并面临诸多问题，只要在治理过程中坚持实事求是、"改革开放"、虚心学习的原则和治理方式中保持制度的灵活性和适应性，中国治理必将为全球治理贡献更大智慧。

关键词 治理 威权主义韧性 中国崛起 改革开放 国家治理

改革开放40年，中国不断经受"崩溃论"的考验。有人预测，随着市场化改革的推进，中国在政治上也将发生重大变化，甚至会像1991年苏联解体、东欧共产主义"颜色革命"那样发生剧变。2010年末由北非突尼斯"茉莉花革命"开启的阿拉伯世界的政治变动，也曾经引起一些人对中国变化的类比性推测。现在，40年过去了，"中国崛起"或"中国复兴"的声音却似乎越来越响亮了。这一反差值得研究。一些海外中国研究者提出了"威权主义韧性"的概念（resilient authoritarianism）[1]，而更多的人则从中国的历史和现实出发，探究中国治理的经验，试图说明中国的不同。

在最近一百年的历史时段中，中国确实发生了翻天覆地的变化。从救亡图存、统一政权，到实现经济起飞，再到推进国家治理现代化，中国一直在探索现代化的道路，努力完成现代国家构建的任务。从长时段的发展角度看，中国在一定程度上完成了现代国家所需要的基础建设部分，比如，主权的统一性建设、政府的功能化建设、政权的制度化建设、经济生活的工业体系建设和经济组织的企业化改造、社会生活的城市化推进等。但也必须承认，伴随着经济规模、人均收入、基础设施、公共服务、民生事业光鲜亮丽的骄人业绩，中国当下也面临诸多问题，比如，地区发展不平衡，城乡差别较大，收入差距扩大，经济发展的资源环境代价过高，权力腐败严重，安全事故时有发生，群体性事件不

---

[1] Nathan, Andrew, "Authoritarian Resilience" *Journal of Democracy*, Vol. 14, No. 1, 2003. pp. 6 – 17.

中国治理：经验、问题与挑战

断。这些现实问题的存在也表明，中国在现代国家之基础建设的稳固性、上层建设的合理性方面还有短板，在国家生活的制度化、法治化、民主化、市场化、社会化的实施方面，还有较长的路要走。

中国领导人提出了"中华民族伟大复兴"的梦想，其具体表述是：(1) 在 2021 年中国共产党建立 100 周年的时候，实现"小康"目标；(2) 在 2049 年中华人民共和国成立 100 周年的时候，实现现代化目标。现在，中国的现代化还在路上，还需要继续全面深化改革。2013 年中国共产党十八届三中全会提出，通过全面深化改革，推进国家治理现代化。2014 年，习近平总书记进一步明确，要通过推进"全面建成小康社会、全面深化改革、全面推进依法治国、全面从严治党"的施政目标，推动改革开放和现代化建设迈上新台阶。2015 年中共中央又提出国家未来发展要坚持五大理念，即，创新、协调、绿色、开放、共享。之后，中国政府制定了"精准扶贫"政策，计划在 2020 年确保现行标准下中国农村贫困人口摆脱贫困。现在距离承诺实现第一个目标的时间只有 3 年，距离承诺实现第二个目标的时间还有 30 年，中国将如何实现伟大复兴的梦想，依然是世人关注的兴趣点。无论如何，总结中国治理的经验，分析其存在的问题和面临的挑战，都是中国研究必要的基础工作。

一　多维度的中国影像

作为东方大国的中国，因其传统的大国地位和近年来取得的经济发展成就，引起越来越多的关注。这些关注者当中，既有世界各国的政界商界精英，也有普通黎民百姓，还有从事专业研究的学者。不同的人从不同的视角关注中国，形成了不同的影像。

如何打量中国？从地理上说，中国是一个地域大国；从人口上说，中国是一个多民族的人口大国；从历史上说，中国是一个历史久远的文明古国；从经济上说，中国是一个发展中国家；从文化上说，中国是一个传统与现代文化交融的国家；从政治上说，中国是一个由共产党领导的国家。中国在国际社会经历了不同的评价：从"黄祸论"到"威胁

· 5 ·

论",从"机遇论"再到"救世论"①,每一种评价都或多或少地带有一定程度的误解和误读。

讨论中国治理的目的是通过对中国历史遗产的清点、对发展成就的总结、对现实问题的分析,尽可能给关注和关心中国的学者们、朋友们,还原一个真实的中国,增进各国学者、朋友就中国治理特色话题进行更多更深入的探讨和交流。

中国有句成语,叫做"盲人摸象",说的是由于大象的体积很大,几个盲人想要了解大象究竟长什么样子,于是都纷纷上前用手触摸。摸到象牙的说大象长得像萝卜,摸到象耳的说大象长得像蒲扇,摸到象腿的说大象长得像柱子……他们每个人说的都没有错,但却又都不是大象的真正模样;只有把他们的认知拼接起来,才是认识大象的正确方法。认知中国治理经验也是同样道理,如果摸索中国治理这头"大象"长什么模样,就要从不同的角度去切入,至少要知道它的几个关键"部位",这样才会形成整体把握,不至于管中窥豹、只见一斑。笔者认为,以下这些"要素"可以算作中国这只"大象"的关键部位:

中国具有悠久的国家治理历史。早在公元前2070年,中国就出现了夏王朝。夏王朝初步建立了从中央到地方的管理体制,中央设相、卿,地方封侯、伯,上下呼应,共同管理国家事务。西周的分封制和血缘关系维系的宗法制,使得周朝在中国历史上存在了近800年。公元前200年左右的秦王朝,在统一全国之后,推行了以皇权为中心的中央官制,同时在地方施行郡县制与中央官制相配合,建立起从中央到地方完整的具有极高效率的一套管理体制。几乎所有英国人在提起其具有1200多年历史的王室制度时,都会充满自豪和骄傲,因为历史上能以世纪作为计量单位的制度毕竟是屈指可数的,而且这项古老的制度得到延续并成功适应了时代变迁,在当今英国社会还起着不可替代的作用。我们可以怀着同样自豪的心情去认知秦王朝建立的管理体制,因为这套体制存在了2000多年并且在当今中国还在发挥着重要作用。县制仍旧是中国

---

① 2008年金融危机爆发以后,世界经济陷入普遍萧条的困顿状态,而中国经济依然保持强劲增长势头,因此,有一种言论认为中国是拯救世界经济的希望所在。

中国治理：经验、问题与挑战

不可或缺的治理形式。研究中国历史的人可以毫不费力地发现，中国现在近 3000 个县级行政单位中，有不少县的名字可以追溯到数百年乃至数千年前的中国古代。唐朝的三省六部制度使中国古代中央官制基本定型；元代的行省制度为中华帝国提供了治理辽阔疆土的宝贵经验；明王朝的内阁制度，清王朝军机处的设立，则使国家管理体系更为集中、统一。这一整套的管理体制从纵向上来看是延续未断的，从横向来看也是异常丰富和全面的，不仅包括从中央到地方的行政管理体系，还包括诸如察举制、九品中正制、科举制等选官用人体系，更包括"重农抑商"的经济体制和以儒学教育教化为代表的文化统治制度等。

中国是一个地域辽阔人口众多的国家治理大国。考察世界历史和现实不难发现，小型的城市国家，中等规模的民族国家，大型的多民族国家，有着不同的治理方式，因此，有人认为组织的规模决定了治理的方式。中国是一个大国，这个大国的"大"至少体现在两个方面，首先是体量大。西蒙·库兹涅茨把人口超过 1000 万的国家称为大国，人口超过 5000 万的称为真正的大国。[①] 按照这个标准划分出的大国，大多数人口只相当于中国的一个省而已。13 亿的人口量使中国多年来稳居世界人口大国首位，960 万平方公里的国土面积位居世界第三。几千年来，中国也孕育了不同的地域文化，形成了 56 个不同的民族，还有佛教、道教、伊斯兰教等诸多宗教。中国的经济体量也是巨大的，根据世界银行报告，截至 2016 年底，中国 GDP 总量仅次于美国，以 11 万亿美元排名世界第二，相当于排名第三到第六的日本、德国、英国和法国的 GDP 总量之和。在中国一年一度的"两会"上，经常有中国某个省份的省长在谈及省域的治理时，会让人感到像是在治理欧洲的某个国家。事实上，中国某些省份，诸如广东、江苏、浙江等省，在人口数量、经济总量和管辖面积等方面，与欧洲的一些国家的确不相上下。中国之"大"的第二个体现是差异大。比如地域差异，中国的海拔高度大致呈由西向东递减分布，而经济发展水平则是反过来的。不仅仅是经济发展水平，不同地区之间的管理水平、教育水平、宗教信仰乃至饮食文化都是风格

---

① [美]西蒙·史密斯·库兹涅茨：《各国的经济增长》，常勋译，商务印书馆 1985 年版，第 145 页。

迥异。还有收入差距，主要表现是贫富差异大：自中国推行社会主义市场经济以来，收入分配不均就日益明显并受到越来越多的关注。这不仅可能成为社会进一步发展的潜在阻力，也是危及社会稳定的一颗"不定时炸弹"。此外，城乡差异也是不得不考虑的因素。因为居住位置的不同，也实则是因为经济发展的工业化水平不同，中国城市和农村发展机遇差别非常大，这导致了城市和乡村"二元化"结构，城市和农村的收入水平、教育医疗水平、福利制度等都具有很大的差异。

中国的改革开放为国家治理提供了可充实拓展、可灵活利用的空间。中国自20世纪80年代推行改革开放政策以来，取得了举世瞩目的成就。在经济发展方面，中国连续30多年来保持了GDP年均9%以上的增速，中国经济总量已经连续3年位居世界第二，外汇储备位居世界第一。根据中国商务部数据，在近几年世界经济不景气的大背景之下，中国货物贸易进出口额继续稳居世界第一，2015年仍保持了3.95万亿美元的总体量。人均GDP从1980年的149美元上升到2015年的8000美元，增长了50多倍；在国民生活水平方面，国民预期寿命得到明显提高，由1982年的67.7岁提升到2010年的74.9岁，提高了7.2岁。中国人民受教育层次大幅度提高，基本扫除了文盲，实现了9年义务教育全覆盖。据官方数据，2015年，中国儿童学前三年毛入园率75%，达到中高收入国家平均水平；九年义务教育巩固率93%，普及程度超过高收入国家平均水平；高中阶段毛入学率达到87%；高等教育毛入学率达到40%（在每10个18岁到22岁的年轻人中，就有4个能够接受高等教育），超过中高收入国家平均水平[1]。中国快速发展的成就得到了世界公认，甚至有学者认为，中国1980年至21世纪初的近40年时间的历史意义，可以与英国第一次、第二次工业革命相比，因为在这段时间，中国实现了国家经济、社会、文化等各个层面翻天覆地的变化，极大地改变了国家面貌，提升了国民生活水平。尽管这些年来在中国发展过程中不乏国外政客或学者对于中国发展中存在的各类问题的质疑和批评，

---

[1] 据《中国高等教育质量报告》，中国高等教育入学率不断提升。1949年，高等教育入学率为0.26%；改革开放的1978年为1.55%；2015年为40%。与1949年相比，中国高等教育入学率增长超过150倍，预计到2019年，将达到50%以上，进入高等教育普及化阶段。

中国治理：经验、问题与挑战

但哪怕是批评者，也不得不承认中国确实取得了了不起的成就。要知道这个庞大的拥有古老历史的国家，60多年前还是战火纷飞，50多年前还在忙于阶级斗争，40多年前还温饱不保，30多年前还在争论要不要市场化改革，20多年前还在考虑要不要融入世界体系。许多人试图解释中国快速变化的原因，除了规模效应、积累效应、后发效应之外，中国共产党集中领导并坚持改革开放的制度效应和政策效应，恐怕是更加关键的因素。中国一直运行的制度，包括人民代表大会制度、中国共产党领导的多党合作和政治协商制度、基层群众自治制度、民族区域自治制度，在现代市场化的运行轨道上实现了"平移"，在国家开放的世界体系和自由竞争的环境中，在不断学习和改革的政策下获取了新的动力。现在看来，这套体系叫什么名称并不重要，重要的是它让一个后发大国高速发展的实效性。当然，这套制度并不完美，也未定型，它还处在随着国家发展战略的调整而不断被改革被完善的过程当中。不过，它也确实在"实事求是"的原则下、为讲究实效的中国人提供了可充实拓展、可灵活利用的空间。

把握以上几个关键要素，可对中国治理形成初步印象，至少不会与中国治理的实际情况偏离太多。中国治理的这些性质，决定了它无论怎么发展、发展成为什么样子，一定带有这样两个基本特征：

第一，中国治理是本土的。习近平总书记曾多次指出："一个国家选择什么样的治理体系，是由这个国家的历史传承、文化传统、经济社会发展水平决定的，是由这个国家的人民决定的"。这句话表达了中国社会各界面对选择何种治理模式这个问题时的基本态度。从历史来看，中国是世界上历史最为悠久的文明古国之一，国家的治理经验至少可以追溯到2000多年以前，拥有丰富宝贵的治国理政经验。这些经验和做法之所以能够延续久远，是因为它们作为长期积淀的产物，符合中国社会的实际情况，满足了社会调节的需求。尽管现代中国经济基础、社会形态发生了翻天覆地的变化，但中国社会和大众不可能短时间内丢掉所有文化传统和思维方式。所以，挖掘、吸收、创新、发展中国旧有治理模式，结合中国新时期的实际情况，构建中国特色的新的国家治理体系，不仅是完全有条件的，更是时代之需、民众之求。从现实发展来看，中国近40年来取得的繁荣与发展，正是现代发展要素和原则结合中国实际情况所获得的。从实际出发、实事求是是当代中国几乎全体国民的共识，中国人会以开放心态吸收借鉴西方治理体系的有用元素，最终将在中国历史遗产的基础上，以中国问题为导向，使之转化为中国自身的"治理工具"。

第二，中国治理是发展的。如西方世界现代化初期遭遇革命性变革一样，中国也经历过因为生产方式变革（工业化）引起的社会组织方式变革所导致的政治性革命。正如许多国家的经历所显示，重大政治性革命之后，在新的生产方式产生并推广之前，一个国家会进入一段相对持久的发展期。在这段发展期间，国家制度会随着社会产生的新问题而不断调适。制度调适和变革的"轮子"与社会矛盾和问题的"轮子"处于相互竞赛的状态，不断调适和变革的制度如果能够具有足够的包容性，为新的社会矛盾和社会问题提供化解的平台或通道，这个制度就具有了"韧性"而不至于"脆断"。中国改革开放的进程，实则是制度调适而扩大其包容性、提升其"韧性"的过程；中国改革的成就，实则是制度不断与时俱进地进行变革创新的结果。中国有句俗语"新瓶装旧酒"，说的是改变形式而不改变内容的变化。从中国今天的实际情况来看，内容的变化反而大于形式的变化。此外，中国地域辽阔、人口众多，各地情况非常复杂。城市与乡村之间、沿海与内地之间，经济、文化、教育等发展呈现明显的层次性和极大的差异性，特别是中国经济社会发展中存在二元结构：城乡差别大、地区发展极不平衡；原有经济体制在不同产业中的实现程度和运行绩效也不相同；产品经济、简易商品经济和部分自然经济并存。中国的多样性、不均衡，决定了中国治理在城乡之间、不同地区之间、不同产业之间的方式是完全不同的，治理的实施速度和绩效也会呈现很不一样。这些特性要求中国在治理方式改革的过程中，不能采取统一的方法，也不可能制定统一的时间表在短期内完成，而只能在各类问题中，挑出最紧迫、最重要的事项，由点及面，循序渐进，分步行动，最终摸索出符合各地实际的治理模式。

2012年11月，习近平总书记参观国家博物馆《复兴之路》陈列时，谈到中华民族的过去，用"雄关漫道真如铁"这句诗来形容，的

中国治理：经验、问题与挑战

确，近代中国遭受的苦难之重、付出的牺牲之大，在世界历史上较为罕见。自中国共产党主政中国以来，尤其是推行改革开放政策以来，中国在经济、政治、社会、文化等各方面，都取得了历史性成就。中国是一个正在崛起和复兴的大国，它的治理成果是中国社会和人民之幸，也为世界其他各国的发展提供了经验。

二　中国治理的特色

中国改革开放40年的发展，是主动的国家行为，中国的发展经验蕴含了国家治理的中国特色。

追求多重治理机制的协同效应。政治学家历来强调"混合制度"（mixed institutions）的重要意义，因为"混合制度"提供了多重的治理机制。中国多重治理机制的具体表现就是，坚持党的领导、人民当家作主、依法治国的有机统一。党的领导是社会主义民主政治建设的根本保证，人民当家作主是社会主义民主政治的本质要求，依法治国是党领导人民治理国家的基本方略。与西方国家政党有所不同，中国共产党是长期执政的政党，这就意味着中国共产党有着连续性的执政经验和执政资源。在中国建国和发展的过程中，中国共产党一直扮演了核心领导者的角色。从实际情况来看，中国共产党具有其他任何组织无可比拟的组织动员能力和综合协调能力，国家行政机构、国有企业、社会组织等基本上都由共产党员担任着领导职务。这样的组织体制，保证了党和国家层面推行的经济发展或政治改革政策能够得到最快速度、最大效率的执行，而效率往往是后发国家更加重视的因素。人民当家作主是社会主义民主政治的本质要求，与中共的执政理念得到契合。正是因为中国共产党制定和实施的改革开放政策符合了广大人民群众的切身利益，满足了人民在新时期日益增长的需求，这些政策才得以有效动员和贯彻。另一方面，通过人民代表大会制度和政治协商制度，以及人民与党和政府之间的各种互动渠道，保持了党和国家政策面向人民的开放性。依法治国是中国共产党领导人民推动社会各项事业的基本方略。党的领导在依法治国的范畴之内，不仅有利于规范党的执政权力和执政决策，也提升了

· 11 ·

党的执政科学性和效率性，有效巩固和保护执政党领导人民实现发展成果。总体来看，党的统一领导和协调，不仅维持立法、司法、行政的协调运转，而且保持政府机制、市场机制、社会机制共同发挥作用，这正是中国能够集中力量办大事、谋发展的原因所在。

坚持以经济建设为中心的发展战略。"发展"和"治理"是国家的双重任务："无发展的治理"意味着统治高压、政治空转、民生凋敝；"无治理的发展"意味着无序竞争、私利膨胀、公益衰退。"以经济建设为中心"是20世纪80年代以来中国共产党治国理政所坚持的重要原则。该思想源自中国改革开放的"总设计师"邓小平。尽管《邓小平文选》中并未出现"以经济建设为中心"这样的完整表述，但邓小平"坚持四项基本原则"、提倡"搞四个现代化"、主张"发展才是硬道理"等相关思想是明确的。这个原则并非凭空提出，而是饱含深刻的教训。20世纪50—70年代，中国治理高度政治化，显现"阶级斗争治国""意识形态治国""政治运动治国"的特点。政治色谱中"左"的倾向发展出"以阶级斗争为纲"的口号，导致长达十年的"文化大革命"内乱。这场声势浩大的民粹运动，造成国内很多官员、专家、学者的非正常死亡，造成正式法制的空缺，造成社会秩序混乱，使经济发展几乎陷入停滞甚至倒退，国家呈现了"无发展的治理"状态。在这样的时代背景下，以邓小平为核心的中国执政党总结了历史经验教训，提出了"坚持以经济建设为中心"的时代命题，明确了治理国家的本质首先是解放生产力和发展生产力，提出要以是否有利于发展社会生产力作为判断各方面工作是非得失的首要标准。从那时开始，中国共产党及其领导下的中国，在制定各类大政方针的时候，都优先考虑是否有利于生产力发展、是否有利于经济建设。这个战略至少带来两方面的好处：一是终止推行"以阶级斗争为中心"的政治运动。中共因确立了以经济建设为中心、坚持改革开放政策，实际上赢得了全国人民的支持，也使得国民收入迅速提高，生活水平在短期之内便得到改善，从而稳固了政权。二是经济建设为国家积累了资本，使得国力大为提升，进而保证中共的执政基础更加稳固，为新时期中共领导下的中国改善社会福利和公共服务状况，推进国家治理体制改革奠定了良好基础。

中国治理：经验、问题与挑战

实行试点式改革和逐步对外开放的方法。中国在谋求经济发展和国家治理两条战线各个层面改革的时候，基本上采用了试点性、增量性的原则。中国领导人没有选择将改革在所有领域和行业一次推开的"激进改革"（即所谓的"休克疗法"），而是采用"保守改革"的做法，力求在旧体制中培植新机制，并且选择实行"试点改革"，根据改革成效，对试点的相关政策进行完善，等待时机成熟和治理模式成型之后，再进行全国性的推广和建设。如此做法完全符合中国国情：中国国土面积、国家人口和经济体量大，国家内部不同地域、行业、领域之间差异性高，一次性推广某项改革或者政策，一旦出现故障而推行不下去，将会造成难以挽回的损失和局面。一般来说，中国推行一项试点性改革，包含三个主要阶段：一是形成试点方案，这个方案可能是一部分人或者一部分单位结合自身实际创立的某些新政策，也可能是由中央政府牵头制定的方案；二是试点政策的实施、修正和完善；三是全面推广和实施。经过这三个阶段推广的全国性政策，基本都是相对完善、有明显效果的政策。中国波澜壮阔的农村改革经历的就是这个过程：1978年，中国安徽省凤阳县的一个村庄，农民们率先进行了"分田到户、自负盈亏"的家庭联产承包责任制，这种做法改变了中国20世纪70年代以前的集体经济模式，极大地激发了生产力发展。中央政府并没有急于推广这个模式，而是做了进一步支持，进而观察这个模式，拉开了自主经营权、自主调控市场的序幕。中国对外开放的实施也经历了这样的过程：1979年，中央设立深圳、珠海、厦门和汕头四个经济特区，推行"特殊政策、灵活措施"，大力发展经济。1984年，又相继开放大连、秦皇岛、天津、烟台、青岛等14个港口城市，兴办经济开发区。1985年，再设立长江三角洲、珠江三角洲、闽东南地区和环渤海地区经济开发区。1988年，设立海南经济特区，进一步推广经济特区的建设经验，推进对外开放进程。1990年，又开设了上海浦东新区。中国在短短10年左右的时间，构建了一个全方位、多层次、宽领域的开放格局，完成了经济特区—沿海开放城市—沿海经济开放区—内地开发区这样一个开放过程。

坚持集中力量办大事的原则。利用有限资源，办理国家急需之大事，这是中国治理的重要经验。如邓小平所言，中国体制支持了"集中力量办大事"。"集中力量办大事"这项原则起源于中华人民共和国成立初期。由于中共实行民主集中制，所以，中共领导下的政府体制，能够集中全党全国力量，去完成某个政策或重大建设项目。这种体制的确存在着因为权力过于集中可能带来长官意志、官僚主义、贪污腐败等决策和政治风险，但在中华人民共和国成立初期，中国几乎没有工业产业，且不说基本的国防需要，连普通民众的茶足饭饱都很难保证的时期，这项制度让中国在最短时间内先后完成了原子弹、氢弹试爆，在1970年发射成功第一颗人造卫星"东方红一号"。也是凭借这项制度，1999年，神舟一号成功升天，到2003年，神舟五号成功将中国第一名航天员送上太空，使中国成为世界上第三个掌握该项技术的国家。之后，2008年，中国成功举办奥运会；2009年，中国"天河一号"成为全球最快的超级计算机；2012年，中国"蛟龙号"载人潜水器在世界上最深的马里亚纳海沟成功下潜至7020米深度。中国自主研发第一座快中子反应堆，中国亚丁湾护航，中国北斗导航体系建立，中国高铁走出国门，中国首艘航母"辽宁号"下水，中国成功探月，中国神舟九号实现太空载人对接，中国大飞机下线，中国成功开采可燃冰……这一连串的成就，让中国尝到的是"集中力量办大事"体制的甜头。在仅仅不到70年时间里，中国在航天科技、深海科技、计算机科技等多个方面从零起步，快速达到世界领先水平，这可以充分说明这项制度的正向作用。

三　中国治理的评估

目前中国治理过程中坚持的原则和采取的具体做法，是中国多年来经历发展总结得来的，是中国短时间内取得发展成就的"法宝"，它具有以下几个优势：

第一，集中性。正如中国改革开放"总设计师"邓小平所言，中国社会主义制度的最大优越性是"集中力量办大事"。中国能办大事，也办了好多别人办不了的大事，这是世所公认的。"集中力量办大事"与中国党、政、军、民、社高度一体的制度安排有着密切的联系。中国独

中国治理：经验、问题与挑战

特的体制安排有助于各级党政主管以及决策当局顺利开展施政计划，保证政策能够快速取得预期效果。但中国有句古话，叫做"金无足赤，人无完人"，这句话被用来形容世界上的人或物不会是完美的，总是有优点也有缺点。中国能够利用制度优势办大事是问题的一个方面，在运用这一制度优势时，也需要考虑到另外一面，即这种制度下，施政计划的好坏在很大程度上依赖于决策者和领导人的个人偏好、认知和判断。在历史上，中华人民共和国的创建者毛泽东，曾因为对时局的错误判断，发动了"文化大革命"运动，这场运动在这项制度的作用下，迅速推广到全国各地，给当时的社会发展带来了灾难性后果。所以在今后的国家治理过程中，如何避免决策的主观随意性和政策"跑偏"，是国家治理制度改革不得不考虑的问题。

第二，高效性。近代西方国家的兴起，主要是因为城邦国家为争夺生存资源，战争频繁，产生了征兵和征税需要。这就导致了贵族、国王和平民之间的较量不断，加之商品经济流行，城市市民阶层崛起，形成了三级会议制度和市民社会等制度。从源头上来看，市民们选择不信任政府，所以西方的制度安排是基于防范性分权和限权的考虑。而中国则不同，"大一统"的中国没有大力扩张或与别国竞争抗衡的足够动力，政府一直以来是国内民众唯一的管理者、公共服务提供者，所以中国的制度安排是基于信任性集权和赋权的考虑，因此，中国政府决策、执行的高效性是它的显著优势。但是，正如一些评论所言，高效性与合理性相配合算是大幸，因为政策合理，并且能够以最快的速度加以落实，政策的优势就能快速变现，带给社会和民众的效益自然是最大化的。但高效率如果与"三拍决策"[①] 相配合，那会给国家和人民带来很大风险。如何避免后一种组合的出现，应该是中国国家治理制度改革需要解决的问题。

第三，协调性。中国自上而下的中央集权领导体制，有助于政策资源的集中调配，消除社会发展的非均等化。因此，从理论上说，中国的

---

① 指的是部分官员"拍脑袋决策，拍胸脯保证，拍屁股走人"，做决策缺乏科学性和明确的责任性。

制度优势应该在协调区域差距，实现区域发展平衡，克服城乡差距、行业差距、贫富差距等方面发挥积极作用。事实上这项制度为缩小中国地区间发展差距也起到了作用，比如"西部大开发"战略、"东北振兴战略"等。由于中国20世纪80年代推行的对外开放，集中在中国区位优势明显的东南沿海地区，导致东部地区经济快速发展，与西部地区（包括中国西部12个省份，面积达685万平方公里）差距越拉越大，这不利于中国社会现代化进程，也不符合社会主义制度的本质要求。在2000年，中国开始实施"西部大开发"政策，把东南沿海的剩余经济发展能力，用来提高西部地区经济实力和国防实力。这一战略伴随各项配套政策迅速在中国西部地区推展开来，包括基础设施建设（如青藏铁路的修建）、"对口支援"、大学生志愿支援西部、"西电东送"工程、"西气东输"工程、优惠税收政策等，使得西部地区成为中华人民共和国成立以来"经济增长最快"、"综合实力提高最快"。应当承认，这些政策在其他国家都是难以想象和做到的。

第四，连续性。中国现代化的国家建设是一个长期的过程，它需要中国民众在具有现代意识和思维的核心力量领导之下长期不懈的努力。这样的要求在制度安排上更加凸显了"连续性"的意义，所以，在国家制度中保持执政党、执政团队、施政方针和政策以及官员任职的连续性也不难理解。政党是某些阶层或群体为了共同利益、共同目标而组织起来的一种政治组织，不同政党之间的主张和政见往往差异很大。与多个政党轮流执政的国家相比，中国单一的执政党无疑有利于政策的延续性。以中国对外开放制度为例，自1978年确立该制度以来，近40年过去了，中共每任领导人都坚持了该政策，并不断进行深化、补充和完善，保证了该政策得到彻底实施。此外，中国向来奉行的"和平共处"五项基本原则，该原则被用来处理中国的对外关系。这个原则自中华人民共和国第一任总理周恩来20世纪50年代提出以来，坚持了60多年，为中国和平稳定发展赢得了良好国际环境。然而，也必须承认，长期连续执政的政党，难免遭遇脱离群众、权力腐败、行政官僚化、缺乏危机意识等困境，因此，如何有效"治党"，是中国治理必须解决的关键问题。

中国治理：经验、问题与挑战

四 中国治理的问题与挑战

客观地讲，中国在一定程度上完成了现代国家所需要的基础建设部分，比方，主权的统一性建设、政府的功能化建设、政权的制度化建设、经济生活的工业体系建设和经济组织的企业化改造、社会生活的城市化推进等。但也必须承认，伴随着经济规模、人均收入、基础设施、公共服务、民生事业光鲜亮丽的业绩，中国依然面临诸多问题，比如，地区发展不平衡，城乡差别较大，收入差距扩大，经济发展的资源环境代价过高，权力腐败严重，安全事故时有发生，群体性事件不断发生。这些现实问题的存在也表明，中国在现代国家之基础建设的稳固性、上层建设的合理性方面还有短板，在国家生活的制度化、法治化、民主化、市场化、社会化这些被现代国际社会普遍认可的经验和原则的实施方面，还有较长的路要走。

2012 年 11 月 29 日，习近平总书记提出了要实现中华民族伟大复兴的中国梦。中国梦的提出，标志着中国的发展建设进入了全新时代。具体来看，中国梦包括两个目标，也被称为"两个一百年"，即在中国共产党成立 100 周年时，全面建成小康社会；在中华人民共和国成立 100 周年时，基本实现现代化。这两个宏伟的时代目标，来源于中华民族文化的深厚基础，也寄托着近代以来中国无数仁人志士、革命先烈的理想夙愿，更承载着新的历史时期中国人民实现幸福生活的美好梦想。

目标订立后，中国共产党制定了"四个全面"的实现战略，包括全面建设小康社会、全面深化改革、全面推进依法治国、全面从严治党。其中，全面建成小康社会是战略目标，全面深化改革、全面依法治国、全面从严治党是三大战略，为全面建成小康社会提供动力源泉、法治保障和政治保证；全面深化改革，既为全面建成小康社会提供强大动力，也是全面依法治国、全面从严治党的需要；全面依法治国，本身就是全面建设小康社会的重要内容，同时又为全面建成小康社会提供法治保障，无论全面深化改革、全面从严治党，都需要在法治轨道上进行；全面从严治党，是推进"四个全面"战略布局的关键，是实现"两个一百年"目标的重要保障。

2013年11月,中国共产党十八届三中全会在北京召开,会议正式提出"全面深化改革的总目标是完善和发展中国特色社会主义制度,推进国家治理体系和治理能力现代化。"这就把新时期中国国家治理提升到"全面深化改革的总目标"来对待。在2014年,中国领导人习近平又做了进一步阐释,依法治国是中国共产党领导人民治理国家的基本方略,法治思维和法治方式在推进国家治理体系和治理能力现代化中具有非常重要的作用,离开了"法治化"的评价尺度和标准而空谈国家治理现代化是没有实质性意义的。

新时期中国国家治理的概念,扬弃了国家统治与国家管理两个概念。国家统治指的是国家政权依靠国家暴力运用强制压制控制等专政方式来维护公共秩序,国家管理强调国家公共性,指的是国家政权在处理社会公共事务过程中对各种投入要素的优化组合和高效利用,以实现包括国家利益和国民利益等社会公共利益的最大化。而国家治理,继承了国家统治和国家管理中符合时代潮流的部分,比如以服务公众、维护公众利益为目的,但也有其新的内涵,比如强调国家政权需要向国家所有者即全体公民负责并可以被问责,强调国家政权所有者、管理者和利益相关者等多元行动主体共同参与国家管理,政府、市场和社会等多元力量协同治理。国家治理体系和治理能力现代化,实际上就淡化了"国家治理社会""国家主义""国家中心主义"等概念,从而把市场治理、社会治理等部分纳入到国家治理的范畴。

在当今中国,如何推进"国家治理体系和治理能力现代化"?目前中国国家治理效果和发展程度如何?这些问题值得进一步讨论。此外,中国确实还面临许多问题,成为治理的难题。

在过去40年的改革开放时期,中国的理论主要围绕改革开放并且以改革开放作为主题来阐发出来,因此,以经济建设为中心,满足人民物质文化需求为目标的发展理论成为主流。十九大提出中国发展的"新时代",还提出新时代中国特色社会主义理论的概念。从现实需求来说,这个理论也需要填充内容。新时代中国特色社会主义理论需要填充什么内容?就是要向世界人民提供国家治理和全球治理的中国方案。为此中国要交出进一步的答案：(1) 经济是怎么持续发展的？(2) 官员腐败是如何治理的？(3) 环境污染是如何治理的？(4) 贫困治理是如何实现的？(5) 法治进步是怎么推动的？(6) 民主化的挑战是如何应对的？这些问题其实也是中国政治学和公共管理学的经典话题。

五　结论

20世纪90年代，在苏东发生剧变时期，西方学者提出"中国崩溃论"，认为中国会和其他"红色政权"一样，迟早被"西方资本主义所征服"；进入新世纪，在2000年前后，美国匹兹堡大学经济学教授托马斯·罗斯基发表《中国GDP统计发生了什么？》[①]，对中国经济发展速度进行质疑，最终引起又一波"中国经济即将崩溃"的大讨论。中国发展到今天，不仅没有崩溃，反而取得了举世公认的成就：综合国力大幅提升，生活水平极大改善，国家地位和国际影响力与日俱增，发展速度创造了经济奇迹。世界上没有完美的制度，中国的发展也不是完美的，中国所采用的发展模式、治理模式也不可能是完美的，但是中国"改革开放"、实事求是、虚心学习的治理过程和发展模式的灵活性、适应性是克服这些问题的关键原因。

中国是具有悠久历史的大国，在历史上曾经取得过辉煌的成就，为古代世界文明做出了杰出贡献。中国也历经了痛苦和沉沦，近代以来，中国被西方国家侵占过，被迫签订过系列不平等条约，割让了大片国土，赔偿了大量财产，沦为殖民地半殖民地国家。但是中国人民前仆后继，没有停止过争取国家和民族独立的努力，经过近100年的流血斗争，中国最终实现了民族独立、国家富强。一路走来的中国人深知和平来之不易，所以他们在逐渐强大的时期仍然选择推行和平共处、互利互惠的外交政策。沉重的中国近代史，也让中国人懂得把握自身发展命运的重要性，这也是中国人相信中国特色发展道路的重要原因。"长风破

---

① Rawski, Thomas. "What's Happening to China's GDP Statistics?" *China Economic Review*, Vol. 2, 2001, pp. 347–354.

国家治理现代化研究·第三辑

浪会有时,直挂云帆济沧海",我们有理由相信,勤劳勇敢的中国人民,背后有着数千年的文化传统和积淀,面对新时期中国国家治理与发展过程中的挑战,也将一往无前、奋勇当先,与世界各国各族爱好和平的人们一道,为建设一个更加和谐、繁荣、文明的世界而贡献智慧和经验。

参考文献

[美] 弗朗西斯·福山:《国家构建:21世纪的国家治理与世界秩序》,黄胜强、许铭原译,中国社会科学出版社2007年版。

[美] 弗朗西斯·福山:《政治秩序的起源:从人类时代到法国大革命》,毛俊杰译,广西师范大学出版社2012年版。

[美] 彼得·埃文斯等:《找回国家》,方力维等译,生活·读书·新知三联书店2009年版。

[美] 曼库尔·奥尔森:《国家兴衰探源:经济增长、滞胀与社会僵化》,吴应中等译,商务印书馆2001年版。

[美] 德隆·阿西莫格鲁,詹姆斯·罗宾逊:《国家为什么会失败》,李增刚译,湖南科学技术出版社2015年版。

[美] 塞缪尔·P. 亨廷顿:《变化社会中的政治秩序》,张岱云译,上海译文出版社1989年版。

[美] 埃莉诺·奥斯特罗姆:《公共事务治理之道:集体行动制度的演进》,余逊达、陈旭东译,上海译文出版社2012年版。

王浦劬:《政府向社会组织购买公共服务研究:中国与全球经验》,北京大学出版社2010年版。

俞可平主编:《推进国家治理与社会治理现代化》,当代中国出版社2014年版。

燕继荣:《国家治理及其改革》北京大学出版社2015年版。

论中国哲学在国家治理现代化进程中的积极作用

郝 耕[*]

(西安财经大学公共管理学院)

摘 要 国家治理体系与治理能力的构建是当代中国政治生活领域的迫切任务。透过历史的种种迹象,比较中外国家治理经验,运用中国智慧对国家治理现代化过程洞幽烛微,多层次、多维度分析国家治理过程的得失与启示。资本主义国家经历了三百多年的发展,在政府与市场、政府与社会、政府意志与客观规律、公权与民权、国计与民生等矛盾关系的探索为我们提供了前车之鉴,其中政府与市场之间所表现出的自由—干预—有选择地干预的进步趋势,恰好契合了否定之否定中的正—反—合规律。而中国哲学人贵于物、义重于利、德高于力、群己和谐、天人合一、善统真美等观念也完全吻合现时代国家治理的核心价值诉求。实现国家治理现代化理应立足中国、放眼世界,站在人类社会发展的最前沿,结合我国政治经济演变实际,借力国外经验,依托自身智慧,找准推动我国政治文明现代化的基点,寻求合理性、合科学、合规律的国家治理道路。

关键词 国家治理 现代模式 哲学指引 中国道路

---

[*] 作者系西安财经大学公共管理学院教授。

国家治理现代化是实现国家治理的科学化、民主化、法治化，核心是以人民为中心。它既是中国特色社会主义制度发展和完善的必然要求，也是我国全面深化改革的总目标。习近平总书记依据我国的国情实际，在总结我国治国理政实践经验和借鉴西方国家社会治理经验的基础上所形成的融入中国智慧、呈现中国模式、体现中国特色的理论成果，充分体现了马克思主义国家理论对如何建设社会主义国家的新探索，以及中国共产党人运用中国本土文化对国家治理问题的新思考。

一 国家治理现代化是人类文明发展的必然结果

1. 现代西方国家治理理论的历史由来

西方资本主义国家发展过程中，核心命题之一就是政府与市场孰轻孰重博弈的问题。在自由资本主义时期，出于对重商主义的批判，亚当·斯密在《国富论》里提倡自由贸易和开明的经济政策，提出了市场经济会由"无形之手"自行调节的理论。这个时期政府的职能被形象地表达为"守夜人"，主要就是保卫国家领土完整和维护国家主权、防止社会利益被侵害，保护私人财产不受侵犯和市场机制不受破坏。亚当·斯密作为政治经济学的创始者一鸣惊人，以自由经济理论开辟了一个崭新的时代。但是，随着社会的进一步发展，市场固有的盲目性逐渐暴露，阶级矛盾日益严重，生产自发放任，周期性经济危机此起彼伏，整个社会陷入了混乱之中。残酷的现实告诉人们：市场为了追逐利润可以高度自觉地完成资本的有效配置，但市场本身却不会自动为建立社会的公平良序提供公共服务和公共产品。为了走出"市场失效"的阴霾，解决周期性的生产过剩，将西方社会从经济危机中解救出来，主张政府干预市场经济宏观调节的凯恩斯主义应运而生。凯恩斯主义刚刚实施时，政府发挥了干预作用，一定程度上遏制了西方经济危机，缓解了社会矛盾。但是，随着时间的推移，凯恩斯主义的负面影响不断涌现，一方面，政府官员自私自利的天性使其成为行政经济人，另一方面，政府为了追求权力最大化而不断扩大职能范围，导致机构庞大、人浮于事，官僚戾气滋生。到了20世纪70年代，人们再次发现，政府也有天生的

论中国哲学在国家治理现代化进程中的积极作用

缺陷。怎样才能既避免市场盲目自发的缺陷，又避开政府任意意志的缺陷？或者说如何才能实现政府意志与市场规律的统一？发达资本主义国家在经历了市场和政府双重挫败之后，试图寻求新的治世良方，尝试优化政府职能，进行政府创新，试图构建所谓企业型政府。① 布坎南作为公共选择理论的奠基者，把经济研究方法用于公共管理领域。公共选择理论的研究对象是公共决策问题。布坎南主张，通过所谓民主决策的政治过程来决定公共物品的需求、供给和产量，是把私人的个人选择转化为集体选择的一种过程，实际上就是试图利用非市场决策的方式对资源进行配置。所以说，公共选择本质上就是一种政治过程。经济人假设是公共选择理论和传统的政治理论相区别的初始设置所在。传统政治学假设政府是代表公民利益的，政府官员和政治家的目标是社会利益的最大化，政治学的基本内容是关于如何建立一个美好社会的规范性论述。公共选择理论依据经济人假设的前提，认为在经济活动中每个人都会追逐个人利益最大化，在政治活动中，官僚的活动和政府的行为也必然会充当行政经济人。政府并不会完全代表公共利益，政府的大多数政策倾向取决于官员之间、利益集团之间的利益冲突和平衡，甚至通过利益集团与政府勾结形成政治寡头。既然个人和官僚都是自私的，公共选择理论得出的最后结论就是，西方的政府失败是不可避免的。新自由主义指的是一种政治—经济哲学。它反对国家对于经济的干预，但它与古典自由主义相比又有显著不同。新自由主义提倡社会市场经济，即政府只对经济起调节以及规定市场活动框架条件的作用，提出自由应该是制度框架内的自由，而不是放任自流。它反对国家和政府对经济的不必要干预，强调自由市场的重要性，认为市场的自我调节是分配资源的最优越和最完善的机制，通过市场进行自由竞争，是实现资源最佳配置和充分就业的唯一途径。集中决策体制则不可能实现社会资源的有效配置，因为政府不可能有充分的信息做出明智的决策。由国家来计划经济、调节分配，就会破坏经济自由，扼杀"经济人"的积极性，降低生产效率。只

---

① 施雪:《国外治理理论对中国国家治理体系和治理能力现代化的启示》,《学术研究》2014 年第 6 期。

要有可能，私人经济活动都应该取代公共行为，政府不要过多干预，只有让市场自行其是，才会得到最好的结果。

西方国家历经几个世纪的发展，在政府和市场之间其所表现出来的自由—干预—有选择地干预的历史轨迹，对我们今天理解中国国家治理的内涵与外延，不无特定的参考价值。

2. 我国国家治理现代化呼唤中国智慧

一百年前，十月革命一声炮响，给我们送来了马克思主义。中国共产党把马克思主义与中国社会实际相结合，取得新民主主义革命和社会主义革命的胜利，在这一历史过程中，中国人民选择了中国共产党，建立了中华人民共和国。在接近七十年的社会主义建设和改革实践中，中国共产党领导中国人民对"什么是社会主义"以及"如何建设社会主义"进行了摸索、探索、思索，对国家治理的方式和内容进行了深入摸索、探索、思索，形成了毛泽东思想、邓小平理论、"三个代表"重要思想、科学发展观和习近平新时代中国特色社会主义思想等一系列重大理论成果。① 遵循这些思想，我们应该也能够站在中华民族伟大复兴和人类文明持续推进这一历史方位的制高点，创造性地运用中国智慧化解国家治理难题。

中华民族曾创造了富有智慧的政治文化，经历史沉积，其中的优秀成分内化而成为民族基因，比如"贵和尚中、善解能容，厚德载物、和而不同"的治理思想，就是我们所奉行的一种政治信念，在今天，应该可以成为全面深化改革和推进国家治理现代化的精神要素。

二　中国哲学中的治理思想

中国哲学在整个人类文明史上有其鲜明的精神风格，倡导以人为根本，以道德为主导，以权力和功利为基本主张，以自然无为为补充，以群己和谐、天人和谐为最高理想境界的价值体系。"以人为根本"就是肯定把重视人的价值作为其全部理论的基础，其他一切理论、政策的制

---

① 张雷声：《习近平国家治理思想的中国智慧》，《教学与研究》2016 年第 11 期。

论中国哲学在国家治理现代化进程中的积极作用

定都要围绕人在社会中的崇高地位而展开。"以道德为主导"就是强调道德价值高于其他价值，道德价值指导和制约着对其他价值的选择。"以权力和功利为基本主张"就是强调政治权力价值和物质利益价值在社会生活中具有不可替代的地位。"自然无为"就是在尊重人的社会能动性的前提下，同时强调顺应自然，不肆意妄为，不过分干预，防止人对自然环境的破坏。以"群己关系、天人关系的和谐"为理想境界，就是强调各价值要素间的相互平衡、相互制约、相互影响，从而实现个人和社会之间、人与自然之间的高度和谐，达到理想的存在境界。

1. 人贵于物观念。① 《孝经》引孔子云："天地之性人为贵"。人比万物贵，人与天地并是中国哲学最根本的观点。不仅如此，人还贵于神。《论语》云："未知生焉知死"，"未能事人焉能事鬼"，明确表示重人轻神的倾向。"人贵"观念支配着中国人一直以现实的理性态度，对待社会人生问题。珍视活生生的人生而不迷于世俗的金钱崇拜，重视现世今生的幸福而不耽于神秘的彼岸信仰。"人贵于物"的观念和西方哲学向往天堂、崇拜上帝的观念大不相同，中国人独特的世界观、人生观、价值观形成了相信人的德性和力量以创造价值的优良传统。只有人才是一切活动的目的，其余都是手段。

2. 义重于利观念。② 中国哲学史上有种种义利之争，但儒家义重于利的观念基本上占统治地位。道家强调的"绝义弃利"和墨家、法家主张的功利主义，都未能成为主流观念。"义重于利"一方面认为物质利益是必要的，另一方面认为道义原则高于物质利益。这种基本的价值倾向就形成了中国哲学轻视个人利益和社会公共服务而崇尚道德价值的重要传统。中国哲学的这一品质，既有益于人们重视道德修养，重视精神生活，一定程度上抑制了人与人之间赤裸裸的利害关系，阻止了拜金主义的滋生蔓延；又有碍于国家对个体民生的关怀和对群体生态的重视，一定程度上延缓了底层民众对社会文明成果的享用，助长了道德虚伪化倾向。

---

① 赵馥洁：《中国传统哲学价值论》，陕西人民出版社1991年版。
② 同上。

3. 德高于力观念。① 中国哲学在道德和实力（物力、人力、权力、暴力等）二者之间主张德高于力。实力对每个人而言虽然很必要，但和人的道德相比则要低一个层次。法家推崇的暴力统治和墨家崇尚的强力劳动，经过历史的选择最终没有成为古代中国社会的主流意识，而儒家主张的德高于力观念被社会所接受。德高于力与义重于利，共同成为中国哲学价值取向中的两大理论支柱。德高于力是政治上"为政以德"，外交上"修文德以来之"，教育上"明明德"、"明人伦"，人才上"惟贤惟德"等一系列方针政策的哲学基础。

4. 群己和谐观念。② 中国哲学中道家贵己尚独，墨家、法家贵群尚同，儒家则取其中庸，主张在以社会群体为主的基础上，建立群己和谐的社会关系。个人从属于社会，个体依附于群体，家庭依赖于国家，只有首先维护好集体利益，个人利益才能得到保障。这种基于集体主义之上对个人价值的尊重，高度强调国家和党群利益优先，重视公共权力和个人权利和谐共生的理论。

5. 天人合一观念。③ 中国主流哲学一直在追求天人合一，并以天人合一为最高境界。从孟子的"知其性则知天性"开始，中经董仲舒的"天人感应"，到宋明时期的"天人合一"，始终在追求天人合一的至善境界，并把仁义道德看做天人合一的枢纽，认为人是天生的，人的心性与天的德性相通，天是人之本，人是天之心，天与人处在和谐的统一体中。中国的天人合一观念，不但消除了天人之间的对抗意识，促使了人与自然的和谐，同时还解决了人对天神的畏惧，避免了宗教迷误。我国先民站在哲学高度所揭示的生态和谐、天人共在思想非常准确地吻合了人与自然和睦相处的规律。

6. 善统真美观念。中国传统哲学认为，就真善美而言，善应该统摄真与美，善是真的准则，又是美的尺度，善统领真和美。在儒家看来，"真"主要不是指对物质世界的真理性认识，而是指对道德本质的真正把握和道德行为的真诚无伪，讲真人、真君子；"美"也不是

---

① 赵馥洁：《中国传统哲学价值论》，陕西人民出版社1991年版。
② 同上。
③ 同上。

指能给人带来美愉，体现人精神自在的审美意向，而是指道德的充实和完满，讲美德、美意。至善的境界就是至真至美的境界，尽真尽美的未必尽善，而尽善的必然尽真尽美。善对真美的统领，深刻地阐释了社会治理的真谛不仅要追求合科学性、合法理性、合规律性，更要追求合人伦性。

三 中国哲学对国家治理现代化的启示

对中国哲学进行解读，可以梳理出较为成熟的治国理政的思想。这些思想对于塑造当代中国政治文明与社会公平良序，对民族复兴伟大实践可以提供重要借鉴。

1. 民为邦本，心系苍生是国家治理现代化的基石

国家治理现代化，就是制度设计和执行要合规律性。客观规律的核心内容是符合人民性。《尚书》云："民惟邦本，本固邦宁"。孟子曾在《孟子·尽心下》中指出："民为贵，社稷次之，君为轻。"荀子在《荀子·哀公》中也讲，"君者，舟也；庶人者，水也；水则载舟，水则覆舟"。民为国之本、立国当为民是我国传统政治架构的基本关系。以民为本要求统治者在治国理政中要重民权、顺民意、施仁政。具体讲，其一，爱民。"乐民之乐者，民亦乐其乐；忧民之忧者，民亦忧其忧。乐以天下，忧以天下，然而不王者，未之有也。"（《孟子·梁惠王下》）其二，教民。"善政不如善教之得民也。善政，民畏之；善教，民爱之。善政得民财，善教得民心。"（《孟子·尽心上》）。其三，富民。孟子指出："有恒产者有恒心，无恒产者无恒心。苟无恒心，放辟邪侈，无不为己。"（《孟子·梁惠王上》）所以要制民之产，使民众"仰足以事父母，俯足以畜妻子，乐岁终身饱，凶年免于死亡"（《孟子·梁惠王上》）。其四，恤民。"易其田畴，薄其税敛"（《孟子·尽心上》），轻徭薄赋，不与民争利。① 仁政的实质虽然只是一种道德承诺和执政态度，

---

① 王芸：《中国传统文化资源的国家治理价值举要》，《广西师范大学学报》（哲学社会科学版）2017 年第 11 期。

但它毕竟寄寓着中华民族对美好生活的期待，对和谐社会以及正义文明的追求。由此可见，仁政精神所强调的爱民、教民、富民、恤民，与国家治理现代化所遵循的规律性高度契合。

2. 德法互济、礼刑结合是国家治理的基本模式

以法治为主要治国方式的现代法理政治，正在替代以道德教化为主要统治手段的传统伦理政治，然而面对高度复杂性和高度不确定性的现代风险社会，任何一种单一的治理方式都有其局限性。虽然说依法治国是现代国家治理的一个重要特征，但我国由于经历了长期的人治历史，所以，德法互济则更适合我国实际。德法互济的思想和实践可追溯至西周初年。周公在总结夏、商两代兴亡更替的历史教训时，对其暴力执政、屈辱人性、迷信鬼神的治国方式予以否定，提出了旨在顺天依德的"天命靡常，惟德是辅"的天命观，揭示了德法互济的必然性和可行性。孔子主张的"德治"以"仁"为基本精神，以"礼"为外在形式。孟子基于性善论，丰富了德治的内涵。荀子提倡隆礼重法，将观念形态的"德治"转化为制度形态的"礼制"，促进了儒家思想制度化发展。韩非子基于现实主义立场阐述了性恶论，借以论证法治的合理性。黄老学说的"无为而治"，提倡轻徭薄赋、约法省刑、与民生息。董仲舒依据"人道本于天道"的天命观和"性分三等"的人性论，阐述了"德为阳，刑为阴"的德主刑辅的合理性。被中国历史所选择的德法互济、礼刑并用的国家治理模式为历代统治者所遵循，并进一步演化为各朝立法、司法、行政的指导原则。

3. 道治盛行、和谐大同是国家治理的理想目标

"道治"出自《黄帝四经》。何为"道治"？逻辑的解释是"以道治理"。道治的内涵是按照自然和社会产生之初便存在的、客观的、不以人的意志为转移的规律治理一切社会事务。简言之，道治就是规律之治。自然和社会都有内在的规律和秩序，它们同源于道，道之恒常决定了社会之恒常。道治实现的根本方法和途径就是法治。因为，道之规律不是虚无空泛的，它在人类社会的唯一载体就是各种各样的法律，法由道生，道由法显。《黄帝四经》提出的道治原则包括：一是以人为本。因循天道就是顺人之心、从人之情。二是予取得当。政

府向人民、国家向社会的收取和给予，应当合适有节，这是决定国家治乱兴亡的一个重大问题。三是公正无私。"天地无私"，"四时不息"，公正无私是道的本质属性，自然也是道治的内在要求。四是平衡合度。平衡是立法施政的一个重要原则，"应化之道，平衡而止，轻重不称，是为失道"。"道"，就是规律。行政之道，就是应天时、合法度、顺民意。

《礼记·礼运》云："大道之行也，天下为公，选贤与能，讲信修睦。故人不独亲其亲，不独子其子，使老有所终，壮有所用，幼有所长，鳏寡孤独废疾者皆有所养，男有分，女有归。货恶其弃于地也，不必藏于己；力恶其不出于身也，不必为己。是故谋闭而不兴，盗窃乱贼而不作，故外户而不闭，是谓大同。"其中描述了社会和睦、各得其所、政治民主、各尽所能、财产公有、良序公平的大同世界。和谐社会就是历代中国人向往的理想国。和谐就是承认同一是斗争的同一，是在尊重差异性基础之上寻求共在、共生和共赢之道。2006年，中国共产党根据社会发展的实际，提出了构建社会主义和谐社会的战略目标，2017年10月习近平总书记在十九大报告中强调要把我国建成富强民主文明和谐美丽的社会主义现代化强国，倡导国际之间构建合作共赢的"人类命运共同体"等等，这些社会发展愿望和国家治理理想，可以视为古老东方政治伦理的当代回响。

4. 社群至上、舍生取义是国家治理的价值取向[①]

儒家学说通过提倡"仁、爱、礼、忠、孝及天道"以实现"治国"、"平天下"的价值诉求，它以血缘关系为纽带、以自然经济为基础、以"家国同构"为内容形成了"社群至上"的伦理主张，强调国家意志对社会秩序建构的普遍影响，社会关系、社会活动和利益分配要服从这一基本立场。儒家基于国家的社会观和基于个人的价值观是相互支撑的。一方面强调个体利益和私人伦理要受国家需要和政治体系的制约，另一方面强调社会平衡和国家稳定离不开普通个人的维系。《孟子·滕文公下》记载的"居天下之广居，立天下之正位，行天下之大

---

① 车运景：《儒家伦理"社群至上"的当代价值》，《企业管理》2011年第11期。

道；得志，与民由之；不得志，独行其道。富贵不能淫，贫贱不能移，威武不能屈，此之谓大丈夫。"千百年来被历代志士仁人所传诵。儒家追求的"成仁成圣"理想人格和"修齐治平"道德实践以及"以天下为己任"的奉献精神对于今天我们建构国家治理体系和优化国家治理能力均具有重要的积极影响。

国家治理中的权威、代表与公共审议

段德敏[*]

(北京大学政府管理学院)

摘　要　公共审议或民主协商是国家治理中的必要组成部分，但人们通常认为审议的公共性和有效性主要来自广泛的政治参与，以及与之相关的对个人和社会行动主体（相对于政府）的权力扩散。这一思路导致以政治代表为主要表现形式的政治权威被想当然地看作公共审议的对立面，以至于有很多人认为政治权威与公共审议构成一种天然的此消彼长的关系。本文认为，这是一个误解，无论是当代中国国家治理的经验，还是西方国家中的代议政治实践，都可以证明，政治代表是现代民主政治得以维持一定形式的有效审议、从而避免单纯由力量决定公共规则的关键要素。更为关键的是，我们亟需从理论上对政治代表内含的公共审议属性进行规范性的审思。

关键词　国家治理　权威　公共审议　政治代表

一　引言

在政治理论研究领域，相比其他概念如"民主""正义""自由"等，"代表"（representation）或"政治代表"（political representation）

---

[*] 作者系北京大学政府管理学院副教授，北京大学国家治理研究院副研究员。

问题的研究可以说出现得较晚。虽然"代表"早就大量存在于近现代社会的政治话语中，但直到1967年汉娜·皮特金（Hannah Pitkin）的专著《代表的概念》（*The Concept of Representation*）[1] 问世之后，才开始陆续出现这方面的专门研究。从2003年到2011年，《美国政治科学评论》（*The American Political Science Review*）上刊登了曼斯布里奇（Jane Mansbridge）和雷菲尔德（Andrew Rehfeld）两位教授在代表问题上的来回论战，一共四篇论文。[2] 这些论文是典型的政治理论研究成果，无论对一般意义上的政治学研究，还是对某些具体或微观问题的实证研究，其重要性不言而喻。在当代语境中，"政治代表"难免和"民主"有一定关联。除曼斯布里奇和雷菲尔德外，近年来明确地在民主研究的语境中处理代表机制的还有曼宁（Bernand Manin）的《代议制政府的原则》（*The Principles of Representative Government*）、乌碧纳蒂（Nadia Urbinati）的《代议制民主：原则和谱系》（*Representative Democracy: Principles and Genealogy*），等等。另一方面，在民主理论研究领域，当代最显著的发展之一就是对"协商民主"（deliberative democracy）概念的关注，协商民主被认为是比单纯选举政治更高级的民主政治形式。[3] 那么，政治代表在协商民主中起到什么样的作用？二者之间的关系如何？

就政治代表与协商民主之间的关系这一更细化的问题而言，目前也已有一定的研究。史蒂芬·汝门斯（Stefan Rummens）曾非常深刻地分析了代表性机构在民主协商过程中的重要作用。[4] 迈克尔·萨沃德（Michael Saward）主编的《民主创新：协商、代表和联合》（*Democratic In-*

---

[1] Hannah Pitkin, *The Concept of Representation*, Berkeley: University of California Press, 1967.

[2] Jane Mansbridge, "Rethinking Representation," *The American Political Science Review*, Vol. 97 (4), 2003, pp. 515 – 528. Andrew Rehfeld, "Representation Rethought: On Trustees, Delegates, and Gyroscopes in the Study of Political Representation and Democracy," *The American Political Science Review*, Vol. 103 (2), 2009, pp. 214 – 230. Jane Mansbridge, "Clarifying the Concept of Representation," *The American Political Science Review*, Vol. 105 (3), 2011, pp. 621 – 630. Andrew Rehfeld, "The Concepts of Representation," *The American Political Science Review*, Vol. 105 (3), 2011, pp. 631 – 641.

[3] Amy Gutmann & Dennis Thompson, *Why Deliberative Democracy?* Princeton & Oxford: Princeton University Press, 2004, pp. 13 – 20.

[4] Stefan Rummens, "Staging Deliberation: The Role of Representative Institutions in the Deliberative Democratic Process," *The Journal of Political Philosophy*, Vol. 20, No. 1, 2012, pp. 23 – 44.

novation: *Deliberation*, *Representation and Association*) 一书中专门有一部分讨论代表与审议（deliberation）之间的多重关系。① 在国内学界近年来有关协商民主研究的大潮中，也有对此问题的注意。② 协商民主研究专家何包钢教授 2015 年发表在国际学术期刊《代表》（*Representation*）上的《调和协商与代表：对协商民主的中国挑战》（*Reconciling Deliberation and Representation: Chinese Challenges to Deliberative Democracy*）③ 专门在中国语境中讨论了这一问题。何教授长期观察浙江泽国、温岭等地的协商民主实验，积累了一定规模的材料和数据。如其标题所示，该文主要是展示和分析泽国等地民主协商过程中对代表机制的作用。这里的"代表"又主要和费希金（James Fishkin）的"协商民意调查"（deliberative polling）方法有关，④ 即所谓"统计意义上的代表"（statistical representation）；其次才是和选举有关的所谓"政治代表"（political representation）。这篇文章虽然涉及协商民主中的代表机制问题，并试图以中国的例子证明"协商"与"代表"两种民主政治中的"价值"可以互相结合，但它基本上将代表看作获取"民意"的某种方法，对协商民主的规范性要求以及代表机制在这方面的影响和作用还有很多误解，尤其是涉及所谓"代理"模式和"代表"模式的优先问题方面。

为弥补上述缺陷，本文即试图在理论进一步探讨、澄清政治代表与协商民主之间的关系。这一理论工作的重要性在于：一方面，它有助于我们理解现代民主政治的复杂性，特别是涉及政治代表和协商民主；另一方面，它能帮助我们在实际调查研究过程中提出更正确、更有意义的问题，并且指导协商民主实践。

---

① Michael Saward (ed), *Democratic Innovation: Deliberation, Representation and Association*, London & New York: Routledge, 2000.
② 段德敏：《重新认识代表制在协商民主中的地位和作用》，《国外理论动态》2014 年第 9 期。
③ Baogang He, "Reconciling Deliberation and Representation: Chinese Challenges to Deliberative Democracy," *Representation*, Vol. 51 (1), 2015.
④ 参见 James S. Fishkin, *The Voice of the People: Public Opinion and Democracy*, New Haven, CT: Yale University Press, 1995.

二 作为规范性政治理念的协商民主

作为一个政治理念,"协商民主"(deliberative democracy)的原初内涵并不复杂。简单而言,它指的是人们通过相互之间的"协商"(deliberation)来就共同事务进行决策。这一简单定义起码又包含以下几个方面:(1)存在一个共同体(community),通常来说指的是一个政治社会(political society);(2)这一共同体需要进行采取对所有人都有效力的决策,典型的如立法;(3)这种决策由共同体成员共同商讨、审议完成。需要补充的是,共同决策是共同体存在的前提,如果人们在意见统一的情况下可以各自分道扬镳、各自为自己决策,那么共同体也就不必要或者无法存在了。我们自然知道,为共同体做决策的方式有很多种,比如以武力为后盾,由一个人、一个家庭或一群人为共同体做决策,这差不多可以说是人类历史迄今为止持续时间最长、最普遍的方式,但这显然不能叫做"民主",更遑论"协商民主"。民主政治起码要求人们自己为自己做主,比较方便、而且也非常普遍的决策的方式是"多数决"(majority rule),即在需要决策时用数人头的方式通过。但这种决策方式也有弊端,因为多数人的意见不一定是对的或最好的,"多数人的暴政"是一个屡见不鲜的话题。在这一背景下,"协商民主"理念的提出无疑和人们想要更"好"、更"高质量"的民主有关。

因此,协商民主首先是一个规范性概念,如同人们对正义——无论其具体内涵是什么——的追求一样,人们同样也有对更好的民主的追求。这并不是说到目前为止的民主政治都是纯粹的"数人头"。杜威(John Dewey)曾经这样说过:"多数决(majority rule)确实如其批评者说的那样愚蠢,但它又不止于此",因为数人头常常"迫使人们使用讨论、协商和说服的方法"。[①] 所以协商民主理念实际是一种对现实政治,主要是民主政治的参照,要求民主政治更有效地纳入"协商"的成分。

[①] John Dewey, *The Public and Its Problems: An Essay in Political Inquiry*, University Park, Pennsylvania: The Pennsylvania State University Press, 2012, p. 154.

同时，至少从哈贝马斯（Jürgen Habermas）开始，协商民主理论家们始终在思索如何在现实政治中更好地实现这一点，尤其是制度上的改进。

作为一种"民主理论"，协商民主理论又明确地与当代比较流行的其他类型的民主理论区别开来。例如，熊彼特（Joseph Schumpeter）的"精英民主理论"中，民主被理解为一种"方法"，"民主方法就是那种为做出政治决定而实行的制度安排，在这种安排中，某些人通过争取人民选票取得做决定的权力"。[①] 在熊彼特对民主政治的理解中，没有任何同"协商"有关的成分，民主基本上被看作政治精英们夺取权力的方法，只不过同古代的战争、杀戮等方法不一样，"民主方法"的要点在于选票（或"多数票"）。另一种比较典型的民主理论是所谓经济民主理论（economic theory of democracy），它试图将经济学的一些方法——如理性选择和博弈论，运用到政治领域，将民主政治看作一个"政策市场"，政党或政治代表们像企业家那样兜售他们的政治主张，公共决策是不同利益之间博弈、妥协的结果。[②] 在这种至今仍颇为流行的民主理论中，[③] 协商或对话同样没有什么重要性。这种民主理论看似复杂、先进，其实是早期自由主义政治经济学的翻版，它基本上将政治看作满足个人利益的工具或过程，并不认为政治参与本身有什么内在的价值，最多是在限制政府权力、让政府感到来自民众的压力方面有一定的作用而已。[④]

因此，尽管不同的学者对协商民主会有不同的定义，但他们几乎都会强调该理念所包含的"公共性"（the public）。更有学者将协商民主

---

① 约瑟夫·熊彼特：《资本主义、社会主义与民主》，吴良健译，商务印书馆1999年版，第395—396页。
② Anthony Downs, *An Economic Theory of Democracy*, New York: Harper, 1957.
③ 相关研究著作还可参见，Kenneth Arrow, *Social Choice and Individual Values*, New Haven: Yale University Press, 1963. Duncan Black, *The Theory of Committees and Elections*, Cambridge: Cambridge University Press, 1958. Bernard Grofman (ed), *Information, Participation, and Choice, An Economic Theory of Democracy in Perspective*, Ann Arbor: The University of Michigan Press, 1995.
④ 这种视角最早也许可追溯到洛克（John Locke）那里，他将公共权力的性质看作个体公民的"信托"（trust），其目的是保证个人可以在和平、有秩序的环境中追求财富和幸福；革命作为民主政治的基本形式，是在该信托失效的情况下才发生。参见洛克《政府论》（下篇），叶启芳、瞿菊农译，商务印书馆1996年版。

理念与共和主义联系在一起，指出他们与自由主义共同的区别。[1] 与共和主义传统相类似的是，协商民主理念强调政治参与的内在价值，人们参与政治不一定或起码不仅仅是为了争取资源、实现个人利益最大化，它更是一个完整的人的体现，人们在这种参与公共生活中学习与他人共处、培养公共美德，并进而成为"更好的"人。因此，很多共和主义思想家和协商民主理论家都会从亚里士多德（Aristotle）和古希腊城邦共和政治那里获取灵感。[2] 但与很多共和主义思想家，如汉娜·阿伦特（Hannah Arendt）等——不同的是，协商民主理论家们更强调协商与规范性决策之间的联系，即人们通过理性对话找到他们都能接受的规范或原则。这在罗尔斯（John Rawls）那里表现得尤为明显。在价值相当多元的当今社会，如何找到一种不同立场、不同阶层、不同信仰的人们都能接受的一套规范或正义原则？罗尔斯认为，只有把自己放到别人的立场上，通过理性的协商，才会有希望，此即罗尔斯所谓"公共理性"（public reason）的意涵所在。[3] 与康德（Immanuel Kant）的方法类似，协商民主的理论家基本都强调政治平等的原则，都要求将政治生活中的个人看作目的而非工具。

三 政治代表机制的潜在挑战

在现代民主政治中，政治代表机制很自然地与选举关联，代表由选民选举产生。因此，政治代表机制与上述协商民主政治理念很容易发生冲突。但是，我们需要对此做更清晰的分析。借用皮特金的定义，"代表"指的是"让不在场的在场"（making present something not present）

---

[1] *Deliberative Democracy: Essays on Reason and Politics*, James Bohman & William Rehg ed., Cambridge, Massachusetts: The MIT Press, pp. ix‑x. 另可参见 Cass R. Sunstein, "Beyond the Republican Revival," *The Yale Law Journal*, Vol. 97 (8), 1988, pp. 1539–1590.

[2] Miriam Galston, "Taking Aristotle Seriously: Republican Oriented Legal Theory and the Moral Foundation of Deliberative Democracy," *California Law Review*, Vol. 82 (2), 1994, pp. 329+331–399.

[3] John Rawls, "The Idea of Public Reason," in James Bohman & William Rehg (ed), *Deliberative Democracy: Essays on Reason and Politics*, Cambridge, Massachusetts: The MIT Press, pp. 93–131.

的过程,① 如画家用一幅肖像画来"代表"一个不在场的人,让那个人变得在场。在政治领域,政治代表则是让不在场的选民变得在场,并且以选民(被代表者)的名义、代替他们采取政治行动。这一机制普遍存在于现代民主政治中,以至于很多时候人们将民主政治和政治代表机制等同。根据上述熊彼特和唐斯(Anthony Downs)等人比较流行的民主理论,选择政治代表就是选择某种政策主张或某种利益导向。必须在此指出的是,如安卡斯密特(Frank Ankersmit)所说,"代表"也许是政治理论中最"中性"的概念,它本身并不具有规范性含义,② 因此有代表机制的地方并不意味着"协商"的成分就更少。但是,政治代表机制的性质和运作机理又确实可能会与协商民主的理念冲突。承接上一部分关于协商民主的分析,下文将分别从平等、理性和政治参与三个角度分析这一潜在冲突。

1. 平等

偏重于"数人头"的竞争性民主,人们有时候称之为"聚合式民主"(aggregative democracy)。③ 协商民主理论的支持者们之所以对它感到不满,从根本上说是因为它所带有的"强迫性"(coerciveness)特征。我们可能会本能地认为,民主政治取代专制,即意味着政治领域中"说服"取代了"强迫"。但正如上文所指出的,聚合式民主中"说服"的成分并不多,选票数量成为决定立法、政策制定过程的主要因素,因而这给了"非民主"因素很多可乘之机,如政治精英的作用、资本的影响,宗教、民族、种族势力所扮演的角色等。很多时候,所谓民主的决策,只不过是强迫性力量发挥作用的另一种形式而已。在这一背景下,协商民主理论要求在政治领域尽可能排除强迫性要素,平等地对待每一位公民,无论他们所拥有的财富多少、社会地位如何、种族及宗教归属等等。

---

① Hannah Pitkin, *The Concept of Representation*, Berkeley: University of California Press, 1967, pp. 8 – 9.
② Frank Ankersmit, *Aesthetic Politics: Political Philosophy beyond Fact and Value*, Stanford: Stanford University Press, 1996, p. 24.
③ Jack Knight & James Johnson, "Aggregation and Deliberation: On the Possibility of Democratic Legitimacy," *Political Theory*, Vol. 22 (2), 1994, pp. 277 – 296.

然而，政治代表机制可能会对这种"政治平等"的原则造成损害。在政治领域中，政治代表和被代表者之间是不平等的，代表通常拥有更多的话语权和采取政治行动的能力。这里当然有所谓"代理"（delegate）和"代表"（representative）之间的传统区分，前者是指代表要随时听命于选民的命令，而后者则意味着代表可以有自己的独立判断，不用随时听命于选民。但即便就前者而言，之所以要采取措施让代表听命于选民，防止代表偏离选民的意见，本身就意味着代表拥有更大的权力，他（她）与普通选民之间在政治能力上是不平等的。在典型的议会或人民大代表大会制度结构中，显然代表能更有效地发表意见、制定法律政策。而选举作为代表的通常产生手段不仅没有缓解，反而会更加剧这种不平等。曼宁在其《代议制政府的原则》一书中，径直将由选举代表制描述为"一个民主贵族制"（a democratic aristocracy）。事实上，曼宁指出，从古希腊亚里士多德时期一直到近代，人们都将选举看作一种贵族体制，因为被选出来的人一定会以某种形式和其他人区别开来。在古代城邦政治中，能够被选举出来担任公职的大多是受过良好教育、有身份地位的贵族；在现代政治中，教育、金钱、地位、个人魅力等等众多因素都可能扮演着重要角色。[1]

2. 理性

如上文所示，公共理性是协商民主理念的核心所在。在一个政治体中，人们所共同遵守的外在规范，其来源应该是公共理性，而不是某种宗教，或特定的传统、偏见、强制性武力、某种功利主义原则等。这种公共理性一般并不要求人们像柏拉图那样在形而上的领域找到某种"真理"，它更接近康德的程序性方法，即每个人都将自己放在别人的处境中，通过平等"对话"找到能适用于所有人的原则，这就是所谓公共理性的内容。为此，罗尔斯曾专门设计一个所谓"无知之幕"的场景，假设其中所有人都不知道自己在真实生活中的身份——或穷或富、或健康或疾病、信仰、肤色，甚至世界观如何等等。当他们在这一场景中试图

---

[1] Bernard Manin, *The Principles of Representative Government*, New York University & CNRS, Paris: Cambridge University Press, 1997, pp. 132–148.

共同商讨找出一个规范其真实生活中的正义原则时，他们"应该"是在使用公共理性而非和某种特定身份有关的方法。① 罗尔斯使用这个比喻是为了说明民主政治应该努力实现的目标，现实中的民主应该是公民对公共理性的真实使用。

需要指出的是，协商民主理念并不必然排斥政治代表机制，哈贝马斯就曾设想过所谓"双轨制"——社会层面非正式的意见形成过程和国家层面正式的立法过程，其中代表，尤其是在国家层面显然是有必要的。② 但在这里，代表仅仅扮演一个边缘性的角色，它在必要的时候有用，但并没有那么大的用，充其量只是在国家较大、公民人数较众时为有效实现公民间的"协商"所采取的必要之计。本文第四、五部分将对这一点提出批评，但在这里，我们需要知道的是，代表机制在现代政治中所扮演的"非理性"角色也许比哈贝马斯等人预计的要大。越来越多的研究表明，现实政治中很少有政治代表仅仅"反映"被代表者的意见，选民也并总是能够透过代表机制将自己的声音传达进正式立法过程。事实上，说"总是"太夸张，至少代表们经常主动塑造选民的意见、影响他们的偏好，让他们符合某种预先设定的议程或政治目标。在这一过程中，当代大众传媒的发展反而扩大了操纵的可能性，让选民之间变得更加分裂，理性的对话变得更为困难。③

3. 政治参与

政治参与和协商民主之间的关系显而易见，而代表机制则历来被认为与参与相矛盾。在这一点上，卢梭（Jean-Jacques Rousseau）也许能为我们提供最清晰的分析，虽然他与协商民主之间并没有直接的关联，但他通过康德形成了对哈贝马斯等人的公共理性概念的显著影响。④ 卢梭以近乎彻底的方式展示了政治代表机制与政治参与之间的矛盾。与共

---

① John Rawls, *A Theory of Justice*, Cambridge, Massachusetts: The Belknap Press of Harvard University Press, 1999.
② Jürgen Habermas, *Between Facts and Norms: Contributions to a Discourse Theory of Law and Democracy*, trans., William Rehg, Cambridge, Massachusetts: The MIT Press, pp. 298–299.
③ John Corner & Dick Pels (eds), *Media and the Restyling of Politics*, London: Sage Publications, 2003.
④ Alexander Kaufman, "Reason, Self-Legislation and Legitimacy: Conceptions of Freedom in the Political Thought of Rousseau and Kant," *The Review of Politics*, Vol. 59 (1), 1997, pp. 25–52.

和主义传统一致，卢梭认为，人们只有能够自己为自己立法，才称得上有自由。① 而为达此目的，需要尽最大可能让每一位公民都参与公共政治生活。代表机制会造成大多数公民被排除在立法过程之外。表面上看来，代表是公民们选举出来的，但这改变不了一个事实，即人们服从的法律最终是由那些政治代表们制定的，而不是他们自己制定的。在这里，卢梭指出，任何代表只能是"部分"，都无法与由公民全体组成的公共的"整体"及其"公意"相提并论。因此，从逻辑上说，由代表们制定的法律不可能是公意的结果，公意是不能被代表的。正因为此，卢梭才尖刻地嘲讽当时著名的英国代议制："（英国人）只有在选举议员的期间，才是自由的；议员一旦选出之后，他们就是奴隶，他们就等于零了。"② 另一方面，同当代协商民主理论一致，卢梭还强调政治参与对公民美德的培养作用，而"推举议员、自己呆在家里"显然不利于这一点。

综上，我们可以看出，政治代表机制与协商民主理念之间存在不可忽视的冲突的可能。我们应该深入了解、并正视这种可能，而非匆匆地得出可以结合二者优点的结论。

四　政治代表机制再思考

很多时候，人们对代表机制的诟病与其对公民群体的"区分—限制"效果有关，一旦将共同体的成员分为代表和被代表者两个部分，人们感到不安全，感到"民主"的理想受到威胁。卢梭是这一反应的最典型代表，他在为当时的波兰设计政治制度时，因为国家和人口的庞大，感到不得不设制代表制，但他一再强调代表要随时听命于选民、回应选民的意见，后者对前者的控制越充分越好。③ 在前文所引的何包钢教授的文章中，作者也反复强调"代理模式"（delegate model）的优先性，代表机制在协商民主中如果有作用的话，它主要体现在将分散的民众意

---

① [法]卢梭：《社会契约论》，何兆武译，商务印书馆2003年版，第26页。
② 同上书，第121页。
③ [法]卢梭：《政治制度论》，崇明等译，华夏出版社2013年版，第69页。

见搜集、反映到协商过程中,代表具有自主性的"政治代表"模式应该是等而次之的。但正是在这一点上,我们有必要对代表制进行再审视,并以此作为重新理解代表制与协商民主关系的第一步。

我们在这里需要近代早期另一位对政治代表研究做出重要贡献的思考家埃德蒙·伯克(Edmund Burke)的帮助。与上述卢梭关于政治代表的观察几乎截然相反,伯克认为代表应该听从自己的良心而不是选民的命令。他在其著名的《对布里斯托尔选民的演说》(Speech to the Electors of Bristol)中这样说:

> 作为一名代表,能够与他的选民亲密无间,高度一致,并且毫无保留地交换意见,应该是他的光荣。选民们的意愿对他来说当然很重要,他们的意见应当受到高度尊重,他们的事务,应当始终予以重视。他有义务为了他们的安宁、快乐和舒适而牺牲自己的安宁快乐和舒适。最重要的是,在任何情况下,他都应当永远将他们的利益置于自己的利益之上。但他却不应该为了你们,为了任何一个人或一类人而舍弃自己公正的立场,成熟的判断力和开明的良心。这些东西并非来源于你的快乐,绝不是的,也并非来源于法律和宪法。它们是上帝的信托,他必须为滥用它们负很大的责任。你们的代表不仅应当为你们勤奋工作,还应当运用他的判断力,如果为了你们的意见而放弃自己的判断力,这不是为你们效力,而是对你们的背叛。①

伯克在这里表达的意思很清楚,代表一旦被选出,他(她)代表的应该是政治共同体的整体利益或"公共利益",他不应该随时听命于将其选出来的那部分选民。伯克自己曾做过多年英国下议院布里斯托尔选区的议员,他至少在两件大事上和其选区选民的主流意见相左。第一件

---

① [英]埃德蒙·伯克:《埃德蒙·伯克读本》,陈志瑞、石斌编译,中央编译出版社2006年版,第78—79页。

有关大不列颠和爱尔兰之间的贸易问题，港口城市布里斯托尔选民极力反对开放自由贸易，因为这会损害该市的贸易垄断地位，但伯克从长远角度考虑支持自由贸易。第二件和天主教徒权利有关，伯克强烈反对歧视、压迫天主教徒的《惩戒法》（Penal Law），但其选区大多支持保留该法案。从后来者的眼光看，毫无疑问，伯克是对的，那些放弃他的选民们是错的。[①] 但这至少为我们提出了这样一个问题，政治代表制包括代表的"独立性"，并不一定与民主的理想相违背，也不一定与今天的协商民主理念矛盾。相反，这二者可能可以互相契合，代表机制可能会促进民主协商。

伯克在这里讨论的主要是代表及其选民之间的关系，因为议员要代表整体利益，所以有时候不得不与选民直接的、当下的意见相冲突，这似乎还不直接涉及我们在这里关心的协商民主的问题。但他在别的地方分析了该代表关系在议会中的后果：当所有议员都代表国家整体利益（或"公共善"）时，很显然他们各自的意见并不会一致。议员都试图"代表"整体利益，但他们又有各自的立场。伯克实际上将其关于代表的理论又向前推进了一步，即地方选区在议员对整体利益的代表中也占有很重要的位置。我们可以这样描述"地方选区—议员—整体利益"之间的关系：议员代表整体利益，但他（她）对整体利益的理解带有地方性的特色或视角，他（她）仍然受地方选区的制约，但又与地方选区之间有一定的距离。[②] 借用萨托利（Giovanni Sartori）的话来说，这一意义上的代表是"整体的部分和部分的整体"。[③] 伯克的讨论基本到此为止，但如果更进一步，我们可以看到，不同的对整体利益的代表之间可以进行对话和协商，说服对方，努力找到各方都能接受的有关整体利益的立法和政策方案。

"整体"和"部分"这两个要素对协商民主都至关重要。首先，协商民主需要的正是在"整体"利益上的对话、交流、协商，这里的"利

---

① 主要因为这两件事，伯克于1780年失去了在布里斯托尔下院的席位。
② ［英］埃德蒙·伯克：《埃德蒙·伯克读本》，陈志瑞、石斌编译，中央编译出版社2006年版，第70—81页。
③ ［意］萨托利：《政党与政党体制》，王明进译，商务印书馆2006年版，第54—56页。

益"又应当作最广义解，即它不仅包括经济利益，而且或者更加应该包括共同体的共同规范、正义原则。正如在哈贝马斯那里所体现的那样，公共空间的对话之所以必要，首要原因是人们在共同规范方面的价值取向多元化，这是其所谓"交往行动理论"（theory of communicative action）的前提。① 协商民主理论之所以如此强调整体，多少和"整体决定部分"这一原则有关，至少就哈贝马斯而言，这种对"结构性因素"的关注来自于法兰克福学派的马克思主义背景。然而在当下很多有关协商民主的研究中，这一"整体"要素经常被忽视。以前文所引何包钢教授的研究为例，如果"代理"模式和"统计抽样"式代表被放在优先位置，那么进入协商过程的大多只能是分散的"部分"，他们之间发生的交流更可能是部分之间的妥协，这实际上和唐斯的经济民主模式并无太大区别。协商民主过程的参与者应该是以公共利益和共同规范为导向的对话，目的通过互相"说服"找到更好的生活在一起的方式。同时，显而易见的是，这种协商的发生需要人们对"部分"的立场有充分的尊重，进入协商过程的各方都只能是对整体的部分理解。

唯一能同时承载"整体"和"部分"这两个要素的就是政治代表机制。而且，同何包钢教授等人的理解不一样的是，对协商民主能够真正起到建设性贡献的一定不是"代理"模式的代表，而只能是"公共善"为导向的政治代表。退一万步说，即便我们以一个成员规模很小（如30人）的共同体为例，假定实行所谓"直接民主"，真正有效协商的前提也是每个成员都以"各自的方式"代表"整体"，而不能仅仅代表其个人。伯克所说的代表与选区之间的"距离"在这里表现为，参与协商的个人要努力从"高于个人"的角度参与交流，公共理性和公共美德只能从这里开始发生；但同样重要的是，这又并不是要求他们完全否定个人"小我"。将卢梭与伯克关于代表的分析有机结合起来，我们可以看到一个更完整的关于代表机制对协商民主的正面作用。

---

① Jürgen Habermas, *The Theory of Communicative Action* (*Vol.* 1), trans., Thomas McCarthy, Boston: Beacon Press, 1984.

五 代表机制与民主协商中的"边缘"意见

以上内容已经建立起政治代表机制与协商民主之间的正面联系，为了使这一分析更完整，我们还需考虑民主协商的过程，尤其是"边缘"意见在其中的处境。政治代表机制在这方面的作用其实已经隐含在上述分析中，但其重要性值得在此单独展示。

我们可以从协商民主理论的批评对象熊彼特开始，而作为一种协商民主理论经常援引的学说熊彼特的民主理论又是从其批评的所谓"民主政治的古典学说"开始的。在这种古典学说中，"人们认为存在着一种共同善，它是政策的指路明灯，……每一个正常人通过合理争论都能了解它"。[①] 然而，熊彼特说，这恐怕是关于民主政治的最大误解。事实上，"不存在全体人民能够同意或者用合理论证的力量可使其同意的独一无二地决定的共同善，这主要不是因为某些人可能需要不同于共同善的东西，而是由于更根本的事实，即对不同的个人和集团而言，共同善必然意指不同的东西"。另外，熊彼特还认为，即便我们假设人们就某项共同善达成一致，在与其相关的很多问题上的意见分歧——例如如何实现该项共同善——也会导向人们在目的本身的问题上无法调和。[②] 在这一批判基础上，熊彼特放弃了民主政治的古典学说，提出应该将民主界定为一种方法，从而有了上文提到的他对民主的定义。

哈贝马斯等人正是试图超越此类狭隘的民主理论，号召人们重新回到公共空间，围绕共同善进行"说理"。然而，这并不意味着熊彼特的批评就完全没有道理。客观地说，在任何一个民主协商过程中，协商的结果都不可能是绝对正确的。这里起码有一个认识论上的困难。可以说，在某些给定的条件下，我们能为某些问题找到确定的答案。例如，

---

① [美] 约瑟夫·熊彼特：《资本主义、社会主义与民主》，吴良健译，商务印书馆1999年版，第370页。该译本将"Common Good"译为"共同福利"，本文在引用时一律将该词改译为"共同善"，下同。

② [美] 约瑟夫·熊彼特：《资本主义、社会主义与民主》，吴良健译，商务印书馆1999年版，第372页。

在基本算术的范畴内，1+1一定等于2。但在政治领域，协商的对象是"共同善"，以及和"共同善"直接相关的共同体行动。事实上，我们没有任何方法能像解数学公式那样计算出共同善的正确内容。这也意味着，无论协商过程中的人们多么诚心正意、多么"理性"，协商的结果都可能会在某些方面出现偏差，可能会对某些人造成不利，即便当时看不出来，我们也不能排除它在将来可能会产生这样或那样的消极后果。可以说，这是人之为人的一个根本困境。如果协商的结果号称能为集体行动指明一个绝对正确、合理的方向，那它其实与宗教无异；如果它声称能够像解数学公式那样为公共善找到没有瑕疵的内容，那这其实是将人与无生命的事物等同。

因此，从规范意义上说，协商民主的过程应该能够将这种人的有限性体现出来，我们不应该放弃公共空间中的说理，但同时又应该谦虚地认识到我们也许永远无法找到一个有关公共善的"真理"。正是在这一点上，政治代表机制可以提供对协商民主的最大支持。如卢梭所说，"代表"一定是特殊的、有限的，它一定只能是部分的代表，永远不可能和"整体""公意"等同。然而，恰恰是这种不一致，即代表和人民全体之间的不可消弭的距离，使得公共空间说理的有限性变得可见。具体来说，民主协商的结果既是集体决定，同时也应该是在代表的推动之下达成。如果有议案A、B、C、D，分别由四位不同的代表提出，那么最后的结果也应该是其中某项议案的修改版本，或某几项议案的综合版。哪怕是全部议案的综合版，它也最终必须由某个或某些代表来推动。就最终的协商结果而言，推动它的代表应该为其承担一定的个人责任，同时也可以享受它所带来的荣誉。将最终协商结果打上代表的特殊色彩的目的，正是为了保证协商的过程是永远开放的。否则，如果像卢梭所坚持的那样否定政治代表，则最后只能是一个永远正确的"公意"的胜利。

作为同一枚硬币的另一面，"公意"的绝对胜利也意味着很多边缘性意见被排除在了协商过程之外。然而，我们不知道那些所谓边缘性的意见是否一定错误。人类社会的历史一再证明，人们在某一时期认为大错特错的东西，在另一时期会被认为是对的。政治代表机制能够使得那些边缘性意见正当地存在于协商过程当中,始终保持可见。

六 结语

政治代表机制在现代民主政治中是一个极为普遍的存在,但它与民主政治之间的关系却历来存在争议。在近代以来的很长一段时间中,甚至直到今天,流行的观点认为代表机制只是民主政治在公民人数过多的情况下的权宜之计。就目前来说,已有越来越多的学者开始认真地重新审视、理解这一对关系,并得出与此流行观点迥异的结论。协商民主是现代民主理论中规范性、批判性较强的一种,它对现代民主政治的指导意义巨大。然而,无论是在国外还是国内,我们对协商民主与政治代表机制之间的关系尚有很多误解,尽管关于协商民主的理论和实践研究已较充分。本文的分析表明,一方面,政治代表机制确实有可能与协商民主的基本规范要求——特别是平等、理性和政治参与——之间发生冲突。然而,在另一方面,如果我们将协商民主看作一个开放的、包容的政治过程的话,政治代表机制又必不可少,在缺乏有效的代表机制的情况下,民主协商过程很容易导向对"公意"的过度强调。这二者之间的关系比很多现有的研究所预设的要复杂得多,但它也正是人的政治活动本身的复杂性的体现,对其深入研究于我们的政治发展至关重要。

论社会无知、社会教育与社会风险管理[*]

黄恒学[**]

(北京大学政府管理学院)

摘 要 现代社会存在各种社会风险,强化社会风险管理是完善国家治理体系的重要任务。本文运用多学科理论和方法,探索社会无知、社会教育与社会风险管理之间的关系。作者提出无知人假设的哲学命题,并据此提出了社会无知的基本理论假设,据此认为,无知人假设应该成为教育学和管理学的基本理论假设,社会无知人假设应该成为社会教育学与社会管理学的基本假设。社会无知会导致各种社会问题和社会风险,而社会教育则是增进社会知识、减少社会无知的根本途径。因此,积极开展和全面推进各项社会教育,构建教育型社会,有利于改善社会调适性,有利于强化社会管理,从而可以有效地减少和避免社会风险。

关键词 无知人假设 社会无知 社会教育 社会风险 社会管理

当代社会复杂多变,存在着各种各样的社会风险。只有建立和完善

---

[*] 本文系北京大学国家治理研究院和国家社会科学基金资助成果。
[**] 作者系北京大学政府管理学院教授,公共政策系主任,博士生导师,北京大学国家治理研究院研究员,北京大学恒学会导师,黄恒学堂首席教授,黄恒学校校长,黄恒学院院长,陕西省兴平市牵手希望小学名誉校长。

社会风险管理机制，才能有效地防范、减少和化解社会风险，从而进一步完善国家治理体系，提升国家治理能力，实现国家长治久安。

而要强化社会风险管理，就必须深刻认识产生各种社会风险的根源。现代社会是一个异常复杂多变的多主体和多元化的互动系统，存在着多种多样的不确定性和社会风险。产生各种社会风险的根源也是多方面的，既有天灾，也有人祸。在这其中，社会无知是产生社会风险的一个重要根源。本文首先从管理哲学角度提出"无知人假设"，并从世界观和认识论的高度，界定了"无知人"的基本概念，探索了无知人的边界、范围、根源和意义。继而依据无知人假设这个前提，界定了"社会无知"的基本概念，考察和分析了各种各样的社会无知现象及其根源，讨论了社会无知可能造成的各种潜在的社会风险与问题，探索了社会教育与社会风险管理之间的关系，提出了通过开展社会教育、减少社会无知和增进社会知识以强化社会风险管理的管理对策。

一 无知人假设及其理论依据

任何研究都是从问题与假设开始的，问题只是在于研究者是否明确提出了问题和假设。理论包括真理与假理，所谓真理，是指可以通过人的实践来证实或证伪的道理；所谓假理，是指无法通过人的实践来证实或证伪的道理。显然，由于真理认知的复杂性，假理要多于真理。哲理既包含真理，也包含假理。从这个意义上讲，假大空是哲理的特性之一。一般说来，基本理论假设都是研究问题的前提和出发点。比如说，理性经济人假设，或自利人假设，是现代经济学理论的基本假设；而经济人假设、社会人假设、权变人假设、复杂人假设、自我实现人假设及其他各种人性理论假设，则是现代管理学理论的基本假设。事实上，基本理论假设往往被人们视为公理，而所谓公理则是依据人类理性无需证明的基本命题，公理不证自明，公理是用来推导其他定理的基本命题。从基本理论假设出发，就可以推导出一系列相关的理论命题、定理、原理和原则。

为了探寻社会风险的深层次根源，更好地揭示社会教育与社会风险之间的内在联系，本文提出一个新的基本理论假设，可以概括为无知人假设。

所谓无知人假设，就是假定所有的社会成员都是无知的人，人本无知，人人无知，终身无知，永远无知。笔者认为，无知人假设，应该成为哲学、管理学、教育学、社会学及其他相关学科的基本理论假设。

那么，凭什么假定所有社会成员都是无知的人，所有的人都是无知的人呢？无知人假设的理论依据何在？笔者认为，所有人都是无知的人，主要理由如下：

首先，未知世界决定了人的绝对无知性。所有的人都要共同面对全人类都不知或无知的世界，所有的人都要面对未知世界。世界的无限性，决定了世界的无限神秘性。世界的无限神秘性，决定了人类永远也无法揭穿世界的奥秘。就这个意义上讲，无论人类文明如何进步，无论人类认识水平怎样提高，总有全人类所不知的世界。笔者认为，世界的无限性和人类认识能力的有限性，决定了人对世界认识的有限性，也决定了人类知识的有限性。相对于无限神秘的世界，人类的知识总是显得太少太少。面对无限的未知世界，人总是处于不知和无知状态。我相信，世界的无限性，决定了人的无知状态的普遍性和永恒性。从这个角度上讲，古人无知，今人无知，来人也无知。后知后觉者无知，先知先觉者也无知。凡夫俗子无知，圣贤伟人也无知。我假定所有的人都是无知的人，新生儿无知，幼儿无知，儿童无知，青年无知，中年无知，壮年无知，老年无知，人人无知，终身无知，永远无知。因此，世界的无限性，决定了人类知识的有限性，决定了所有人的无知性。

其次，在人类已知的世界里，由于社会分工、知识分化以及认识能力和水平不同，造成每一个人知识化程度不一样。总是有人先知，有人后知；有人多知，有人少知；有人知，有人不知，如此等等。但是，无论先知后知，无论知多知少，无论知与不知，笔者认为，每一个人都要面临未知和不知的世界。在当今信息社会里，各种新知识层出不穷，知识总量不断膨胀，笔者相信，任何一个人都无法完全掌握人类已有的知识。就这个意义上讲，所有的人都是相对无知的人，没有一个全知全能的完人。

总之，本文提出无知人假设，主要基于两大理由：一是人对未知世界的绝对无知，二是人对已知世界的相对无知。

人的无知，既是人的行为障碍，又是人的行为动力。正确认识世界，有利于人适应世界，改造世界，享受世界，创造世界。而教育则是增加知识和克服无知的有效途径。

二 社会无知假设与社会无知现象分析

社会是指在特定环境下共同生活的人群，是在特定环境下形成的个体间的存在关系的总和。社会是人的社会，社会是人的集群，社会是人的共同体。因此，个体的无知就会导致社会群体无知，无知人假设就可以推导出社会无知假设。

所谓社会无知，是指社会主体的无知，是指社会人群的无知。社会无知既包括社会个体无知，也包括社会群体无知。

在现实社会生活中，不难发现各种各样的社会无知现象，比如说消费者无知，投资者无知，生产者无知，劳动者无知，交易者无知，管理者无知，病人无知，医生无知，专家无知，教授无知，科学家无知，知识分子无知，如此等等，无知者无时无刻无处不在。

人无完人，知无完知。由于世界的奥秘的无限性与人的能力的有限性，决定了人对世界认识的局限性。笔者认为，在特定意义上，每一个人都是盲人，只是盲点不同而已。在现实社会生活中，存在着各种各样的盲人，文盲，科盲，艺盲，法盲，食盲，色盲，医盲，药盲，沙发盲，睡盲，路盲，旅游盲，如此等等。

三 社会无知是产生各种社会问题与风险的重要根源

社会风险的根源异常复杂，既有天灾，也有人祸。笔者认为，人的无知是产生各种人生问题和人生风险的深层次根源，而社会无知则是产生各种社会问题和社会风险的重要根源。在现代社会生活中，每一个社会人，同时也是一个政治人、经济人、文化人和自然人。而人的社会无知，同样也会表现为政治无知、经济无知、文化无知和自然无知。既然我们假定所有的人都是无知的，而无知的人的思想和行为就必然具有一定的盲目性和冒险性。因此，我认为，构建并运用无知人假设这个基本理论与方法，有助于探寻和研究产生各种社会风险的深层次根源，从而探索相应的社会风险管理的基本对策。

首先，人的无知会导致人的社会行为和社会生活的盲目性与非理性，而社会人的盲目性与非理性行为，就会增加社会生活和社会秩序的不确定性与潜在风险。现代社会是一个异常复杂多变的社会，也是一个充满着各种不确定性和风险的社会。笔者认为，社会人无知是导致各种社会风险的重要根源。在高度分化和多元化的现代社会生活中，无知的社会人无时无处不在行动。例如，无知的股民因血本无归而聚众闹事，无知的吃瓜群众围观起哄，无知的网民上当受骗，无知的医生滥开药方，无知的患者胡乱投医，无知的食客中毒身亡，无知的青少年违法乱纪，无知的大仙装神弄鬼，无知的游客迷失方向，如此等等。人的科学无知、法律无知、艺术无知、文化无知、历史无知、现实无知、未来无知及其他各种社会无知现象与后果表明，无知会造成各种严重的社会问题和风险。一般说来，社会无知会使人失望、失落、失意、失恋、失业或失败，造成社会无序、无良、无效。由此可见，无知的社会人，无时无刻不在制造各种社会麻烦和社会风险。

其次，人的无知会导致人的公共选择与公共决策行为的盲目性与理性，而社会政治主体的盲目性与非理性行为，就会增加社会政治生活的不确定性与潜在风险。笔者认为，高度集中统一的公共决策体制和机制固然存在种种弊端与潜在风险，而各种分权化的所谓民主决策体制和机制也必然存在着各种不可避免的非理性与盲目性。没有全知全能的上帝，没有完全理性的社会精英，也没有完全理性的候选人与投票人。笔者认为，现代民主政治制度是一种充满盲目性与非理性的风险政治体系，各种戏剧般的政治冲突、政治变革、政治波动、政治危机、政治动荡乃至政治灾难，在很大程度上根源于各类政治主体的无知，包括无知的政客，无知的选民，无知的政治理论家与评论家，无知的大众传媒，如此等等。例如，一些无知的政客往往豪情万丈，欺骗选民，许下一大堆永远也实现不了的政治诺言，留下一屁股永远还不清的烂账；许多无知的选民总也搞不懂候选人的竞选口号和竞选纲领，一张张选票却换来一次次伤心；一些无知的政治理论家和评论家，成天高谈阔论，弄出一大堆莫名其妙的理论范式，却怎么也派不上用场。

再次，人的无知会导致人的市场主体行为的盲目性与非理性，而市场主体的盲目性与非理性行为，就会增加社会的不确定性与潜在风险。市场经济是一种充满不确定性的风险经济，笔者认为，各种市场波动、市场危机和市场风险主要根源于各类市场主体的无知，包括无知的投资者，无知的交易者，无知的消费者，无知的劳动者，无知的市场监管者，如此等等。例如，无知的投资者会冒险盲目投资，从而导致投资亏损或破产，甚至会跑路跳楼；无知的交易者会冒险做投机生意，由于市场主体角色、信息、知识和价值的不对称，而导致各种市场交易风险；无知的消费者，会进行各种各样的盲目消费，必然要承受各种消费风险，而无知的非理性消费则意味着危险消费、有害消费、过度消费等等，从而损害消费者身心健康和财产安全；无知的劳动者，会进行盲目的劳动，而无知的盲目劳动会导致生产效率低下，甚至造成各种安全事故，无知的劳动者也更容易失业；无知的市场监管者，由于不能正确认识和运用市场经济规律，往往会盲目决策，无法有效地监管市场主体的各种冒险性的投机市场行为，从而导致市场混乱和市场风险。

第四，人的无知会导致人的文化迷信与思想禁锢，而文化迷信与思想禁锢就会导致人的文明行为的盲目性与非理性。在现代社会生活中，许多看起来很文明的社会习俗与文化现象，都反映了人的行为的盲目性与非理性，反映了人的科学无知、艺术无知和伦理无知，从而增加社会文化生活的不确定性与风险性。

第五，人的无知会导致人改造自然行为的非理性和盲目性。而人盲目战天斗地的非理性行为，往往会违背自然规律，从而破坏自然生态，造成各种自然灾害。就这个意义上讲，人类的无知，既会招来人祸，也会造成天灾。因此，我认为，人的无知，人的盲目性和非理性，人的狂妄自大，是破坏自然生态和人类生存环境的罪魁祸首。

四　社会教育是防范和化解社会风险的有效途径

既然社会无知是造成各种社会问题与风险的重要根源，那么，我认为，社会教育则是消除社会无知进而化解社会风险的有效途径。1989年3月4日，邓小平说："十年来我们的最大失误是在教育方面，对青年的政治思想教育抓得不够，教育发展不够。知识分子的待遇太低，这个问题无论如何要解决。"[①] 显然，邓小平当时已经觉察到中国社会正面临着不稳定的因素和社会风险，而且邓小平也已经认识到社会教育是防范和化解社会风险的有效途径。

既然所有的人都是无知的，那么，所有的人都需要接受教育。教育是人由必然王国迈向自由王国的必由之路，教育是人从无知通往有知的知识桥梁。但是，笔者认为，当今世界各国的教育体系依然存在严重缺陷，尤其是社会教育发展严重滞后。在中国，现行教育体系主要包括学校教育、家庭教育和社会教育。相对学校教育而言，中国的家庭教育，尤其是社会教育，存在着更多的问题。我认为，家庭教育是一种教育主体、教育空间和教育内容相对有限的教育方式，而学校教育也是一种教育对象、教育时间和教育内容有限的教育方式，而社会教育则是一种全民、全面和全过程的终身教育方式，也是一种全主体、全时空、全方位、全要素、全内容、全目标、全价值和全素质的系统教育方式。

当今社会依然存在着各种问题和风险，而社会无知是造成社会问题和风险的一个深层次根源。因此，要解决各种社会问题，要防范和化解各种社会风险，就必须大力发展社会教育，全面提高国民的综合素质，消减社会无知，不断提高社会知识化程度和水平，构建教育型社会，强化社会风险管理。笔者认为，只有修好身，养好性，才能齐家治国平天下；也只有教好人，育好民，才能富家强国和天下。国家兴衰，教育先行。凡治国之道，必先富民。民富则易治也，民贫则难治也。[②] 笔者认

---

① 转引自《江泽民文选》第二卷，人民出版社2006年版，第348页。
② （唐）房玄龄注，（明）刘绩补注，刘晓艺校点：《管子》卷第十五《治国第四十八》，上海古籍出版社2015年版。

为，愚昧无知乃各种社会问题与风险之根源，治愚才能治贫，治愚才能治贪，治愚才能治水，治愚才能治火，治愚才能治病，治愚才能治污，治愚才能治恶，治愚才能治根，治愚才能治本，治愚才能治险，治愚才能治乱，治愚才能治家，治愚才能治国，治愚才能治天下。

首先，为了有效地防范、减少和化解各种社会风险，就必须深刻认识、高度重视和全面开展社会教育。

其次，为了全面推进社会教育，就必须全面深化教育体制改革及其他各项相关体制改革，实现学校教育、家庭教育和社会教育的协调发展。

再次，为了有效开展社会教育，就必须针对各种社会无知现象，举办相应的社会教育。例如，针对无知的投资人，开展投资者教育；针对无知的消费者，开展消费者教育；针对无知的劳动者，开展劳动者教育；针对无知的食客，开展饮食教育；针对无知的病人，开展健康知识教育；针对无知的生产者，开展安全生产教育。

第四，为了有效开展社会教育，就必须实现社会教育主体的多元化，就必须实现社会教育目的与教育手段的多样化。

总之，为了有效地防范、减少和化解各种社会风险，就必须加速全面发展各项社会教育，全面深化各项社会教育改革，实现社会教育的人本化和现代化。

国家治理中的"国家"：
场域抑或主体？

李修科[*]

（西南政法大学政治与公共管理学院）

摘 要 20世纪90年代以来，学术界围绕"治理"和"国家治理"展开了讨论和研究。中共十八届三中全会明确提出国家治理体系和治理能力现代化。本文首先梳理治理概念的古典源流，在此基础上，确定治理概念的现代含义，并探究治理理论现代兴起的原因，由此讨论西方治理理论中对国家的定位。最后，讨论中国语境下的国家治理提出和兴起的原因。对国家治理的含义进行古今对比和中西对比，主要是探讨国家治理中的"国家"究竟是治理实践发生的场域，抑或国家是国家治理的主体角色？中西方对国家治理中的"国家"的理解和定位差异，从特定角度体现着中国特色的政治结构特征和政治文化语境。

关键词 治理 国家治理 福利国家 新自由主义 国家构建

一 导言

20世纪90年代以来，"治理"和"国家治理"作为一个新兴学术

---

[*] 作者系西南政法大学政治与公共管理学院讲师。

理论发展起来，不过，当时的讨论主要局限于学术界。察其源流，中文学术界关于"治理""善治""国家治理"的学术讨论是基于引介和呼应英文学术界关于对"Governance""Good Governance"的研究而展开的。十八届三中全会确定"发展和完善社会主义制度，推进国家治理体系和治理能力现代化"为全面深化改革的总目标。中国共产党是中国的"居于领导地位的执政党"，党的路线方针、会议决议等党的纲领性文件对中国的政治、经济、社会、文化、教育等都具有重大导向作用。此后，"国家治理"在我国官方话语和主流媒体上得到广泛讨论和传播。相较于中国"国家治理"的广泛使用，英文中却极少使用与中文"国家治理"一词对译的"State Governance"这一表述。[①] 究竟如何理解这种概念使用上的细致差异？这种差异，又将进一步引导出什么样的治理技术（Governing Techniques）上的差异？本文认为，这种差异背后隐含着中西方对国家治理中"国家"的定位与角色的不同理解；其更深层次的原因在于，中国和西方国家在政治发展上处于不同的发展阶段，面临的是不同的治理难题，治理技术的选择也受不同的政治结构和政治文化的影响与限制。本文将首先从词源学考察中英文中"治理"的古典和现代含义；接下来，文章探讨影响治理理论在西方国家兴起的原因，国家治理在中国提出和兴起的原因；在此基础之上，本文试图分析中西方对国家治理中"国家"的定位与角色的差异，进而阐述这种差异背后的政治结构和政治文化差异。

二　治理（Governance）：古典源流与现代格义

国家治理是从治理一词延伸和演绎而来，讨论国家治理，必须首先追溯治理（governance）的词源学（etymology）意义。在古汉语中，最早的治和理是分开来使用的，"治"的本义是一条河的名称，"治，水出东莱曲城阳丘山南，入海"[②]。而"理"本义是指攻玉的方法，"理，治

[①] 在英文关于"Governance"的文献中，极少数使用"State Governance"的几乎都是中国学者、韩国学者和澳大利亚学者发表的英文著作和论文。
[②] （汉）许慎撰：《说文解字》，（宋）徐铉校定，中华书局影印1963年版，第227页。

玉也。"段玉裁注:"《战国策》:郑人谓玉之未理者为璞,是理为剖析也。玉虽至坚,而治之得其角思理以成器不难,谓之理。凡天下一事一物,必推其情至于无憾而后即安,是之谓天理,是之谓善治"。① 引申开来,古代的"治"与治水有关,大禹治水就是用疏导的方法治理河流。所以在古汉语中,治者,理也,二者基本上意思一样,都是指按照自然和事物本身内在的规律和理路来进行疏导和管理。而治理合起来使用,最早是在春秋战国时期,指的是统治者对国家和百姓的统治和管理,如"劳心,君也。劳力,民也。君施教以治理之,民竭力治公田以奉养其上,天下通义,所常行者也"(《孟子注疏》卷五下《滕文公章句》上)。可见,从词义上看,"'治理'是由'治'与'理'二字的本义演变而来,'治'与'理'二字由本义演变为与政治有关的思想,以及'治理'一词的产生及治理、治道思想的形成,与战国时期的社会转型、与秦汉以后统一中央集权的国家的形成有密切关系。"②

在西语中,现今流行的"governance"也是一个有着很长使用历史的古老词语。它的词根是"govern",源自法文"governed"或意大利文"governo",而这又来源于古希腊语 *kybernan* 和拉丁文 *gubernare*,两者意思相似,指的是引导或掌舵或控制(to pilot or steer or control)。政治学中常用的政府"government"一词和"governance"来自这同一词根。"在12世纪晚期,另一个相关的词汇'government'出现了,它具有我们今天常用的政府含义;它最初的含义除了政府以外,还包含对国家进行管理之行为的内容。到13世纪晚期,出现了'governance',大概是从法文'gouvernance'引入的,其含义是管理、控制、统治某个事物或某个实体(包括国家)的行为和方式。直到20世纪90年代以前,'governance'的含义没有太大变化"③

两相比照,汉语中的"治理"与西语中的 governance 在古典的意义和使用上具有异曲同工之处,只不过汉语是从治水和理玉中,英语是从行船中,来引申出按照规律和原则来管理事物的含义,并进而都引申到

---

① (汉)许慎撰:《说文解字注》,(清)段玉裁注,上海古籍出版社1981年版,第15页。
② 卜宪群:《中国古代"治理"探义》,《政治学研究》2018年第3期,第86页。
③ 王绍光:《治理研究:正本清源》,《开放时代》2018年第2期,第154页。

与政治事务相关上来，各自都发展出关于控制、统治和治理国家的丰富思想。

20世纪90年代以来，治理一词在欧美学术界流行起来，治理理论也被译介和传播到中文学术界。治理成为社会科学多个学科都常用的学术用语，显然，治理一词在当下的学术语境中已经被赋予区别于古典语义的现代意涵。但治理一词也出现概念泛化，凡涉及讨论集体决策机制的研究都被冠以治理，以至于被人批评为是"一种空洞的能指，一个用于狡辩的遁词"[1]。那么，究竟在现代治理理论中"治理"究竟是何含义？

Vasudha Chhotray 和 Gerry Stoker 定义"治理是关于集体决策的规则，在集体决策时要处理好多元的行为者或组织机构的位置，不能有任何的形式上的控制系统来强制规定这些行为者或组织机构之间的关系。"[2] 罗德斯曾归纳指出治理一词的六种定义：一是指最小政府（the minimal state），二是指公司治理（corporate governance），三是指新公共管理（the new public management），四是指善治（good governance），五是指社会——控制论体系（a socio-cybernetic system），六是指自组织网络（self-organizing networks）。[3] 罗德斯这个分类指出了使用governance一词的六个常用范围。相较而言，莱恩的分类更加简明并具有代表性。莱恩把研究文献中对governance的定义分为三类："其一是把governance和government视为同义，强调的是它在社会中的掌舵者角色；其二是把governance和好政府（good government）或效能政府（effective government）视为同义，强调对政府好或有效能的价值判断；其三是把governance视为是一种超越政府的新兴社会管理模式，强调在政府之外，要扩张市民社会在决定公共资源使用上的角色，要更多地依赖协商民主

---

[1] Christopher Ansell, David Levi-Faur, and Jarle Trondal, *An Organizational-Institutional Approach to Governance*, in Governance in Turbulent times, edited by Christopher Ansell, David Levi-Faur, and Jarle Trondal, Oxford: Oxford University Press, 2017, p. 29.

[2] Vasudha Chhotray and Gerry Stoker, *Governance Theory and Practice: A Cross-Disciplinary Approach*, Hampshire: Palgrave macmillan, 2009, p. 3. "Governance is about the rules of collective decision-making in settings where are a plurality of actors or organisations and where no formal control system can dictate the terms of the relationship between these actors and organisations."

[3] Rhodes, R. A. W, *Understanding Governance: Policy Networks, Governance, Reflexivity, and accountability*, Buckingham: Open University, 1997.

(*deliberative democracy*) 来反对代议民主。"① 从这些定义可以看出现代意义上的治理的主要特征：其一，治理最本质上是关于公共决策的制定；其二，不同类型的治理定义背后反映的是在如何认识和理解国家、市场、社会、公民在现代社会治理中的角色、地位和作用的巨大歧议；其三，治理歧议背后反映的是不同国家在现代社会中面临的不同问题和困境。

本文前面提到，治理一词在汉语中，从古代到现在一直都在使用，而且其意义大体上保持了一致，语义并无太大偏离。中文中的治理赋予现代含义，是受到英语学术界中 governance 一词使用的影响，是在译介过程中采用了"治理"一词来通约 governance 一词，俞可平等学者较早采用这个译法，而且同时还译介了"善治"（good governance）等概念。② 徐湘林从转型国家与治理危机视角出发，区分了转型（transformation）和转轨（transition），指出中国面临的是国家转型中存在的治理危机。③ 20 世纪 90 年代以来，中国学术界对于治理的讨论部分延续了治理一词的汉语的古典意义，也开始注入了新的意涵。

从英语和中文学术界对于治理一词的现代使用来看，治理理论本质上是关于公共决策的制定。在现代政治中，国家仍然是占据主导性地位的最关键的政治制度（political institution）设置。经济的发展、政治的稳定、文化的繁荣、环境的保护都离不开国家无可替代的功能。然而，实际上，有很多国家没能很好地履行国家的职能和功能，国家在管制、福利、发展等关键功能上出现治理失败（governing failure），如何提升国家的治理能力（governability）就成为公共决策制定中的重要关注议题。④ 贝维尔就在他的一篇文章中追溯了治理一词的起源，指出治理是

---

① Lynn, L. E, Adaptation? Transformation? Both? Neither? The Many Faces of Governance. *In Jerusalem Papers in Regulation and Governance.* Jerusalem: Hebrew University, 2010.
② 俞可平：《论国家治理现代化》，社会科学文献出版社 2015 年版，第 17—66 页。
③ 徐湘林：《转型危机与国家治理》，《经济社会体制比较》2010 年第 5 期总第 151 期，第 1—13 页。
④ Renate Mayntz, *Governing Failure and The Problem of Governability: Some Comments on a Theoretic Paradigm*, in Modern Governance: New Government-Society Interactions, edited by Jan Kooiman, London: Sage Publications, 1993, p. 9.

一种政策观念和政策变化，主要用来指涉国家和国家机器如何与社会互动。[1]

国家、市场、市民社会在治理中的角色和地位的差异，就构成了莱恩定义中的三种分类：在第一种定义中，治理（governance）与政府（government）基本是同义，它仍然强调的是社会治理中的国家中心主义（State-Centric）倾向，只不过治理针对的是国家的治理失败（governing failure），强调的是国家的治理能力（governability）；在第二种定义中，治理就成为对传统政府的批判和超越，它本身是有强烈的价值取向和价值评判的，为了使政府成为好政府或者效能政府，那么治理就必须多中心化，在公共领域（public sector）引入市场机制，分权改革等新机制联系在一起；在第三种定义中，治理显然就走得更远，在这个定义中，国家或者政府的角色被尽可能弱化，成为所谓没有政府的治理（governing without government）[2]，是一种哈耶克式的治理观[3]。

三 治理理论兴起的动因

对社会科学而言，学术研究与现实实践之间是一种相互牵引的关系，现实实践的不断拓展和发展是学术发展的根本驱动力，而学术研究的发展又能够引导和规范现实实践的进一步发展。治理理论在欧美世界的兴起，有其复杂的政治、经济和外交的诸种原因。概括起来，治理理论在西方的兴起主要有以下四个方面的原因。

（一）民主赤字与民主危机

在一个广土众民的现代社会中程序性地落实民主，必须依赖于代议制度这样一种实施的制度载体。选举在将规范意义上的民主落实到实际

---

[1] Bevir Mark, *Democratic Governance*. New Jersey: Princeton University press, 2010.
[2] Rhodes. A. W, The New Governance: Governing Without Government, *Political Studies*, Vol. 44, No. 4, 1996, pp. 652 – 667.
[3] Edward Peter Stringham, *Private Governance: Creating Order In Economic and Social Life*, Oxford: Oxford University Press, 2015, pp. 206 – 220.

操作层面的民主程序上起到了十分关键的作用。自由主义是西方代议制民主的理论基础，为西方代议制民主提供了合法性论证。在西方社会，民主和代议制度结合在一起形成代议制民主，或者被称为自由民主（liberal democracy）。在实践中，代议制民主实际上一直伴生着巨大的不满和批评。这些批评认为：

（1）"代议"限制了民众直接参与民主决策的机会。民主为了能够在广土众民的现代社会具有实践上的可操作性，将代议制与民主结合起来，但代议与民主之间在本质上存在冲突和对立的内在张力，代议民主的批评者正是从代议和民主的本质冲突出发，批评代议制民主转换了民主的实质。在他们看来，"首先，代议制民主不再是参与式的民主。随着'代议制'对'民主'偷梁换柱的完成，人民直接、广泛地参与国家管理的理念被淡忘了，参与变成一种间歇性的行为，每隔四年或者五年来一次，其他时候就当顺民了。第二，政党的出现。在直接民主中根本不需要中间媒介存在，但在间接民主中需要政党来充当利益整合的角色。第三，选举是代议制民主最重要的内容，我们完全可以把现在的'民主'叫做'选主'。一般老百姓的任务就是投票，把'主'选出来，投完票以后，就万事大吉了。普通公民并不直接参与国家的政治决策，而是推举代理人来进行决策和管理，后者才真正享有决策权。就治理而言，无论是选民本身，还是民选的代议机构，他们都只是被动地对政府的决策作出反应，已完全谈不上什么自我管理了。其实，民主一'间接'、一排斥人民大众的参与，它就抛弃了民主政体的实质，变成了另一种政体，非但可能是不民主的，而且可能是反民主的。"[①]

（2）代议制民主导致"寡头"政治和政治"贵族"化。代议制民主限制了绝大多数民众参政的机会，使得本应是普通民众统治变成了具有贵族特征的政治。由于选举制度的存在，要赢得参政机会就必须赢得选举，而选举就会造成米歇尔斯所说的"民主导向寡头政治，而且必然包含着一个寡头核心"。在这个制度安排下，民众不可能真正参与民主

---

① 王绍光：《民主四讲》，三联书店2008年版，第46—47页。此外王绍光和楚树龙还选编了一本《选主批判：对当代西方民主的反思》北京大学出版社2014年版，里面收集了其他西方学者对代议制民主的反思和批判。

治理，只能是通过竞选人民手中的选票来选举出具有寡头性质的执政者。而且，在选举政治中，选举是一个极其花钱和需要技能支持的活动，这使得金钱主导了政治，有钱人或者有钱人的代理才最有可能参与政治和赢得选举，政治世家或财阀家族才最有可能获得参与政治的门槛机会。在批评者看来，在西方选举民主中，权势集团控制政治权力，运用自己掌握的经济资源转换为政治权力，由于选举花费巨大，可以通过利用金钱控制选举；由于媒体私有化，可以利用金钱主导和操纵舆论；由于游说政治的存在，可以利用金钱影响议程设置和政策制定。选主政治的寡头色彩和贵族色彩使得它背离了民主的实质，是对民主承诺的背叛。

（3）从民主政治的政治绩效（political performance）而言，居高不下的失业率，大面积社会贫穷的存在，日益拉大的社会贫富差距的鸿沟，对恐怖主义的应对乏术等等西方民主国家面临的难题，在民主政体中弥漫着民众对民主政治的失望和不满。[①] 这种对民主政治的失望和不满不仅表现在公民的政治冷漠（political apathy），也表现为公民的积极行动，如占领华尔街运动等。[②]

民主政治在现实中表现出的悖论性缺陷，即一方面民主不足或民主赤字（democratic deficit）；另一方面民主治理能力失败或低下（ungovernability of democracy），成为治理理论兴起的重要原因之一。治理理论试图通过在公共领域也引入市场机制，鼓励公民通过对话和协商参与治理等方式来一方面弥补民主赤字，一方面增强民主政治的绩效表现。

（二）福利国家危机与新自由主义

正如马克思主义所指出的那样，资本主义存在着生产资料私有化和社会化大生产之间不可解决的内在矛盾。资本主义国家为缓解这一内在矛盾，也为了与社会主义阵营进行竞争，在第二次世界大战以后，加强

---

① Gerry Stoker, *Why Politics Matters: Making Democracy Work*, Hampshire: Palgrave Macmillan, 2006.
② Daniel Bray, Neo-liberal Governance and the Protest Politics of the Occupy Movement, in *Democracy and Crisis: Democratising Governance in the Twenty-First Century*, edited by Benjamin Isakhan and Steven Slaughter, Hampshire: Palgrave Macmillan, 2014, p. 88.

了对市场和社会的干预，使得社会福利得到很大程度的提高。但是，讲求自由竞争的市场经济与讲求国家干预和二次分配的福利国家之间存在运行机制选择的冲突。福利国家必然面临着经济自由度降低，经济活力受到抑制；而与此同时，在选举政治中，各个政党为了赢得选举，就会不断提高对选民的承诺来讨好选民，社会福利的标准就会越来越高。这样一来，福利国家就不可避免地会遭遇财政困境，如奥康纳所言："每个经济与社会阶层和群体都希望政府在越来越多的事物上投入越来越多的钱。但是，没有人愿意缴纳新税款或更高的税率。社会对当地和全国的预算的要求似乎是无限的，但人们对这些要求的支付意愿和能力看起来却是有限的。"[1]

为应对福利国家的经济发展缓慢和财政危机，新自由主义在资本主义世界流行起来，从撒切尔夫人到里根总统都热衷于推动新自由主义式的改革。按照大卫·哈维的对新自由主义的理解，新自由主义是一个包含实施战略和理论设计两个方面的政治项目：第一个方面，实施战略是指用一系列审慎的策略来激活资本的有效积累以及恢复和承认社会阶层不平等的结构功能意义；第二方面，理论设计是指它相信一套新的政治经济实践的理论。这种理论认为，在私有产权、有序市场和自由贸易的制度框架下，最大化企业的自由度，是增进人类福祉的最好的办法。[2] 为应对福利国家的内在的财政危机，新自由主义重启古典自由主义对市场和自由贸易的尊崇，主张最小国家（minimal state），不仅原来的国有经济要尽可能地私有化、市场化，甚至在公共治理领域也需要引入市场机制来增进效能。今天的英美国家的治理理论，实际上带有很浓厚的新自由主义思想色彩。

---

[1] James O'Connor, *The Fiscal Crisis of the State*, New Brunswick: Transaction Publishers, 1978, p. 1.
[2] David. Harvey, *Neoliberalism as Creative Destruction*, in *The Annals of the American Academy of Political and Social Science* (2007) 610 (1): 21–44. "Neoliberalism as a project that includes two intertwined aspects: the operational strategy and the theoretical design. The first aspect refers to a set of deliberate strategies to create conditions for the effective accumulation of capital and the formation or restoration of class power. The second aspect indicates a theory of political economic practices that proposes that human well-being can best be advanced by maximizing entrepreneurial freedoms within an institutional framework of private property rights, self-regulated markets and free trade."

(三) 第三世界发展与发展政治学和发展经济学

发展是时代的主题，实现可持续发展是联合国提出的人类重要目标。第二次世界大战后，广大的亚非拉地区的民族解放浪潮使这些地区的人民摆脱了殖民主义统治，诞生了许多独立国家。战后美苏两大阵营对峙，选择美国模式还是选择苏联道路，如何实现经济起飞、政治转轨、社会转型，就成为这些国家面临的普遍议题。正是在这样大的国际政治经济背景下，第三世界国家的发展，成为西方经济学、政治学、社会学研究的重要主题。但是，西方国家将他们认为普适的民主政治家市场经济模式扩张到亚洲、非洲和拉丁美洲国家时，发现并不能取得预期的成功。发展经济学和发展政治学将这种失败归因于这些国家的治理结构和治理程序。① 因此，改善这些国家的治理能力就成为研究第三世界发展的共识。主要承担促进亚非拉地区国家发展的国际组织，像世界银行（WB）、国际货币基金组织（IMF）等，积极致力于提升这些国家的治理能力和治理水平，作为提供援助的前提条件，要求这些国家改善他们的问责制、法治、经济信息和透明度，② 并提出了衡量治理水平的具体指标。

正是在发展研究的影响下，大量关于治理的成果涌现，讨论第三世界的发展中外来援助与本国治理之间的关系、治理与民主化之间的关系以及国家与市场在治理中的关系等等议题。"对赞许者而言，这样的治理和善治是一个普适和值得追求的目标，对批评者而言，治理和善治不过是少数发达国家对广大发展中地区国家挥舞的另一种权力工具（instrument of power）。"③

(四) 全球化与民族国家的局限

尽管关于治理的大量文献有不同理论取向和认识论差异，但基本有

---

① Vasudha Chhotray and Gerry Stoker, *Governance Theory and Practice: A Cross-Disciplinary Approach*, Hampshire: Palgrave Macmillan, 2009, chapter 5: Governance in Development Studies.
② See A. Leftwich, *Governance, the State and Development*, in *Development and Change*, 25: 363–386.
③ Vasudha Chhotray and Gerry Stoker, *Governance Theory and Practice: A Cross-Disciplinary Approach*, Hampshire: Palgrave Macmillan, 2009, p. 119.

国家治理中的"国家"：场域抑或主体？

一个共识，全球化是治理理论兴起的驱动力。"全球化是一个整体性的社会历史发展过程。金融、资本、产品、市场、技术、信息和劳动力等的空前全球性流动，不仅导致了社会经济生活的革命性变化，也导致了社会政治和文化生活的革命性变化。"[1] 从中世纪晚期近代早期开始逐渐发展和形成的民族国家，是主导性的现代国家形态，民族国家享有对内主权和对外主权。相较于在一个民族国家内部有一个主权者，而国际政治的本质特征是无政府状态（anarchy state）。民族国家面对全球化时，其局限性就凸显出来。跨国组织（transnational organizations）、超国家组织（supranational organizations）都成为越来越重要的国际行为主体。全球化还会带来全球性人类危机，如气候变暖，跨境恐怖主义等等危及人类整体命运的问题，而民族国家在处理这些问题时，则显得捉襟见肘。

与全球化伴生的还有区域一体化现象，一些地缘和经贸关系紧密的地区加紧区域融合，形成一种后民族国家形态（post national-state），欧盟就是典型。但是这种新形态的政治共同体对自由主义民主带来挑战，形成了民主合法性危机。不仅如此，在这些区域共同体内部，关于如何真正融合以及处理内部关系，都产生了新的治理问题。由此可见，正是全球化和区域一体化这样一个一体两面的进程，催生了治理和全球治理的兴起。[2]

英文中governance的使用比较泛化，其意义也比较模糊，而且经常在其之前冠以各种限定词，如协同治理（collaborative governance）、混合治理（hybrid governance）、全球治理（global governance）、地方治理（local governance）、企业治理（corporate governance）、公共部门治理（public-sector governance），等不一而足，但是却很少见使用国家治理（state governance）一词。按照莱恩对治理的定义的分类，如果governance和government意思基本相同，那在governance前面缀上state，显然多余；如果governance是对government的超越，其本身就内含价值判断的话，那么在前面加上state，那就是自相矛盾，南辕北辙；即使需要用

---

[1] 俞可平：《论国家治理现代化》（修订版），社会科学文献出版社2015年版，第17页。
[2] Benjamin Isakhan and Steven Slaughter edited, *Democracy and Crisis: Democratising Governance in the Twenty-First Century*, Hampshire: Palgrave Macmillan, 2014, pp. 189–208.

治理理论来讨论跟公共权力相关的议题，英文中也习惯用公共治理（public governance）而非国家治理（state governance），公共治理对应的是私域治理（private governance）。理解本文前述西方国家治理理论兴起的原因之后，就不难理解英文中为什么很少将 state 和 governance 结合起来使用。

四　在中国发现国家治理

回到中国，在党的十八届三中全会确定"发展和完善社会主义制度，推进国家治理体系和治理能力现代化"为全面深化改革的总目标后，中文关于国家治理的文献出现了井喷式的增长，这其中，既有学者的研究文章，也有官方的文件和宣传报道。那么，在这海量的国家治理文章中，"国家"究竟指涉什么，即国家是治理主体还是治理的范围和发生场域？是国家治理还是治理国家？在汉语中国家治理的使用古已有之，大体上有两种用法：一是国家达到一个政通人和的治平盛世，宋朝的《太平御览》就有"教顺成俗，外内和顺，国家治理，此之谓盛德"这样的话；一是指君王和统治阶级对老百姓的统治和教化。虽然国家治理古已有之，但显然当下时兴的国家治理有别于传统用法，它包含新的时代意涵。党的十八届三中全会提出"完善和发展中国特色社会主义制度，推进国家治理体系和治理能力现代化"[①]的全面深化改革总目标，习近平总书记后来对国家治理现代化作了进一步阐释，在 2014 年 2 月 17 日，习近平总书记在中央党校的省部级主要领导干部学习贯彻十八届三中全会精神全面深化改革专题研讨班开班式上发表讲话指出"国家治理体系和治理能力是一个国家的制度和制度执行能力的集中体现，两者相辅相成"。国家治理就要"推动中国特色社会主义制度更加成熟更加定型，为党和国家事业发展、为人民幸福安康、为社会和谐稳定、为国家长治久安提供一整套更完备、更稳定、更管用的制度体系。"[②] 这种制

---

① 《中共中央关于全面深化改革若干重大问题的决定》，人民出版社 2013 年版。
② http://www.xinhuanet.com/politics/2014-02/17/c_119373758.htm.

度体系是"在党领导下管理国家的制度体系,包括经济、政治、文化、社会、生态文明和党的建设等各领域体制机制、法律法规安排,也就是一整套紧密相连、相互协调的国家制度"。①

从习近平总书记对国家治理的论述可以看出,中国的国家治理的提出是基于中国的理论和实践语境,是作为执政党的中国共产党对政治发展和制度建设的探索,是马克思主义国家治理理论的发展和创新,是中国共产党从革命党到统治党再到执政党的政党自我革新和转型。② 这种国家治理理论有其自身内在规定性和诉求,其集中体现在以下几个方面:

（一）国家治理的性质和方向

从人类政治发展的历史来看,追寻一种良善的公共秩序是各个国家和社会的政治发展和社会进步所要实现的可欲目标。不过,"一个国家选择什么样的治理体系,是由这个国家的历史传承、文化传统、经济社会发展水平决定的,是由这个国家的人民决定的。我国今天的国家治理体系,是在我国历史传承、文化传统、经济社会发展的基础上长期发展、渐进改进、内生性演化的结果。"③ 西方的现代国家构建是在欧洲中世纪孕育,在中世纪后期和现代早期,现代国家在欧洲逐渐形成和发展。④ 西方现代国家构建是一个内生先发的过程。与西方国家的现代国家构建不同,中国现代国家构建很大程度上是在近代受到西方冲击之下走过的一条后发外生的道路。后发外生型的中国现代化需要面对两重挑战:一是要改造中国传统的权力结构和社会结构,以适应现代性生长的需求;一是要建构强有力的现代国家机器和政治权威,来应对来自外部

---

① 习近平:《切实把思想统一到党的十八届三中全会精神上来》,《人民日报》2014年1月1日第1版。
② 关于马克思主义国家治理理论参看王浦劬《国家治理现代化:理论与策论》,人民出版社2016年版,第一章:《马克思主义国家治理理论纲》,第3—31页;关于中国共产党的政党革新参看陈明明:《在革命与现代化之间:关于党治国家的一个观察与讨论》,复旦大学出版社2015年版,第二章:《革命党,统治党,执政党:关于政党及其革新的一项词语梳理》,第62—119页。
③ 习近平:《完善和发展中国特色社会主义制度,推进国家治理体系和治理能力现代化》,《人民日报》2014年2月18日。
④ See Joseph R. Strayer, *On the Medieval Origins of The Modern State*, Princeton: Princeton University Press, 1970.

的挑战。在中国走向现代化的历史进程中,历史和人民选择了中国共产党的领导,选择了走社会主义道路。"没有中国共产党的努力,没有中国共产党人做中国人民的中流砥柱,中国的独立和解放是不可能的,中国的工业化和农业现代化也是不可能的。"[1] 中国共产党的领导不仅体现在革命年代,中国今天的社会主义建设事业取得的巨大成就也是在中国共产党的领导下实现的。因此,中国的国家治理从根本性质上是马克思主义的国家治理观,必须坚持和巩固中国共产党的领导地位,这是讨论国家治理现代化的前提和基础。

(二) 国家治理的现代性诉求

19世纪中期以来,中国经历了从传统向现代的巨大的社会大转型,时至今日,这个转型过程仍然在进行之中。这个大转型是"涉及政治、经济、军事、教育、思想、文化等各个方面的社会的大转型(societal transformation)"。[2] 构建现代国家(state-building)是中国现代转型在政治层面的重要任务。何为国家构建?在福山看来,"国家构建是指建立新的政府制度以及加强现有政府",[3] 但这个界定并不严谨。实际上,更加贴近中国现实的定义是"国家构建是增加政府的行政、财政和制度能力的过程,使得政府能够与社会建设性互动,能够更有效地达成公共目标"[4]。

中国建构一个现代国家的历程,是一个历时三个世纪的国家转型过程。李怀印把现代中国的构建归纳为三个关键环节,"其一,将中国由明朝所代表的汉人主体的原初型族群国家,经过清朝至18世纪50年代为止的军事征讨和行政整合,再造为一个多族群的疆域国家;其二,再将中国由一个自居于周边各国之上的疆域国家,重构为一个近代主权国

---

[1] 《论联合政府》,载《毛泽东选集》第3卷,人民出版社1967年版,第1047页。
[2] 金耀基:《中国文明的现代转型》,广东人民出版社2016年版,第1页。
[3] Francis Fukuyama, *State-Building: Governance and World Order in The 21st Century*, Ithaca: Cornell University Press, 2004, Preface.
[4] Deborah A. Brautigam, *Introduction: Taxation and State-Building in Developing Countries*, in Deborah A. Brautigam, Odd-Helge Fjeldstad and Mick Moore edited, *Taxation and State-Building in Developing Countries*, Cambridge: Cambridge University Press, 2008, p. 1.

家；其三，将中国由一个军事上和行政上非集中化的国家，经过重建和整合，改造为一个高度集权、统一的现代国家"。①

建构一个现代国家是中国历史发展的内在必然，是现代性在中国生长的必然诉求。而作为中国革命和建设事业的领导核心的中国共产党从一开始就把实现中国的现代化作为它的历史使命，国家治理现代化是中国社会转型的体现，也是执政党探索"建设富强民主文明和谐的社会主义现代化国家"的理论和实践突破。

（三）国家在治理中的核心地位

在马克思主义看来，国家是阶级矛盾不可调和的产物。"社会自身已陷入不可调和的矛盾之中，并且演化成了无法消除的敌对状态。""因此建立一个凌驾于社会之上、能够缓解冲突和维持社会秩序的权力机构就显得十分必要。这个来源于社会又高于社会，能够使人们远离冲突的权力机构就是国家。"② 由此可以看出，国家治理不是要削减国家的角色，恰恰是要强化国家的职能，才能缓解社会矛盾。在马克思主义看来，在人类发展历史的最高形态也就是共产主义阶段，国家会走向消亡，实现社会高度自治。社会主义是从资本主义走向共产主义的过渡阶段，工人阶级和劳动人民成为国家的主人，国家意志本质上体现的是工人阶级和劳动人民的意志，国家治理就是要实现工人阶级和劳动人民的利益。因此，在马克思主义看来，国家政权的阶级属性是根本性的。社会主义国家既要承担起对敌对势力和外部敌人的统治专政职能，又要履行公共管理职能，还要着力消除阶级差别，实现向共产主义社会过渡。社会主义阶段的国家承担着巨大的历史任务，因此，国家治理要强调增强国家作为治理主体的能力，保留国家的自主性，确保国家具有一定的自主性，能够有效应对现代社会、经济、政治、文化等各领域出现的风险和不确定性。

---

① 李怀印：《中国是怎样成为现代国家的？——国家转型的宏观历史解读》，《开放时代》2017年第2期，第17页。
② Friedrich Engels, *The Origin of The Family, Private Property, and The State*, in R. C. Tucker edited, *The Marx-Engels Reader*, 2nd edition, London: Norton, p. 752.

实践证明，国家在治理中的核心地位是中国社会主义现代化取得巨大成就的制度原因，这一地位使得社会主义国家能够发挥集中力量办大事的制度优势。同时，中国国家治理现代化必须继承和发扬传统的优秀文化中积淀的成功治理经验，继续保持和合理加强国家在治理中的核心地位。从这个意义上，一些西方学者提出的"国家中心主义"治理模式会对人权带来挑战的论调，显然不适合于中国。①

五　结语

由上可见，无论是西方的 Governance，还是中国的国家治理，都是从各自的语境出发，追求国家良序的理论思考和实现方案。本文首先从词源学上追溯了治理（governance）的古典意义，并理解其现代含义。其次，从西方治理理论兴起背后的多重原因出发，本文寻求理解西方治理理论中国家、市场、社会各自扮演的角色和功能定位，并且试图从中国语境出发，理解中国国家治理中国家的角色和功能定位。最后，在比较中，理解二者之间的语境差异，明晰二者之间的价值取向差异。在西方语境中，治理是一个包含宏富的概念，与政治相关的公共领域的治理多使用公共治理（public governance）一词，旨在提高政治绩效来处理和应对他们政治发展阶段的政治难题与困境。在中国语境中，社会主义的政治道路和政治方向、国家转型的政治发展阶段，以及中国特色的政治结构和政治文化、内在要求、中国的国家治理中"国家"既指国家这个宏大场域、所有与现代中国国家有关的领域与议题，实际上都是国家治理研究的主题。与此同时，国家治理也指国家（包括党和政府等在内的一系列国家机器）在实现现代中国国家的良治善政中的主体性作用，"国家"即是场域也是主体。笔者希望通过比较，深化对十八届三中全会提出的"国家治理体系和国家治理能力现代化"的理解，增强对社会主义国家治国理政经验的制度自信、道路自信和理论自信。

---

① Brendan Howe, *State-Centric Challenges to Human-Centered Governance*, in Brendan Howe edited, *National Security, Statecentricity, and Governance in East Asia*, Hampshire: Palgrave Macmillan, 2018, pp. 1–13.

Comparative Perspective and Historical Analysis
比较视角与历史研究

国家治理现代化与美国政治发展

刘国力[*]

(北京大学国家治理研究院)

摘 要 本文研究美国的治理现代化、政治发展和当前的政策挑战。治理现代化的关键要素是什么？美国治理现代化和国家建设的主要经验教训是什么？美国政治发展的独特之处是什么？我们运用有选择性的案例研究来展示治理现代化和美国政治发展。我们还研究美国目前面临的一些政策挑战。分析研究美国政治发展的独特道路和当前政策挑战将有助于我们更好地理解全球视角下的国家治理。

关键词 治理现代化 政治发展 美国政策挑战

美利坚合众国是一个相对年轻的民族国家，却拥有丰富的治理经验和独特的政治发展历史。自1775—1783年美国独立战争以来，美国已经从原来的十三个殖民地逐渐发展成为包括五十个州在内的现代化国家。本文分析美国治理现代化的进程和经验，并考察美国治理当前面临的一些政策挑战。

一 治理现代化是一个艰难曲折的过程

与中国这样的历史文明古国相比，美国是一个历史简短的国家。美

---

[*] 作者系北京大学国家治理研究院兼职研究员，美国查尔斯顿学院教授。

国现代国家的建立远比欧洲晚，比中国古代国家的建立更晚。国家建设是一个缓慢而艰难的过程，经历了许多挫折。其原因与美国政治文化有关，美国政治文化从一开始就高度抵制政府权威。美国政治制度的分权制衡的设计也给政治改革带来了许多障碍。[①]

1776 年的独立宣言是美国历史上具有长期影响力的里程碑。它反映了历代美国人的心声："我们认为下述真理是不言而喻的：人人生而平等，造物主赋予他们若干不可让与的权利，其中包括生存权、自由权和追求幸福的权利。"为了保障这些权利，人们才在他们中间建立政府，而政府的正当权利，则是经被统治者同意授予的。任何形式的政府一旦对这些目标的实现起破坏作用时，人民便有权予以更换或废除，以建立一个新的政府。新政府所依据的原则和组织其权利的方式，务使人民认为唯有这样才最有可能使他们获得安全和幸福。若真要审慎地来说，成立多年的政府是不应当由于无关紧要的和一时的原因而予以更换的。

独立初期美国领导人就政治、经济、社会制度的根本问题进行了激烈的辩论。1787 年 5 月在费城召开的立宪会议创建了一个新的治理体系。1787 年 9 月 17 日，39 名立宪会议代表签署了宪法，该宪法于 1789 年 3 月 4 日生效。美国宪法是世界上最古老的成文宪法。1789 年 4 月 30 日，乔治·华盛顿成为第一任美国总统。美国宪法修正案的历史表明治理现代化的艰难过程。自 1789 年以来，美国宪法已有 27 项修正案。

宪法修正案可以以下两种方式提出并送达各州批准：（1）美国国会每当参议院和众议院三分之二多数认为有必要时；或（2）由国会为此目的召集的各州代表大会，适用于三分之二（目前为 34 个）州立法机构的申请。要成为宪法的一部分，修正案必须得到批准：（1）在规定的时间内（如有的话），四分之三（当前为 38 个）州的立法机关批准；或者（2）在规定的时间内（如果有的话）在四分之三（目前为 38 个）州内批准大会通过。

"权利法案"是美国宪法的前十条修正案，明确规定了公民的基本

---

① Fukuyama, Francis. (2014). *Political Order and Political Development: From the Industrial Revolution to the Globalization of Democracy*, 2014, p. 165.

自由和政治权利。前十条修正案于1789年9月25日提交批准并于1791年12月15日得到批准。第十三修正案于1865年获得批准。它废除了奴隶制和非自愿劳役，但作为犯罪的惩罚除外。第十四修正案于1868年获得批准。该修正案确立了公民权的明确和简单的定义，并保障法律中的平等待遇。第十六修正案于1913年获得批准，允许联邦政府通过所得税增加收入。1917年美国进入第一次世界大战期间，所得税成为政府收入的主要来源。[①] 1913年批准了"十七修正案"。1919年批准了第十八修正案。1920年批准了"第十九修正案"，规定"合众国或任何一州不得因性别而否认或剥夺合众国公民的选举权"，美国妇女通过长期斗争终于获得了选举权。第二十七修正案于1992年获得批准。历史表明，宪法修正案是改变美国政治和法律制度的根本途径。由于需要国会两院三分之二多数的同意和四分之三多数州的批准，要通过宪法修正案是非常困难的。在美国寻求治理现代化的人们往往试图重新解释现行宪法，而不是修改宪法。

即使大多数美国人要求变革，政府的反应也是缓慢的，因为宪法的制定者设计的体制旨在抵制巨大而迅速的变化。法律是为了约束现在和将来的公民而制定的。宪法的制定者有意使未来很难改变宪法。[②] 根据对国会图书馆立法数据的分析，自1999年以来共有134项独立的预算平衡修正案已在众议院或参议院中正式提出，使其成为在此期间最热门的修正提案主题。在"立宪大会"以来提出的大约12000项修正案中，只有33项已经送达各州批准，只有27项修正案得到批准。[③] 由于美国政治日益分化，今后美国要通过新的宪法修正案将更加困难。美国最高法院一直对解释宪法至关重要。最高法院负责解释影响人们生活各个方面的美国法律和治理的合宪性，这一关键作用将会越来越重要。由于总统有权力提名，而参议院有权确认最高法院法官的候选人，美国总统和

---

① Kollman, Ken. (2014). *The American Political System*, p. 515.
② Jillson, Cal and David B. Robertson. eds. (2014). *Perspectives on American Government: Readings in Political Development and Institutional Change*, p. 5.
③ Desilver, Drew. (2018b). "Proposed Amendments to the U. S. Constitution Seldom Go Anywhere." http://www.pewresearch.org/fact-tank/2018/04/12/a-look-at-proposed-constitutional-amendments-and-how-seldom-they-go-anywhere/, accessed April 12, 2018.

参议员的每次选举都可能对行政、立法和司法部门产生影响。

美国宪法虽然修改了 27 次，但其基本结构和根本原则经受了时间的考验。美国宪法制度创立者的贡献不可低估。对解释美国宪法有许多争议不断的看法。以下方法特别值得注意：（1）原意。这种观点认为宪法制定者仔细选择他们的话来创造普遍适用的中立原则。宪法因此产生了一致性和稳定性，并防止重要权利被忽略。批评者认为宪法制定者们之间存在分歧，历史记录不完整，而宣称"原意"可能被用作倡导特定意识形态的借口。（2）文本主义。只要看看文字的字面意思，并以不会产生荒谬结果的方式来考虑它们的含义。倡导者声称，这个标准导致了不受价值观影响的决策，并避免了法官的个人偏好。批评者认为，一些词语可能含糊不清，文本主义产生矛盾，另外它提出了过时的静态的而不是活生生的观点。（3）活生生的文件（理想）。这种解读将宪法视为当代文本，更关心的是提供具体的补救办法，而不是制定一般规则。（4）能动主义。司法裁决可以被看成制定公共政策的立法。布朗诉教育委员会（1954）和罗威诉韦德（1973）在社会政策方面产生了根本性的变化，被认为是立法能动主义的最佳案例。[1] 在对宪法进行各种解释的辩论中，存在很大争议。美国宪法的演变将继续影响治理现代化和美国政治发展的各个方面。

世界银行认为治理包括一国行使权力的传统和机构。这包括选择、监督和替代政府的过程；政府有效制定和执行健全政策的能力；以及公民和国家对管理他们之间经济和社会互动的机构的尊重。世界银行的一项重要研究项目注重善治的四大支柱：（1）问责制。这包括财务责任制，施行有效、透明和公开问责制的支出控制和现金管理制度以及外部审计制度。它包含健全的财政选择，以透明的方式进行，优先考虑提高穷人生活水平和促进经济发展的基本卫生服务和初等教育。（2）透明度。私营部门的投资决策取决于公众对政府政策的了解以及对其意图的信心，以及政府提供的关于经济和市场状况的信息。决策透明度，特别是预算、监管和采购

---

[1] Reid, Brad. (2017). "Fourteen Ways to Interpret the Constitution." https：//www. huffingtonpost. com/brad-reid/fourteen-ways-to-interpre_ b_ 12735744. html, accessed on March 29, 2018.

流程的透明度，对于资源使用的有效性以及减少腐败和浪费至关重要。(3) 法治。一个公平、可预测和稳定的法律框架是必不可少的，以便企业和个人可以评估经济机会并对其采取行动，而不用担心政府的任意干预或征用。这就要求事先知道规则，确保其实际有效并始终如一地公正执行，通过独立的司法系统可以解决冲突，修改和废止规则的程序应该是公开的。(4) 参与。善政要求民间社会有机会参与制定发展战略，直接影响社区和群体应该能够参与方案和项目的设计和实施。[1]

全球治理指标项目比较了 1996 年至 2016 年期间来自 200 多个国家的六个方面的治理数据：公众发声和问责制；没有暴力的政治稳定；政府效能；监管质量；法律规则和控制腐败。美国的表现与其他工业化国家相比比较一致，除了"没有暴力"方面的表现较差。根据美国与经济合作与发展组织（OECD）所有国家的比较，2016 年的数据如下：(1) 发声和问责：经合组织 87%，美国 84%；(2) 政治稳定和没有暴力/恐怖主义：经合组织 73%，美国 59%；(3) 政府效能：经合组织 88%，美国 91%；(4) 监管质量：经合组织 88%，美国 92%；(5) 法治：经合组织 88%，美国 92%；(6) 控制腐败：经合组织 85%，美国 90%。枪支暴力一直是美国治理的艰难挑战。关于枪支管制的争论激烈，但很难改变联邦法律。[2] 美国宪法第二修正案保护人民保留和携带武器的权利。1791 年通过的法律在当代背景下受到不同的解释。在近年来枪杀案件泛滥的情况下，要不要控制和怎样控制枪支成为美国国家治理面临的一大难题。美国的治理现代化在许多方面确实是一个缓慢而艰苦的过程。下一节将重点讨论美国的政治发展。

二 美国政治发展的特色

美国政府如何运作，它的运作方式有什么特色？美国政治发展领域

---

[1] World Bank. (1994). *Governance: The World Bank's Experience*. http://documents.worldbank.org/curated/en/711471468765285964/pdf/multi0page.pdf, accessed on April 5, 2018.

[2] World Bank. (2018). Worldwide Governance Indicators. http://info.worldbank.org/governance/WGI/#home, accessed on January 5, 2019.

的学者着重于研究连接公民和政府的政治文化、意识形态、政治机构、政治冲突和政府行为的方式。什么是政治发展？政治发展是治理权力的持久转变。"治理权力"是指国家对人或事物实施控制和管理。通过"转变"，我们考虑到在政治体系内的人员或组织内部或者他们与外部同行之间新的权力分配"。相对于权力而言，权威有更强的治理内涵。如果权力（power）是手段，权威（authority）往往是目标。权威可以通过其几个属性与权力区分开来。首先，权威是事先指定的。其次，权威通过机构来工作。第三，权威机构通过可强制执行的任务进行工作；在美国政体中，这通常意味着通过法庭来强制执行。第四，权威是通过理解来工作的。它的合法性得到了加强，所有有关方面都认为那些正式掌控的行为是正确的；随着权威丧失合法性，它变得更容易被转移。[1]

美国政治发展领域植根于政府随着其时间推移而演变的现实的观点。美国政府为何与其他政府有所不同？大多数美国政治发展学者都是以"国家"而不是"政府"为理念来把握政府面临的问题和基本任务。和历史上的其他政府一样，美国政府试图在国家内维持秩序，并捍卫其公民免受外来威胁。为了完成这项任务，美国政府发展了陆军和海军，司法部，边境巡逻队，国家税务局，州和地方警察以及广泛的法院系统和监狱网络等持久性机构。像其他政府一样，美国政府试图维护公民的忠诚和合法性，力求使强大团体和全体人民愿意遵守其规则。为了完成这项任务，美国政府使公民能够影响政府官员（特别是通过选举）并提供符合多种利益的公共政策。这种例子包括关于公共教育、高速公路、国家公园、小企业贷款、社会保障计划和国家气象局等相关政策。[2]

政治发展考察政府权力的使用和控制，注重美国政府治理的关键问题：国家过去和现在是如何行使控制权的？国家如何执行它的意志？美国统计数据随着时间的推移如何变化，以及国家的哪些特征保持不变？

---

[1] Orren, Karen, and Stephen Skowronek. (2004). *The Search for American Political Development*, pp. 123-125.

[2] Jillson, Cal and David B. Robertson. eds. (2014). *Perspectives on American Government: Readings in Political Development and Institutional Change*, pp. 1-12.

要回答这些问题就要研究"国家建设",或国家权力的增长和衰落,例如税收和资源再分配的权力,或警察和管理行为的权力。

美国政治发展研究方法为任何想了解美国政治的人提供了三个明显的优势。(1)审查国家完成任务的能力变化,以及成功地限制权力的原因。随着时间的推移,美国已经建立了一套非常有效的征税法规和征税体系。2014年,仅联邦政府就收取了超过三万亿美元的收入。在税收、军事实力、经济管理、社会福利计划和环境管理等方面,美国政府的能力仍在继续发展。这种不断演变的能力引发新的政治争议。(2)研究政府内部的变化,比如各个政治机构权力的演变,公共政策的演变以及政治影响力的发展。国会在19世纪大部分时间里主导了国家政策制定,但总统权力在过去的一百年中大幅增长。(3)美国政治发展研究方法的第三个优势是它关注国家对美国社会特别是权力和财富分配的演变效应,这是每个国家中两个重要的政治战场。①

尽管美国制度内存在阻碍变革的力量,但变化仍然不断发生。大部分变化都是小幅度渐变,因为这些小的变化比大规模变化更容易实现。美国政治中更为剧烈和深远的变化并不常见,但当它们发生时,这些关键时刻就会改变美国历史的进程。内战(1861—1865年)重塑了美国的政治。在1860年的总统大选中,新共和党的总统候选人亚伯拉罕·林肯取得了胜利。1860年的选举让共和党控制了国会和白宫,而当南方各州分离时,更多的民主党人离开了国会,共和党的多数进一步加强了。20世纪60年代的民权运动在一个关键的十字路口改变美国人的生活。马丁·路德·金提出的有关美国民主和正义的新观点说服了许多美国人,说明该国作为世界领先的民主国家的地位要求它确保非洲裔美国人享有其他美国人认为理所当然的所有自由权利。医疗保健和移民是当今高度两极化政治中的两个有争议的问题,它显示了如何帮助我们更好地理解政治变革和连续性。

对美国政治发展的研究是以理论原则为指导的实质性探究。实质性

---

① Jillson, Cal and David B. Robertson. eds. (2014). *Perspectives on American Government: Readings in Political Development and Institutional Change*, p. 3.

调查涵盖了美国政治的全部范围：过去的政治和当代政治，政治行动和政治行为，政治思想和政治文化，运动和制度政治。理论原则是这样的：因为在历史上构建了所有不同部分的政体，任何单一部分的性质和前景将在政治形成的长期过程中得到最好的理解。

斯蒂芬·斯科夫罗内克（Stephen Skowronek）在他的《建立新的美国国家：扩大国家管理能力 1877—1920》一书中提供了对美国政治发展的经典研究。美国的国家建设缺乏革命性变化，基本上是重构和改良已建立的国家政权组织。成功的关键在于重塑政府机构内的官方权力关系，并改变国家与社会之间的持续关系。[1] 美国的国家建设问题可以追溯到 19 世纪和 20 世纪之交的制度创新。选择研究的创新包括民政管理改革，军队重组，和建立国家铁路监管系统。国家建设可以通过其公务员制度、军队和经济调节系统来研究。国家建设是任何国家政治发展的基本过程。寻求保持权力和合法性的政府官员试图塑造体制能力以应对不断变化的环境。资本主义社会中的国家不断参与控制阶级冲突。在私人市场经济的演变过程中，可以确定制度发展的两个基本刺激因素。首先是劳动和资本之间的阶级斗争；其次是资本家之间争夺市场优势的冲突。如果国家要在私营经济中维持秩序，那么随着这些冲突的发展，它必须扩大其调解或镇压的体制能力。

通过审视美国公务员队伍的增长，军队的专业发展以及以铁路管理为重点的商业规则的发展，斯科夫罗内克为美国的国家建设描绘了生动的图景。公务员职业制度是现代国家的标志之一。其主要特点是政治中立、任期制、按专业培训或竞争性考试标准招聘、统一晋升、纪律、报酬和退休管理规则。在为员工提供体制保障和工作保障的同时，职业公务员队伍承诺公共管理的稳定性、熟练程度和规律性。

弗朗西斯·福山将政治发展定义为"随着时间的推移在政治制度中发生变化"。这与政治或政策的变化不同：总理、总统和立法者可能来来往往，法律可能会被修改，但它们不是政治秩序的根本性变化。福山

---

[1] Skowronek, Stephen. (1982). *Building a New American State: The Expansion of National Administrative Capacities*, 187 – 1920, p. ix.

认为，"构成政治秩序的制度有三种基本类型：国家，法治和责任机制"。[①] 政治体制的变化必须在经济增长，社会动员以及关于正义和合法性的观念的背景下加以理解。美国第一个联邦级监管机构——州际商业委员会的成立是美国国家建设的一个典型案例。美国联邦官僚体制的发展是一个漫长而复杂的过程。表一是美国内阁部门的产生时间。

表1　　　　　　　　美国内阁部门的起源

1789 战争部，国务院，财政部
1798 海军部（从战争部分出来）
1849 内务部
1870 司法部
1889 农业部
1903 劳工部
1903 商务部（1913年从劳工部分出来）
1947 国防部（由战争部，海军部和空军部合并而成）
1965 住房与城市发展部
1966 交通部
1977 能源部
1979 健康与人力服务部
1979 教育部
1988 退伍军人部
2002 国土安全部

资料来源：Kernell, Samuel, Gary Jacobson, Thad Kousser, and Lynn Vavreck. (2016) *The Logic of American Politics*, p. 327.

除内阁部门外，美国政府还拥有独立监管委员会，如美国联邦储备银行体系（Fed），联邦贸易委员会（FTC），联邦通信委员会（FCC），证券交易委员会（SEC），国家运输安全委员会（NTSB）和消费品安全委员会（CPSC）。联邦政府对人们生活的各个方面的影响越来越大。大卫·戈德菲尔德认为，美国联邦政府在二战后的经济，社会和环境进步中发挥了重要作用。美国公众继续表达对一些联邦机构和部门的积极看法。三分之二的美国人对联邦调查局持有正面的看法。公众对调查中包

[①] Fukuyama, Francis. (2014). *Political Order and Political Development: From the Industrial Revolution to the Globalization of Democracy*, 2014, p. 23.

含的10个机构和部门给予积极的评价。根据最近的一项调查，有88%的美国人表示他们对邮政服务有良好的评价。有53%的人表示认可教育部的工作，而42%的人对教育部持负面意见。多数美国人对中央情报局（64%），美联储（63%），环境保护局（60%）和司法部（59%）持有正面看法。[1] 当然，政府法规和干预有时可能成为个人和商业公司的负担。美国人常常因为缓慢而复杂的官僚程序和严格的规定而感到沮丧。[2]

人们普遍认为，美国拥有自由市场经济，政府干预较少。这种观点严重低估了联邦政府在美国经济中的关键作用。市场经济所需的条件包括：（1）建立治安。市场经济所必需的一个条件实际上就是政府保障社会交换的基本规则必须有可预测性。换句话说，必须有一个治安系统。（2）界定财产规则和交换。如果市场涉及所有权交换，就必须有明确的关于财产构成的法律。（3）执行合同。合同与财产密切相关，因为它们促进了广泛构建的财产交换。（4）制定市场标准。现代自由市场需要界定财产和交换条件。（五）提供公共产品和改善外部效应。（6）当某些行为的社会成本远远超过私人成本时分配责任的规定。（7）建立劳动力队伍。每个社会都有能够鼓励或有时迫使人们工作的规定。一个例子是普及义务教育的要求：在美国，人们接受教育，以便他们学习在市场中运作所需的技能。（8）促进竞争。最后，一旦市场出现，就必须维持。这意味着生产者进入市场并自由竞争对其应该是相当容易的。竞争的减弱为政府提供了参与经济的另一个原因：作为潜在垄断控制的监督者。[3]

美国政府的作用还包括促进经济稳定，刺激经济增长和促进企业发展。政府参与经济的主要原因之一是保护个人和企业的福利和财产。由于福利和财产面临的威胁随着经济增长和新技术的出现而变化，政府的

---

[1] Pew Research Center. (2018). "Majorities Express Favorable Opinions of Several Federal Agencies, Including the FBI." http://www.people-press.org/2018/02/14/majorities-express-favorable-opinions-of-several-federal-agencies-including-the-fbi/, accessed April 25, 2018.

[2] Zakaria, Fareed. (2013). "Why Americans Hate Their Government." https://www.washingtonpost.com/opinions/fareed-zakaria-why-americans-hate-their-government/2013/11/21/0fd0d32c-52de-11e3-a7f0-b790929232e1_story.html? noredirect = on&utm_ term = .b4e0451f010f, accessed April 5, 2018.

[3] Lowi, Theodore J., Benjamin Ginsberg, Kenneth A. Shepsle, and Stephen Ansolabehere. (2014) American Government: Power and Purpose, pp. 429 – 432.

行动正在不断更新以适应新的条件。一般而言，政府力求在市场中保持一定程度的稳定性和可预测性，使投资者、贷款人和消费者对从事经济活动有信心。在19世纪，美国政府是市场的推动者。州际道路和运河的建立是为了将州和地区联系在一起。国家关税政策通过限制进口商品来推动国内市场；进口税提高了进口产品的价格，削弱了它们与国内同类产品竞争的能力。政府也大力补贴铁路系统。货币政策通过控制向银行提供资金来控制整个经济的增长。美国联邦储备委员会是货币政策领域里最强大的机构。美联储是一个由12个联邦储备银行组成的系统，可以帮助兑换现金、支票和信用；管理成员银行；并运用货币政策来应对通货膨胀和通货紧缩。[①] 二百多年来，美国人一直在讨论国家在经济管理中的适当角色。目前美国面临着许多严重的经济和政治挑战，相关政策争论正在加剧。

三 当前美国面临的政策挑战

美国政府今天正面临移民辩论、医疗改革、财政困境、社会保障、枪支暴力、政治两极分化、打击恐怖主义和防止核扩散等多重严峻挑战。这项研究突出了一些治理问题，包括财政困境和政治两极分化。

治理最重要的问题之一是财政政策的演变。财政政策包括政府的税收和支出能力。个人和企业所得税提供了大部分政府收入。联邦政府的税收和支出权力是经济政策最重要的工具之一。政府收税多少和决定花多少钱会影响经济的整体健康状况。它们也影响美国生活的各个方面，包括收入分配、交通方式和社会教育等。由于各个利益集团和政治家有不同的优先事项，控制政府税收和支出的斗争是华盛顿最有争议的一件大事。

总统和国会都建立了机构来控制预算过程。总统办公厅的管理和预算办公室（OMB）负责准备总统的预算。这一预算包含了总统的支出重

---

① Lowi, Theodore J., Benjamin Ginsberg, Kenneth A. Shepsle, and Stephen Ansolabehere. (2014) *American Government: Power and Purpose*, pp. 432 – 445.

点和总统政策建议的估计成本,它被视为每年有关预算辩论的起点。国会有自己的预算机构,这就是1974年创立的国会预算办公室。与此同时,国会设立了一个预算程序,旨在确定支出优先事项,并根据整个预算考虑具体支出项目。该过程的一个关键要素是年度预算决议,该决议指定了广泛的支出目标。在年度联邦预算中,有一个非常大且不断增长的比例采取"强制性支出"的形式,用OMB的话说,这些支出"相对无法控制"。例如,国家债务的利息支付取决于国债的规模。立法规定了诸如社会保障退休,联邦雇员退休,失业援助,医疗保险和农产品价格支持等方案的支付率。另外一部分是"酌情支出"的预算:联邦在通过预算流程中领导人有较大主动性的支出。1970年,联邦总预算的38.6%是由强制性支出构成的;到2012年,强制性支出高达65%的比例。这意味着美国政府现在拥有非常小的可自由支配的开支来抵消商业周期的波动。[①]

在提交2019财政年度的预算计划时,特朗普政府强调"21世纪政府的现代化"。虽然挑战是复杂的,但几个关键驱动因素将决定政府在改革方面的成败。现代化将加强整个联邦机构的能力。现代信息技术将帮助政府保持敏感数据和系统安全。具体改革目标将包括:(1)现代化信息技术(IT)以提高生产力和安全性。尽管联邦政府每年在IT方面花费大约900亿美元,但这些系统仍然过时并且保护得不好。政府将增加对现代技术的使用,替换高度不安全和过时的系统,并降低成本。政府将提高识别和运用数据以及防范网络安全风险的能力。(2)创建促进效率,问责制和透明度的21世纪数据框架。(3)发展21世纪的劳动力。(4)改善联邦服务的客户体验。美国人期望来自联邦计划的高质量客户服务。确保政府不再落后于私营部门的客户体验。(5)从低价值转向高价值的工作。政府将清除低价值,不必要和过时的政策和要求,以便将资源转向高价值工作。(6)提高政府行政服务的效率和有效性。政府将提高行政服务的质量和效率,释放资源以改善美国人民的生活和完

---

① Lowi, Theodore J., Benjamin Ginsberg, Kenneth A. Shepsle, and Stephen Ansolabehere. (2014) American Government: Power and Purpose, pp. 442 – 445.

善问责制。①

宪法框定的分权和制衡机制继续发挥作用。当总统提议大幅增加或削减任何特定项目的经费时，这在华盛顿是个大新闻。但总统的预算建议只是起点。国会在仔细聆听利益团体和选民意见后，对总统的提案进行修改。除了一些例外情况，最终的预算通常更反映国会的优先事项。面对国会反对重大预算削减的问题，总统可能几乎无能为力。特朗普总统2019财政年度的预算计划提出国防开支大幅增加，环境、外交、教育和其他酌情支出大幅增加。美国国会强烈反对总统的预算。经过多轮艰难的谈判，2018年3月国会通过的"综合拨款法案"包含了总统不想要的许多支出项目。

什么是美国的财政困境？政府收入和支出之间的差距越来越大。在目前的政治气氛下，谁如果主张提高税收，就不能当选为主要政党的政治候选人。在1988年的总统竞选中，老布什总统作出了一个承诺："不要再征税！"1990年，布什总统与美国国会达成妥协，由民主党人提高税收以控制预算赤字。这被认为是布什在1992年总统选举中失利的部分原因。美国联邦赤字的根源是什么？国家债务增加的一个重要因素是社会保障、医疗保险和医疗补助计划强制性支出的快速增长。

美国的国债危机到底有多严重？2018年4月，美国国债达21.157万亿美元，超过2017年的美国国内生产总值。美国国内生产总值是19.39万亿美元；每位公民的债务是64580美元；每位纳税人债务为174191美元；美国联邦政府支出4.073万亿美元，而美国联邦政府税收为3.329万亿美元，联邦预算赤字7440亿美元。②截至2017年9月30日结束的2016财政年度，联邦政府花费了近4万亿美元，约2.7万亿美元——占总数的2/3以上——用于各种社会保险（社会保险，医疗补助和医疗保险，失业补偿金，退伍军人福利等）。另外还有6040亿美元，占总支出的15.3%用于国防；政府债务净利息支出约为2400亿美元，即6.1%。

---

① Office of Management and Budget. (2018). *Budget of the United States Government, Fiscal Year 2019*. United States Government Publishing Office, Washington. https://www.whitehouse.gov/wp-content/uploads/2018/02/budget-fy2019.pdf, accessed March 26, 2018, pp. 8 – 9.

② http://www.usdebtclock.org/, accessed on April 26, 2018.

教育援助和相关社会服务约为1140亿美元，不到联邦总支出的3%。其他一切补贴，太空旅行，高速公路维修，国家公园，外援等等——占其余的6%。2016财政年度，联邦总支出占国内生产总值（GDP）的21.5%。在过去几十年的大部分时间里，联邦开支在国内生产总值的20%上下几个百分点内徘徊。2008年金融危机之后，2009财政年度联邦救济支出激增，加上经济萎缩，联邦支出增至GDP的24.4%，为二战以来最高水平。二战时期联邦支出曾经达到GDP的近43%。[1]

正如1974年国会预算法规定的那样，"标准"拨款过程如下：总统提交预算提案后，众议院和参议院通过自己的预算决议。虽然它没有法律效力，但预算决议为下一个财政年度制定了总体支出框架，并有助于指导立法者进行具体的税收和支出决策。尽管国会预算法案规定4月15日为目标日期，但国会经常错过这一最后期限（例如，2017年该决议到10月26日才获得通过）。接下来，国会应该通过一系列单独的法案来资助联邦政府的各种机构和活动。近年来单独支出法案的数量已经达到了12个。

国会通过单一支出法案的截止日期是10月1日，即新财政年度开始之日。但自1997年以来，国会从未按期通过超过正常拨款账单的三分之一以上。例如，连续六年（2011至2016财年），没有在10月1日之前通过单一的支出法案。国会越来越多地使用综合法案（将多项拨款措施纳入单一的巨额法律）来解决年度支出争议，而不是按照预期通过独立支出法案。在过去的七个财政年度中，几乎所有的正常拨款账单都被合并到限期后一揽子交易中。关于社会保障、医疗保险、医疗补助、失业补偿和其他权利计划的大部分联邦支出都由管理这些计划的法规授权。2017财年的"强制性"支出总计约2.6万亿美元，占联邦总支出的63%。包括从军事和太空计划到救灾和农业价格补贴等"酌情开支"总计约为1.2万亿美元，占总支出的30%。剩下的7%左右代表联邦债务的净利息。如果没有一套新的预算来为政府提供资金，截止日期过后，

---

[1] DeSilver, Drew. (2017). "What does the federal government spend your tax dollars on? Social insurance programs, mostly." http://www.pewresearch.org/fact-tank/2017/04/04/what-does-the-federal-government-spend-your-tax-dollars-on-social-insurance-programs-mostly/, accessed April 25, 2018.

被认为不必要的政府活动将被迫关闭。[①]

特朗普总统的税收改革方案是什么？它将如何影响预算赤字？2017年12月22日，特朗普总统签署了"减税和就业法"。它从2018年开始将公司税率从35%降至21%。最高个人税率将降至37%。它降低了所得税率，使标准扣减增加了一倍，并且免除了个人豁免。企业减税是永久性的，而个人减税将在2025年底结束。该法保留了七个所得税的税号，但降低了税率。这些利率在2026年恢复到2017年的利率。特朗普的税收计划加倍标准扣除。单个报税人的扣除额从6350美元增加到12000美元。已婚和联合申报人的扣除额从12700美元增加到24000美元。它在2026年将恢复到目前的水平。据估计，94%的纳税人将采用标准扣除。该法案将遗产税免税额提高了两倍，单身人士为1120万美元，夫妇为2240万美元。这有助于收入最高的1%的美国富人。[②]

表2　　　　　　　　2018—2025年新税收计划

所得税率		纳税人收入水平	
2017	2018—2025	单身报税人	已婚联合报税人
10%	10%	$0—$9,525	$0—$19,050
15%	12%	$9,525—$38,700	$19,050—$77,400
25%	22%	$38,700—$82,500	$77,400—$165,000
28%	24%	$82,500—$157,500	$165,000—$315,000
33%	32%	$157,500—$200,000	$315,000—$400,000
33%—35%	35%	$200,000—$500,000	$400,000—$600,000
39.6%	37%	$500,000+	$600,000+

资料来源：Taylor, Andrew.（2018）."Tax cuts, spending to raise U. S. deficit to $1 trillion by 2020, CBO analysis shows." http://www.chicagotribune.com/news/nationworld/ct-analysis-tax-cut-deficit-20180409-story.html, accessed April 27, 2018.

[①] DeSilver, Drew.（2017）."What does the federal government spend your tax dollars on? Social insurance programs, mostly." http://www.pewresearch.org/fact-tank/2017/04/04/what-does-the-federal-government-spend-your-tax-dollars-on-social-insurance-programs-mostly/, accessed April 25, 2018.

[②] Amadeo, Kimberly.（2018）."Trump's Tax Plan and How It Affects You." https://www.thebalance.com/trump-s-tax-plan-how-it-affects-you-4113968, accessed April 24, 2018.

根据国会预算办公室在 2018 年 4 月发布的分析，特朗普总统的减税政策与 2018 年 3 月国会支出法案的联合影响将使联邦赤字在 2019 财政年度达到 1 万亿美元大关。该 CBO 报告称，美国 21 万亿美元的债务将在 10 年内超过 33 万亿美元，达到许多经济学家担心可能引发债务危机的水平。该报告描绘了联邦赤字的惨淡图景，预计 2018 年将达到 8040 亿美元，2019 预算年度将上升至近 1 万亿美元，并在 2020 年永久性超过 1 万亿美元大关，除非国会采取措施阻止大规模赤字的爆发。到 2028 年，赤字将增长到 1.5 万亿美元。如果减税全面延长以及华盛顿不削减支出，年度赤字可能会超过 2 万亿美元。CBO 主任基斯·霍尔说："如此高的债务上升将对预算和国家产生严重的负面影响。"特别是，美国财政危机的可能性会增加"。许多经济学家认为，如果赤字继续上升，国债增长，政府借款将迫使利率上升。如果利率上升，政府将不得不支付更多的资金来为投资者持有的超过 14 万亿美元的美国国债债务融资。[1] 财政困境最可能成为美国治理的长期严峻挑战。来自任何一个政党的任何政治领导人都必须在债务增加和联邦赤字增长的制约下工作。这种债务和赤字对人民生活质量有腐蚀作用，并对政府履行其广泛义务的能力产生负面影响。

美国治理面临的另一个严峻挑战是美国社会普遍存在的政治分化日益加剧，尤其是民主党和共和党人之间的尖锐分歧。虽然党派身份相对稳定，但今天美国两大政党之间的思想分歧和党派分歧比以前深刻得多。所有选民之间党派认同的比例往往随着时间的推移缓慢变化。2016 年，34%的登记选民认为自己是独立人士，33%认同民主党，29%是共和党人。当考虑到独立派的倾向时，48%要么是民主党人，要么是倾向民主党；44%是共和党人或倾向共和党。[2]

---

[1] Taylor, Andrew. (2018). "Tax cuts, spending to raise U.S. deficit to $1 trillion by 2020, CBO analysis shows." http://www.chicagotribune.com/news/nationworld/ct-analysis-tax-cut-deficit-20180409-story.html, accessed April 27, 2018.

[2] Pew Research Center. (2016). "The Parties on the Eve of the 2016 Election: Two Coalitions, Moving Further Apart: Trends in voter party identification 1992 – 2016." http://www.people-press.org/2016/09/13/the-parties-on-the-eve-of-the-2016-election-two-coalitions-moving-further-apart/, accessed on October 15, 2017.

共和党人和民主党人在意识形态方面的分歧越来越大,而且党派的相互反感愈深,越来越广泛——比过去二十年来的任何时候都要厉害。这些趋势在政治和日常生活中以无数方式表现出来。持有始终保守意见或一贯自由主义意见的美国人的总体份额从1994年到2014年翻了一番,从10%增加到21%。现在,思想观念与党派精神比过去更加密切。结果,双方的意识形态重叠减少了。到2014年,92%的共和党人处于民主党中位派的右边,94%的民主党人处于共和党人的中间派的左边。党派敌意在同一时期大幅增加。在每一党派中对对方持有高度负面的看法的自1994年以来已经翻了一番多。这些激烈的党派大多数人认为,反对党的政策"如此错误,以至于威胁到国家的福祉"。在1994年,虽然大多数共和党人对民主党有不好的印象,但只有17%的人有非常不利的意见。同样,尽管大多数民主党人认为共和党不好,但只有16%的人有非常不利的看法。从那以后,高度负面的观点翻了一番多:2014年43%的共和党人和38%的民主党人以强烈的消极态度看待对方。[1]

自从他当选美国总统以来,特朗普主张"美国第一"的政策。实施这一政策有赖于行政部门与立法部门之间的合作以及联邦政府与地方政府之间的合作。从美国成立之日到现在,联邦政府与州政府和地方政府之间的权力斗争从未停止。宪法一方面界定了联邦政府的权威。另一方面,它强调凡是宪法没有明确规定属于联邦政府的权力都属于地方政府和人民。在长期政治实践中,美国联邦机构规模越来越大,政府支出增长迅速。联邦政府在政治和经济生活中的作用越来越大,许多人对此高度警惕和强烈不满。州政府可以采取与联邦政府不一致的政策。例如,加利福尼亚州州长杰瑞·布朗公开表示,加州反对总统特朗普禁止来自几个伊斯兰国家的公民的旅行。加州也采取与联邦政府不同的政策来应对气候变化。权力分立和制衡是对总统权力的有效制约。当特朗普总统发布行政命令以限制7个穆斯林占主导地位的国家的人进入美国时,几

---

[1] Pew Research Center. (2014). "Political Polarization in the American Public: How Increasing Ideological Uniformity and Partisan Antipathy Affect Politics, Compromise and Everyday Life." http://www.people-press.org/2014/06/12/political-polarization-in-the-american-public/, accessed on November 1, 2017.

位美国联邦法官宣布行政命令是非法的。

特朗普代表了很大一部分美国人对现状不满,并希望使美国"再次伟大"。作为一个法治国家,多年来美国建立的根深蒂固的法律体系不能随政府的变更而立即改变。改变法律需要一个非常复杂和漫长的过程。美国联邦政府有一个庞大的官僚体系。联邦政府的所有部门都有严格的规定和行为准则。总统和内阁改变时,这些规章制度不能突然改变。现存体制本身具有强大的惯性,突然改变方向是非常困难的。客观的分析者不应该低估美国基本法律和主要政策的连续性。例如,联邦政府的社会保障、老年人和低收入人群医疗保险以及农业补贴的预算是巨额开支,政府无论是谁是总统,都必须依法支付。当代福利国家的社会契约由几代人形成。随着预期寿命增加和经济增长放缓,美国将继续增加其退休金,社会保障和医疗保险费用。在选举政治的压力下,大多数候选人只是谈论减税,他们害怕也不愿意增加税收。这将使政府的预算赤字更加恶化,福利体系不可持续。

美国联邦政府21万亿美元的债务严重制约了政府的主要社会和经济政策。特朗普政策的一个重要组成部分是减税计划。从2018年开始实施这项减税措施将对联邦财政产生深远影响。如果赤字增加,将限制政府雄心勃勃的基础设施发展计划和大规模增加国防开支的计划。特朗普的2019年财政预算计划提出增加国防开支540亿美元,并相应减少非国防部门的支出。彻底改变联邦政府的计划是特朗普预算蓝图的一个重要特征。它计划削减31%的环境保护署的资金,国务院的28%的支出,而住房和城市发展部的资金减少13.2%。[1] 预算提案还打算增加资源,打击恐怖主义和网络犯罪,打击非法移民。特朗普的预算遭到了美国国会的强烈抵制。如上所述,2018年3月通过的国会综合支出法案与特朗普总统的拟议预算截然不同。2019年1月开始,民主党在国会众议院中占多数席位。国会与总统关于预算的斗争将会更加激烈。

美国传统的分权制衡机制面临新的挑战。例如,众议院和参议院都可以否决联邦预算法案和其他重要法案的通过。政党的恶性竞争和意识

---

[1] Office of Management and Budget. (2018). *Budget of the United States Government, Fiscal Year* 2019.

国家治理现代化与美国政治发展

形态的两极化导致了政府决策的僵局。正如福山所言,政党分裂很大。"Vetocracy"(否决制)是"美国政治衰败"的明显标志。[①] 分权制度越来越不能代表大多数人的利益,但却给利益集团和政治活动组织带来了过度的话语权,未能体现美国的真正利益和公民的意志。民主党和共和党毫不犹豫地进行恶性争斗以获得治理地位。激烈的政党斗争使联邦政府难以有效运作。为了赢得党内初选的支持,许多候选人往往采取更加极端的政策立场,使两极分化更为严重。利益集团和金钱政治在美国选举中的作用继续有增无减。美国迫切需要旨在控制枪支、减少暴力犯罪、减轻种族冲突、减少联邦赤字和解决非法移民问题的改革。由于恶意的党派纠纷,许多这些问题仍未得到解决。

美国面临着可持续发展的严峻挑战。其中最突出的是以下问题:福利负担加重,经济不平等,教育负担加重,资源过度消耗。美国和其他发达国家面临的一个主要问题是不可持续的福利制度。在社会保障体系形成的初期,美国出生率高,寿命低,经济快速增长。国家可以用金融手段将某些福利问题推迟到未来,但人口压力依然存在。随着预期寿命增加和经济增长放缓,美国将继续增加其退休金,社会保障和医疗保险费用。过度的资源消耗是不可持续的。美国人口不到全球总数的5%,但消耗全球自然资源的20%以上。美国高消费的发展模式是不可持续的,其他国家不应该效仿。

尽管美国面临严峻挑战,但许多美国人仍然对未来充满信心。有几个因素可以帮助美国应对挑战。首先,大多数美国人对宪法制度和国家的基本政治原则有较高的认同度。美国宪法拥有全国最高权威。政治竞争的各方遵守游戏的基本规则。自乔治·华盛顿以来,权力的过渡一直遵循宪法确定的程序。宪政精神及其实践是长期以来美国政治相对稳定发展的基本保证。虽然美国的宪政体制本身面临着改革的任务,但目前的政治衰变尚未动摇宪法的基础。

其次,美国的体制有一个自我纠正机制。大多数官员和各界专业人

[①] Fukuyama, Francis. (2014). *Political Order and Political Development: From the Industrial Revolution to the Globalization of Democracy*, pp. 488 – 505.

士都具有高度的专业性和丰富的经验。例如，美国过去曾经历过非常严重的腐败时期。这个严重腐败的时期并没有自然消失，而是由各种社会改革力量的巨大努力而结束。通过长期努力，美国逐步建立了一套有效的反腐机制，包括有关执行这些规则和法律的政府伦理和制度的法规和法律。

第三，联邦制和地方政府鼓励治理创新，人们对地方政府的满意度很高。基层民主活跃。州和地方各级的当选官员向下负责。他们不是由上级任命的，从而确保基层民主扎实。华盛顿的高层联邦丑闻或僵局不会动摇这个国家的根基。通过地方政府的竞争与合作，全社会可以向前发展。例如，在环境保护、科技创新等方面，一些地方政府往往站在改革的最前沿。

第四，科技进步可以缓解资源可持续发展的矛盾。个人自由和移民传统鼓励技术创新。美国的高等教育和科研机构继续吸引国际人才。页岩油气开采技术大大增强了美国的油气生产，并有望实现美国石油和天然气能源自给自足。发展高效能源和清洁能源，提高公众环境保护意识，有利于节能减排。

美国的治理面临着进一步发展的严峻挑战和机遇。美国人民的辛勤工作，创新精神和务实传统将继续推动美国的政治和社会制度向前发展。因此，不应过高估计美国政治中民粹主义和反全球化趋势的负面影响。从国际比较的角度来看，美国仍然是一个相对年轻的国家。美国的政治发展进入了一个不确定但仍然有希望的新阶段。现在是从历史和比较视角来认真审视美国治理现代化和政治发展的时候了。[1] 美国的治理现代化是一个将要进行很长一段时间的宏大的历史性实验。美国政治发展的经验教训对全球视野下的国家治理现代化比较研究有借鉴意义。

参考文献

Amadeo, Kimberly. (2018). "Trump's Tax Plan and How It Affects You." https://www.thebalance.com/trump-s-tax-plan-how-it-affects-you-4113968, accessed April 24, 2018.

---

[1] World Bank. (2018). *Worldwide Governance Indicators*. http://info.worldbank.org/governance/WGI/#home, accessed on January 5, 2019.

Balutis, Alan P., Terry F. Buss, and Dwight Ink eds. (2011). *Transforming American Governance: Retooling the Public Square.* Armonk: M. E. Sharpe.

Bensel, Richard Frankline. (2000). *The Political Economy of American Industrialization, 1877 – 1900.* New York: Cambridge University Press.

Chandler, David. (2014) *Resilience: The Governance of Complexity.* New York: Routledge.

DeSilver, Drew. (2017). "What does the federal government spend your tax dollars on? Social insurance programs, mostly." http://www.pewresearch.org/fact-tank/2017/04/04/what-does-the-federal-government-spend-your-tax-dollars-on-social-insurance-programs-mostly/, accessed April 25, 2018.

DeSilver, Drew. (2018a). "Congress has long struggled to pass spending bills on time." http://www.pewresearch.org/fact-tank/2018/01/16/congress-has-long-struggled-to-pass-spending-bills-on-time/, accessed April 21, 2018.

Desilver, Drew. (2018b). "Proposed Amendments to the U. S. Constitution Seldom Go Anywhere." http://www.pewresearch.org/fact-tank/2018/04/12/a-look-at-proposed-constitutional-amendments-and-how-seldom-they-go-anywhere/, accessed April 12, 2018.

Fukuyama, Francis. (2011). *The Origins of Political Order: From Prehuman Times to the French Revolution.* New York: Farrar, Straus and Giroux.

Fukuyama, Francis. (2014). *Political Order and Political Development: From the Industrial Revolution to the Globalization of Democracy.* New York: Farrar, Straus and Giroux.

Gitelson, Alan R., Rovert L. Dudley, and Melvin J. Dubnick. (2018) *American Government: Myths and Realities.* 2016 Election Edition. New York: Oxford University Press.

Glenn, Brian J. and Steven M. Teles eds. (2009). *Conservatism and American Political Development.* New York: Oxford Univesity Press.

Goldfield, David (2017). *The Gifted Generation: When Government Was Good.* New Yok: Bloomsbury.

Jillson, Cal and David B. Robertson. eds. (2014) *Perspectives on American Government: Readings in Political Development and Institutional Change.* New York: Routledge.

Katel, Peter. (2015). "The Federal Reserve." From *Congressional Research*, January, 2014. In [14] *Issues for Debate in American Public Policy: Selections from CQ Researcher.* The fifteenth edition. Los Angeles.

Kernell, Samuel, Gary Jacobson, Thad Kousser, and Lynn Vavreck. (2016) *The Logic of American Politics.* Seventh edition. Los Angeles: SAGE CQ Press.

Kollman, Ken. (2014). *The American Political System.* Second edition. New York: W. W. Norton.

Kraft, Michael E. and Scott R. Furlong. (2018). *Public Policy: Politics, Analysis, and Alternatives*. Sixth edition. Thousand Oaks, CA: CQ Press.

Lowi, Theodore J., Benjamin Ginsberg, Kenneth A. Shepsle, and Stephen Ansolabehere. (2014) *American Government: Power and Purpose*. Brief thirteenth edition. New York: W. W. Norton.

Mungiu-Pippidi, Alina. (2015). *The Quest for Good Governance: How Societies Develop Control of Corruption*. New York: Cambridge University Press.

Noveck, Beth Simone. (2015). *Smart Citizens, Smarter State: The Technologies of Expertise and the Future of Governing*. Cambridge, MA: Harvard University Press.

Office of Management and Budget. (2018). *Budget of the United States Government, Fiscal Year 2019*. United States Government Publishing Office, Washington. https://www.whitehouse.gov/wp-content/uploads/2018/02/budget-fy2019.pdf, accessed March 26, 2018.

Orren, Karen, and Stephen Skowronek. (2004). *The Search for American Political Development*. New York: Cambridge University Press.

Page, Benjamin I., and Martin Gilens. (2017). *Democracy in America? What Has Gone Wrong and What We Can Do About It*. Chicago: University of Chicago Press.

Peters, B. Guy. (2010). *The Politics of Bureaucracy: An Introduction to Comparative Public Administration*. New York: Routledge.

Pew Research Center. (2014). "Political Polarization in the American Public: How Increasing Ideological Uniformity and Partisan Antipathy Affect Politics, Compromise and Everyday Life." http://www.people-press.org/2014/06/12/political-polarization-in-the-american-public/, accessed on November 1, 2017.

Pew Research Center. (2016). "The Parties on the Eve of the 2016 Election: Two Coalitions, Moving Further Apart: Trends in voter party identification 1992 – 2016." http://www.people-press.org/2016/09/13/the-parties-on-the-eve-of-the-2016-election-two-coalitions-moving-further-apart/, accessed on October 15, 2017.

Pew Research Center. (2018). "Majorities Express Favorable Opinions of Several Federal Agencies, Including the FBI." http://www.people-press.org/2018/02/14/majorities-express-favorable-opinions-of-several-federal-agencies-including-the-fbi/, accessed April 25, 2018.

Pierson, Paul. (2004). *Politics in Time: History, Institutions, and Social Analysis*. Princeton: Princeton University Press.

Reid, Brad. (2017). "Fourteen Ways to Interpret the Constitution." https://

www. huffingtonpost. com/brad-reid/fourteen-ways-to-interpre_ b_ 12735744. html, accessed on March 29, 2018.

Scott, Robert E. (2017). "Growth in U. S. -China Trade Deficit Between 2001 and 2015 Cost 3. 4 Million Jobs." Economic Policy Institute, January 31, https://www. epi. org/publication/growth-in-u-s-china-trade-deficit-between-2001-and-2015-cost-3-4-million-jobs-hereshow-to-rebalance-trade-and-rebuild-american-manufacturing/.

Shapiro, Ian, Stephen Skoroneck, and Daniel Galvin eds. (2006). *Rethinking Political Institutions: The Art of the State*. New York: New York University Press.

Skocpol, Theda. (1979). *States and Social Revolutions: A Comparative Analysis of France, Russia and China*. New York: Cambridge University Press.

Skowronek, Stephen. (1982). *Building a New American State: The Expansion of National Administrative Capacities*, 187–1920. New York: Cambridge University Press.

Skowronek, Stephen, and Matthew Glassman. (2007). *Formative Acts: American Politics in the Making*. Philadelphia: University of Pennsylvania Press.

Taylor, Andrew. (2018). "Tax cuts, spending to raise U. S. deficit to $1 trillion by 2020, CBO analysis shows." http://www. chicagotribune. com/news/nationworld/ct-analysis-tax-cut-deficit-20180409-story. html, accessed April 27, 2018.

World Bank. (1994). *Governance: The World Bank's Experience*. http://documents. worldbank. org/curated/en/711471468765285964/pdf/multi0page. pdf, accessed on April 5, 2018.

World Bank. (2018). Worldwide Governance Indicators. http://info. worldbank. org/governance/WGL/#home, accessed on January 5, 2019.

Zakaria, Fareed. (2013). "Why Americans Hate Their Government." https://www. washingtonpost. com/opinions/fareed-zakaria-why-americans-hate-their-government/2013/11/21/0fd0d32c-52de-11e3-a7f0-b790929232e1 _ story. html? noredirect = on&utm _ term = . b4e0451f010f, accessed April 5, 2018.

国际比较下政府主导的政商关系及其外溢效应[*]

冉 昊[**]

(中共中央党校科社部)

摘 要 用发展型国家理论分析政商关系最早开始于对于东亚国家和地区的研究。基于发展型国家模式分析,对我国传统的政府主导型政商关系应采用多样化的研究方法。短期内的历史模式变迁分析与利益分析,可以完善我们对我国政府主导型政商关系的理解。进一步研究我们发现,政府主导型政商关系产生了一个重要外溢效应,即政府规模的扩张对经济发展产生何种影响?对此,国际比较经验的基本规律是,政府规模与经济发展呈现倒U形关系,即在经济发展阶段较低时期,政府规模的适度扩张有利于经济发展;然而一旦超过某个"临界点",政府规模的继续扩大无益于经济的进一步发展。这对通过政府规模与经济发展关系研究我国政府主导型政商关系,具有重要启示。

关键词 政商关系 政府规模 经济发展

---

[*] 国家社科基金青年项目"西方资本主义国家福利危机与民主调适机制研究"(17CZZ004);教育部重点基地重大项目"国家治理现代化发展战略研究"(17JJD81003)。
[**] 作者系中共中央党校科社部副教授,北京大学国家治理研究院兼职副研究员。

既有政商关系研究主要从三种视角展开。一是发展型国家理论视角，围绕国家能力的构建，依据政治经济学的基本理论逻辑探讨产业政策对发展型国家的政商关系所产生的影响。[①] 二是政府和市场关系视角，讨论政商关系对政府政策输出与市场经济制度的完善产生何种影响。[②] 三是从公共理论视角，聚焦于政府和企业合作模式诸如混合经营模式（PPP）对发展社会主义新型政商关系产生的积极作用。[③] 在上述三种视角中，发展型国家视角无疑占据了学界主流，这种理论研究路径为国内外学者所普遍采用。然而，对于政商关系这一传统研究命题，源起于针对东亚资本主义国家和地区（尤其是日本、韩国和我国台湾地区）发展起来的发展型国家理论，对于研究我国的政商关系显然过于单一。本文以比较的视角，从发展型国家理论出发，通过差异化的分析方法研究我国政府主导的政商关系及其产生以政府规模与经济发展关系为代表的外溢效应。

一 "发展型"国家和地区的政商关系

自20世纪60年代开始，东亚几个国家和地区如日本、韩国、新加坡和中国台湾走上了经济高速发展的道路，在这个过程中，不同于西方发达国家、尤其是受盎格鲁—撒克逊文化影响的英美等国"自由放任"式的经济发展模式，东亚这些国家各自的政府扮演了重要角色，于是有学者对这种特点进行了总结，把这几个国家称为"发展型国家"，也就是说，政府在市场经济体制中发挥的作用比较重要，并且由政府主导推动经济的快速发展。

这类"发展型国家"的一个显著特点就是政府主导的政商关系。这在东亚几个国家的经济发展和产业政策上表现得都比较明显。

[①] 朱天飚：《发展型国家的衰落》，《经济社会体制比较》2005年第5期；顾昕：《政府主导型发展模式的兴衰：比较研究视野》，《河北学刊》2013年第6期。
[②] 周玲：《新时期构建健康政商关系探析研究》，《中共南宁市委党校学报》2017年第5期。
[③] 陈硕颖、杨扬：《中国特色社会主义新时代下的新型政商关系——兼论PPP对构建新型政商关系的作用》，《教学与研究》2017年第12期。

以日本为例。在20世纪60年代起其经济高速发展的过程中，政府的影子则无处不在，甚至有学者将日本这种政府主导经济发展并从中获利的模式成为"卡特尔寻租方式"。① "日本的政府部门管理范围非常大，但缺少强制手段，因此必须与私有部门协商，否则无法实施。实施政策的方式源于这种制度特征。政策的实行不是通过具体的立法而是非正式的政府指导。通过法律授予政府这种权威，政府负责产业的良性发展。……对市场进入的控制是保持官僚机构与产业之间密切、长期、稳定关系的前提。基于高度信任的可预期的、非常制度化的与长期的政商关系加强了这种趋势。"②

在日本，这种政府主导的政商关系有着悠久的历史。"日本的政商关系在制度与组织层面保持了很强的连续性。顶尖的商业协会自从太平洋战争之后就一直存在。经济组织联盟建立于1946年，日本雇主联合会建立于1948年。一些主要的多部门的巨头根植于"二战"前的财阀，在"二战"后第一个10年通过寻找到战前的部门与人员重新恢复了公司。与这些公司对口的政府部门在同时期内也一直存在，很多起源于明治政府的机构。财政部、外交部与司法部从19世纪最后25年到20世纪末就一直延续存在着。国际贸易与产业部从1949年开始负责推进产业发展，它的组成部门商业与产业部（以前是军需部）与贸易委员会几乎完好地合并在一起。事实上，政府改革的一个特征便是把政府机构与它们的私有部门绑在一起（不管机构的新名字是什么），机构与产业的关系没有发生变化。"③

再以韩国为例。从1987年韩国实现民主化至今三十年时间，腐败问题却长期困扰这个国家，其中一个重要原因就在于韩国长期以来政府主导的政商关系使得权力寻租不因政治体制的进步（姑且把韩国从军人专政政体到民主政体的转型视为进步）而得以解决。

虽然韩国在2011年的全球清廉指数排行榜上位居第43位，但近期

---

① Boyd, Richard,《中国的寻租：从日本与墨西哥的经验中我们能学到什么？》，陈一林译，载《公共管理评论》第七卷，清华大学出版社2008年版。
② 同上。
③ 同上。

发生的前总统朴槿惠"亲信门"事件与受贿的多项指控，以及由此受到牵连的三星集团"太子"李在镕行贿案却充分反映了韩国的政商关系特点。它更早可追溯到20世纪80年代，即在韩国民主化之后首个通过人民直选并按合法程序当选的总统卢泰愚，却从三星集团、东亚集团等获取贿赂36次，最终于1996年12月被汉城高级法院判决有期徒刑17年，罚款2826亿韩元。① 而继任的民选总统金泳三的十二名亲属涉嫌腐败，其三个儿子也因为涉及腐败而锒铛入狱。② 我们应当注意，当时的韩国正面临着政治制度的转型，社会反独裁的活动一浪高过一浪，比如1986年2月12日，由新民党和以著名人士金大中、金泳三为首的在野团体"推进民主化协议会"发起的"一千万人改宪签名运动"——政治体制在这样的压力之下开始变化，政治上进入了由专制向民主过渡的阶段，这导致社会乱象丛生，腐败的发生恰恰是因为社会正处于政治转型期，而不是因为民主制度本身。

韩国政府主导的政商关系也体现在政府主导下的市场经济模式，这也成为导致腐败的一个重要原因。"在民主化以前的年代，大至制定国家产业政策，小至企业的外汇、银行贷款、海外投资、原材料供应，政府都起着举足轻重的作用。……韩国的大企业的董事长实际上是政府，业主只是扮演了管理者的作用。在这种情况下，企业家的政治情结很浓，摆脱不了依附权贵最后自己成了权贵的角色。"③ 这实际上是一种典型的受儒家文化影响的政商关系。可见，社会的转型阶段，政府主导型经济体制和传统的政商关系，才是导致韩国腐败频仍的重要原因，而腐败不仅和民主制度本身并没有太大关系，恰恰是因为实行了非民主和非市场化的经济制度——比如政府主导型市场经济，才加剧了腐败。

再以我国台湾地区为例。在其经济高速发展阶段也经历着相似的状况，即政府主导的政商关系。虽然从20世纪70年代之后，其发展速度有所放缓，但"政府、公营企业和私营中小企业的关系模式使政府仍能

---

① 转引自季燕霞《转型国家和地区民主发展中的腐败与反腐败》，2009年11月27日，中国共产党新闻网。
② 同上。
③ 詹小洪：《韩国的腐败与法治》，《炎黄春秋》2014年第11期。

在政商关系中掌握主动，至少是延缓了政商权力关系向商业集团的倾斜。私人中小企业既缺乏组织基础又没有直接对政府施压的力量和渠道。"① 一个明显的特点是，"关系"在经济领域的重要性，这会直接影响到政府相关部门处理相关事件的态度。"只有'关系企业'才有挑战政府权力的可能性。但这些企业或商业集团远没有韩国的财阀有实力，所以它们一般都采取与公营企业联合，以求影响政府经济决策的办法。当韩国的财阀已经蠢蠢欲动，准备竞选总统的时候，台湾的'关系企业'仍然在和公营企业进行政治交易，而公有资本仍然通过政府控制的银行和公营企业控制台湾经济的关键部分。"②

此外，"党产"成为台湾经济发展中的一个特殊要素。在国民党统治下的台湾，由于实行一党专政的制度，因此在其经济所有制结构中拥有相当比例的所谓"公营企业"。然而，随着20世纪80年代末台湾党禁的开放和国家的民主化，这些公营企业并不必然归国民党所有。于是，国民党事实上还拥有大量的"党营企事业"。故而有学者将国民党称为"世界首富政党"，直到20世纪80年代末，台湾官方所控制的生产活动仍超过国民总产值的三成。直到20世纪80年代末，台湾官方所控制的生产活动仍超过国民总产值的三成。③

台湾地区的这种政商关系始终持续，并且也并没有随其党禁的开放和政治体制的民主化而发生实质性变化。"从八十年代末到九十年代初，原有的政府带领发展的模式被政府与资本家的'大小伙伴关系'所取代。可见，即使政府的力量在衰落，它仍是政商关系中的主要伙伴。正是因为如此，政府仍对经济有较强的控制能力，原有的具体发展理念，特别是保持经济和金融稳定性的理念（如货币保守主义），仍然是政府经济决策的重要基础。因此，台湾的经济和金融自由化一直比较谨慎地进行，金融市场一直受到政府的严密监督，企业的国外借贷一直在政府的严格控制之下。这些成为台湾成功躲避亚洲金融危机的关键因素。"④

---

① 朱天飙：《发展型国家的衰落》，《经济社会体制比较》2005年第5期。
② 同上。
③ 同上。
④ 同上。

二 我国"政府主导型"政商关系的差异分析法：模式变迁与利益分析

我国自古就有"士农工商"的排序，"士"作为官员和知识分子的代表，"商"作为商人的代表，这种排序本身就体现了历史长河中的基本政商关系。这种政商关系也很难说随着国体和政体的变更而发生了巨大变化，甚或于有学者把我国改革以来的发展过程也归为"发展型国家"的类型，包括具有早期东亚发展型国家金融国家化手段、产业政策等方面特征[1]，以及"宽泛型"发展型国家特征[2]，或是地方经济发展模式具有发展型国家色彩等[3]。

当然，是否应当用发展型国家界定我国的发展经验，尤其是政商关系的相关议题，已经遇到了挑战，包括从理论预设进行驳斥[4]，或是超越发展型模式的提出[5]，再或是就发展型模式与中国模式差异进行比较分析[6]。但不可否认，发展型国家的认识方法对于研究政商关系问题过于单一，无法全面刻画具有传统"官本位"文化特征的政府主导型政商关系。我们有必要从研究方法上丰富对政府主导型政商关系的研究。对此，有两种新的方法可供借鉴：模式变迁的分析与利益分析。

一是从短期性质（short-term）的历史变迁维度阐释政府主导型政商关系。中央财政政策变化可以作为分析政商关系的一个自变量，再根据地方商业力量和地方政府之间关系的紧密程度和性质来探讨政商关系的变化。[7] 我国中央财政政策自20世纪80年代以来，经历了三次较大的变化，这主要是因为我国地方政商关系经历了三种不同模式的变化。

---

[1] Seung-Wook Baek, "Does China Follow 'the East Asian Development Model'?", *Journal of Contemporary Asia*, Vol. 35, No. 4, 2005, p. 485.
[2] John Knight, "China as a Developmental State", *World Economy*, Vol. 37, No. 10, 2014, p. 1335.
[3] 郁建兴、高翔：《地方发展型政府的行为逻辑及制度基础》，《中国社会科学》2012年第5期。
[4] Kellee S. Tsai, "Off Balance: The Unintended Consequences of Fiscal Federalism in China", *Journal of Chinese Political Science*, Vol. 9, No. 2, 2004, p. 1.
[5] 郁建兴、石德金：《超越发展型国家与中国的国家转型》，《学术月刊》2008年第4期。
[6] 黄宗昊：《中国模式与发展型国家理论》，《当代世界与社会主义》2016年第4期。
[7] 叶静：《中央财政策略与地方政商关系》，《上海交通大学学报》（哲学社会科学版）2014年第1期。

表1　　　　历史变迁维度反映的我国改革以来的政商关系

地方政商类型	地方政商关系特征	中央财政策略
层级型	地方政商关系紧密，中央对地方收入相对清楚	省比例上缴制
统合型	地方政商关系紧密，中央对地方收入相对不清楚	省总额上缴制
自由型	地方政商关系相对疏离，中央和省各自征收	

资料来源：叶静：《中央财政策略与地方政商关系》，《上海交通大学学报》（哲学社会科学版）2014年第1期。

模式（1）是层级型政商关系。即"各层政府都有自己所拥有的企业，地方层面有着大量的地方国有企业以及不断涌现的社队企业，所以中央政府很快在1982年将全国的财政体制改变主要以江苏模式为代表的、以地方总收入（无论其收入来源）的固定比例作为中央财政收入的模式。虽然几经改革，这个基本的特征一直延续到1988年"。①

模式（2）是统合型政商关系。"比起层级型政商关系，前者的企业和国家之间的联系要更为松散，政府并不直接拥有企业，而是提供了各种优惠和保护措施，或者是放松了对所属企业的控制，让这些企业更面向市场。从20世纪80年代中期开始，中国企业性质和结构发生了重大变化，地方政商关系从层级型走向了统合型。……正是这种统合主义，使得地方政府隐瞒地方收入的动机加大。1987至1988年在国务院监督下的调查发现，未被揭发的财政欺诈达到了100亿元；至少一半的国有企业进行了某种形式的偷税漏税行为，占到了国民收入的2%到3%；从1978年到1988年，大概有486亿的税收没有被征收，这等于同期中国财政赤字的83%。……因此，中央政府为了保证自己的收入，于1988年采取了固定总额的地方收入上缴方式。"②

模式（3）是自由型政商关系。"随着中国经济的进一步改革和规模的扩大，这种方式依然不能让中央政府及时有效地分享经济增长带来的财政收入上涨。中央政府要以固定总额的收入上缴方式来维持自己财政收入

---

① 叶静：《中央财政策略与地方政商关系》，《上海交通大学学报》（哲学社会科学版）2014年第1期。
② 同上。

的成本日益提高。因此,中央政府由自己来征收财政收入变得迫切了,这在中国地方政商关系日益从统合主义转向自由主义的过程中实现。"①

二是利益分析方法剖析政府主导的政商关系。这个维度可以说更接近政商关系的本来面目,即官员和商人之间以什么样的方式来建立利益关系。要言之包括三种基本类型,即价值关系、亲缘关系和金钱关系。价值关系建立在道德或政见基础之上,要么就是以道德优势获得政治上的信任,如唐朝贞观年间的魏征之于太宗,以及明朝海瑞之于嘉靖;或者以政见相同结盟,欧阳修的《朋党论》曾言"君子以同道为朋",这个"道"即政见。亲缘关系建立在血缘、亲缘等基础之上,古言"一人得道、仙及鸡犬",以及今言"官二代"、"富二代"即此种类型。金钱关系建立在权钱交易基础之上,渐次演变为多种金融创新形式,包括官员的亲朋子女通过入股和分红等多种方式获取好处。无论何者,政府主导的基本形态依然如旧。

三 "政府主导型"政商关系的外溢效应:政府规模和经济发展关系的基本规律

以上两个部分谈及了用发展型国家理论分析"政商关系"的典型地区的基本情况,以及将之运用到我国"政府主导型"政商关系的基本分析方法。上述差异化的方法研究,是从方法论视角研究政商关系。那么,有没有可能从政商关系内涵本身寻找合适的变量,对其加以衡量来进行研究?

概言之,对于政府主导的政商关系内涵的衡量指标,包括两个方面:政治和商业。(1) 对于政府主导的政商关系中的"政治",一般性测量变量有:①政党(可以通过如中国共产党的基层党组织数量与执行力等指标加以测量);②政府角色(可以通过如公共开支的 GDP 占比加以测量);③政府规模。(2) 对于政府主导的政商关系中的"商业",一般性测量变量有:①市场经济制度成熟度(可以通过非公企业增长数量等指标加以测

---

① 叶静:《中央财政策略与地方政商关系》,《上海交通大学学报》(哲学社会科学版) 2014 年第 1 期。

量）；②商业全球化程度（可以通过外国直接投资额的 GDP 占比加以测量）；③经济发展水平（可以用 GDP 总量变化加以测量）。

上述政商关系中的"政治"与"商业"，似乎其各自测量指标都可以分别一一对应加以研究，这样的研究任务不可能在一篇论文中完成。同时，对于一些变量，其测量指标的选取本身具有争议，或者无法通过单一指标设定达到较好的衡量效果——如政商关系中"政治"维度的"政党"变量，即使在中国，仅仅通过党的基层组织数量来衡量政党的影响力，显然是不足为信的。有鉴于此，本文选取指标测量度相对成熟、既有研究已经成型的两对指标加以分析，即政商关系中"政治"维度的"政府规模"，与"商业"维度的"经济发展水平"。

诚然，单用"政府规模"与"经济发展水平"一对变量之关系去分析政府主导下的政商关系，是不够全面的（政商关系的衡量已经涵盖了上述这么多方面维度），但这种简化研究有助于我们从结果性（即政商关系本身从产生的影响）来认识其内涵。

那么，在这样一种思路下，政府主导的政商关系的一个显著外溢效应问题是，政府规模的扩减对经济发展产生何种影响？事实上，政府规模本身就是横向政府主导的政商关系程度的一个重要指标。而政府规模的变化与经济发展之间构成何种关系？这不仅能够反映政府主导的政商关系所产生的外溢效应，也可以构成对这种政商关系未来发展趋势的一个判断依据。因此，我们有必要先研究基于国际比较的政府规模和经济发展水平之间关联的一般规律，再进一步研究我国改革开放（鉴于篇幅所限，取此作为研究的时间界点）以来政府规模与经济发展之间关系是否符合这个一般规律，并比较其中的异同，从而深入我们对政府主导的政商关系的认识。基于此，应当如何认识基于国际比较的政府规模和经济发展水平的基本规律？原始的相关研究文献比较多，并且大量研究把政府规模和经济发展水平二者之间做因果关系的研究，这固然增加了研究的所谓科学性，但是也犯了社会科学变量因果关系研究的一些通病，导致因果关系的无解，意即科学化研究下的因果关系，往往呈现三种情况，即正相关、负相关和不相关。政府规模和经济发展水平之间关系研究亦不例外。

一是政府规模与经济增长负相关，即政府规模的扩大会阻碍经济的增长。通过利用 104 个国家 1960—1977 年的有关数据，对经济平均增长率进行回归，发现人均真实 GDP 增长与政府消费占 GDP 比重显著负相关，得出"政府支出的增长有损经济增长"的结论。① 也有通过对 16 个发达国家 1952—1976 年人均真实国内总收入 GDI 年增长率与政府支出等经济变量的分析，发现政府总支出占国民收入比重的系数为负。如果用 65 个欠发达国家 1960—1980 年的数据进行增长回归，发现不包括国防和教育的政府消费占 GDP 的比例每提高 1% 会使人均 GDP 增长显著下降 0.23%。②

二是政府规模与经济增长正相关，即政府规模的扩大会促进经济的增长。根据相当大的跨国样本数据研究发现，以政府收入占 GNP 的比重表示，通过较大的政府规模可以降低欠发达国家特别是较穷的欠发达国家的"依赖性"，促进经济增长。③ 还有利用 39 个国家 1975—1984 年的数据回归，发现全部样本国家政府支出的经济增长效应取决于资金来源：通过税收增加财政支出能刺激经济增长，通过国债增支会阻碍经济增长。这也大体上表明政府规模具有正的增长效应，毕竟政府扩大规模的正常和最终渠道是征税。④

三是骑墙派观点，即政府规模与经济增长未必具有必然因果关联。代表性依据是通过分析 27 个欠发达国家和发达国家非市场部门增长对经济绩效的影响，没有得出非市场部门规模增长效应的一般结论，因为它在有些国家为正而在有些国家为负。⑤ 还有利用 47 个国家 1961—1980

---

① Landau D (1983). "Government Expenditure and Economic Growth: A Cross-Country Study", *Southern Eeconomic Journal* 49, January, pp. 783 – 792. 转引自马拴友《政府规模与经济增长：兼论中国财政的最优规模》，《世界经济》2000 年第 11 期。

② Landau D (1986). "Government Expenditure and Economic Growth in the Less Developed Countries: An Empirical Study for 1960 – 1980", *Economic Development and Culture Change*, 35 (1), pp. 35 – 75. 转引自马拴友《政府规模与经济增长：兼论中国财政的最优规模》，《世界经济》2000 年第 11 期。

③ Rubinson R (1977). "Dependency, Government Revenue, and Economic Growth, 1955 – 70", *Studies in Comparative International Development*, pp. 3 – 28. 转引自马拴友《政府规模与经济增长：兼论中国财政的最优规模》，《世界经济》2000 年第 11 期。

④ Miller SM and Russek FS (1997). "Fiscal Structures and Economic Growth: International Evidence", *Economic Inquiry*, Vol. XXXV. pp. 603 – 613.

⑤ Gemmell N (1983). "International Comparison of the Effects of Non-Market Sector Growth", *Journal of Comparative Economics* 7, pp. 368 – 381. 转引自马拴友《政府规模与经济增长：兼论中国财政的最优规模》，《世界经济》2000 年第 11 期。

年的样本分析了总产出增长与宏观经济因素之间的线性关系，发现真实 GDP 的平均增长与政府消费占 GDP 比率及其增长没有显著关系。①

因此，社会科学领域纯粹定量的因果关系研究有时会陷入死胡同，这主要跟研究者所采用的研究变量的差异有关。比如说研究的时间段会有差异；或者研究样本有差异，有的对上百个国家进行研究（负相关的数据里），有的只有几十个国家；也可能用来衡量政府规模的自变量有差异，有的采用政府消费的 GDP 占比（负相关的数据里），有的采用政府收入的 GNP 占比（正相关的数据里），有的采用非市场部门增长情况（不相关的数据里）。

这样的研究往往无助于我们认识问题的实质。复杂问题简单化可能更好。一些学者统合了上面的研究方法和数据，发现政府规模和经济发展之间，往往呈现一种倒 U 形关系，用通俗的话说，就是政府适度的规模增长，对经济的起步发展是有推动作用的；然而这种规模增长不能是没有限度的，当经济增长到了一定程度，政府规模的进一步扩张会阻碍经济的进一步发展（见图1）。如果基于内生增长模型研究，利用税收进行融资的政府服务对经济增长的影响，得出的结论认为效用性支出（utility-type expenditures）会导致增长率的下降，而生产性支出则导致增长率先上升然后下降。② 此外，如果用政府消费占 GDP 的比重表示政府服务的生产性高低作为自变量研究政府规模与经济发展，结果发现，在世界范围内，有的国家政府服务供给过度（即政府规模过大），有的国家政府服务供给不足（即政府规模不足），而有的则适当。③ 这也间接证明了政府规模对经济发展影响所产生的效用是呈曲线性变化的。

---

① Kormendi R and Meguire P (1985). "Macroeconomic Determinants of Growth: A Cross-Country Evidence", *Journal of Monetary Economics* 16, pp. 141 – 164. 转引自马拴友《政府规模与经济增长：兼论中国财政的最优规模》，《世界经济》2000 年第 11 期。
② 高彦彦、苏炜、郑江淮：《政府规模与经济发展——基于世界面板数据的实证分析》，《经济评论》2011 年第 2 期。
③ Karras G (1993). "Employment and Output Effects of Government Spending: Is Government Size Important?" *Economic Inquiry* Vol. XXXI, pp. 354 – 369. 转引自马拴友《政府规模与经济增长：兼论中国财政的最优规模》，《世界经济》2000 年第 11 期。

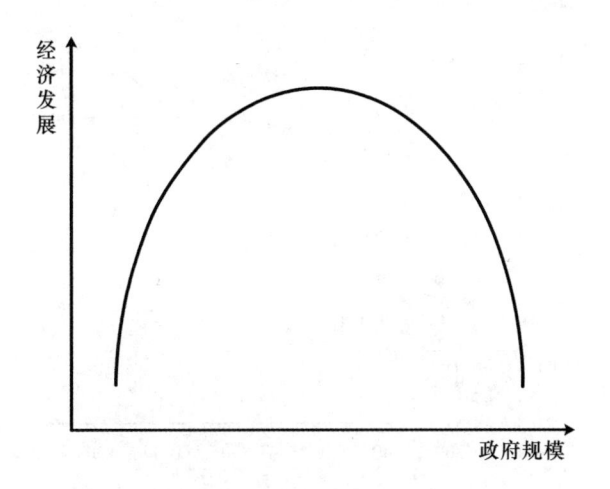

图1 政府规模和经济发展的一般规律

资料来源：转引自高彦彦、苏炜、郑江淮《政府规模与经济发展——基于世界面板数据的实证分析》，《经济评论》2011年第2期。

这个规律也被一些研究间接证实。如果用人均政府消费来衡量政府规模，用人均GDP来衡量经济发展水平，把发展中国家和发达国家分别进行研究（见图2），发现对于人均GDP在3000美元以下的国家，政府规模和经济发展水平之间的正相关度非常高（图2上）；而对于人均GDP在40000美元以上的发达国家中的富国来说，政府规模和经济发展水平之间的相关度就很低了（图2下）。

换言之，对于那些后发国家、尤其是处于经济起步阶段的国家来说，政府规模的扩大对经济发展水平的提高是有帮助的；而对于那些后工业化国家或者说非常富有的国家来说，政府规模再扩大对其经济发展的促进作用就十分地有限了。这就间接地证实了倒U形理论对于政府规模和经济发展的一般规律的解释。但是这个研究的局限在于，它无法解释另一个区间，即人均收入3000美元以上的发展中国家人均政府消费和人均GDP之间的非线性关系，以及人均收入40000美元以下的发达国家人均政府消费和人均GDP之间的线性关系。

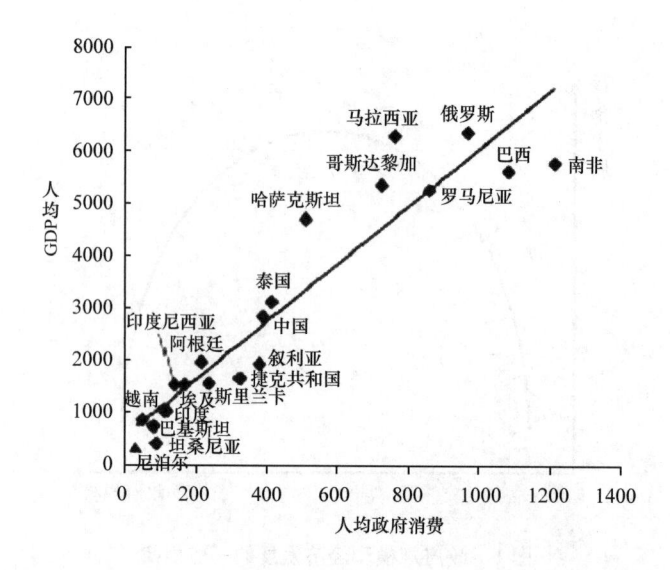

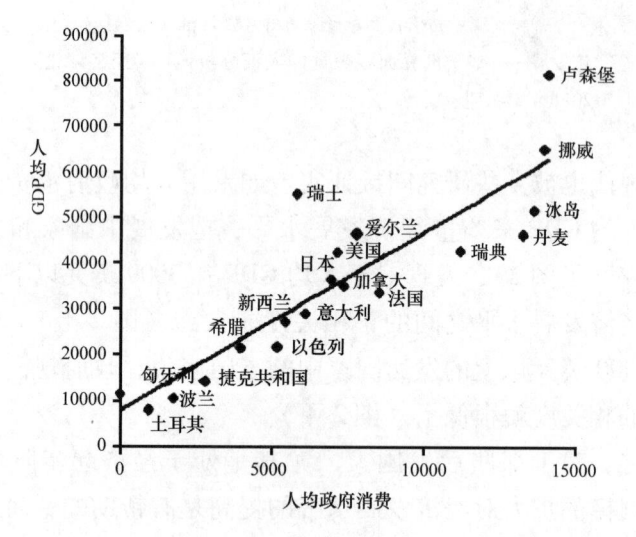

图2 发展中国家和发达国家各自政府规模和经济发展之间的关联性

资料来源：张勇、古明明《政府规模究竟该多大？——中国政府规模与经济增长关系的研究》，《中国人民大学学报》2014年第6期。

四 对我国政府主导的政商关系研究的启示：
变量差别与研究趋势

从上述对政府规模和经济发展之间关系的基本规律可以发现，决定两者关系的重要因素并非客观数据，而恰恰是选择或采用何种样本与自变量。如果选择的样本和自变量具有高约束性或条件制约，那么关于两者关系研究结果的客观性可能受到较大影响。认识这一点对于我们进一步通过政府规模和经济发展之关系研究我国政府主导的政商关系具有重要启示。

在对我国政府规模和经济发展水平之间关系的研究中，衡量政府规模的这个自变量的选择，的确存在差别，大致分为三种。

一是用政府工作人员的数量来衡量政府规模。这应当是比较传统的衡量政府规模的维度。用人数作为衡量的原因是，政府工作人员数量多至少表明"吃财政饭"的人多，并且它是政府预算外收入和非预算收入增加的重要原因。有学者1985—1998年数据衡量政府官员人数对经济的影响，回归结果（即对因果关系的分析）表明二者呈显著负相关关系。[1]

二是用政府的经济状况来衡量政府规模。有研究表明，在经济较为发达的东部地区，1996—2011年间政府经济规模对经济增长没有显著影响；而在经济欠发达的西部地区，政府经济规模也对经济增长有着显著负面影响，这源于"西部政府的很多资本性支出可能存在结构性问题，即政府并没有把钱投入到经济发展急需的领域，很多贫困地区兴建的形象工程和大规模基础设施存在利用效率低、差的情形，在挤占社会资源的同时也损害了经济增长"。[2]

进一步，如果用政府财政支出的GDP占比来衡量政府规模，则会发现政府规模和经济发展水平呈负相关性。如果用政府财政支出GDP

---

[1] 转引自陈健、胡家勇《政府规模与经济发展》，《财经问题研究》2003年第8期。
[2] 张勇、古明明：《政府规模究竟该多大？——中国政府规模与经济增长关系的研究》，《中国人民大学学报》2014年第6期。

占比作为衡量政府规模的指标,通过比较则会比较容易发现,政府规模较大的地方往往是中西部省区,其经济发展水平总体上落后于东部和南部沿海发达省区。

三是用消费规模来衡量政府规模。有学者从整体状况来研究,认为我国总体上政府消费占 GDP 的比例同主要发达国家比起来比较低,因此边际生产力就比较高(也就是经济生产率比较高,经济发展潜力比较大)。[①] 这在某种程度上认同我国的政府规模和经济发展水平之间属于倒 U 形的前期,即政府规模的适度扩张有助于经济的发展。另外也有研究从微观入手,探讨不同地区的差异。有研究表明,对于东部发达地区来说,政府消费规模对经济增长的负面影响则很显著,高于全国平均水平,政府消费规模每扩大 1%,经济增速就下降 0.2;从中部地区来看,2006—2011 年,政府消费规模对经济增长的损害高于全国平均水平和东部地区水平,且非常显著,政府消费规模每扩大 1%,经济增速就下降 0.25;西部地区政府消费规模同样对经济增长有显著的负面影响。[②]

总体上看,无论是哪个维度,都基本认同我国政府规模和经济发展水平之间的关系,符合国际上的一般规律即倒 U 形。但是需要注意的是,我国经济经过四十年的高速发展,是否进入到倒 U 形的后半阶段?如果是的话,那么政府规模的进一步扩张,未必会有利于经济的进一步发展。这从上述研究所显示的东部发达地区政府规模对经济增长的一定程度的负面影响高于全国平均水平就可以初现端倪了。故而根据政府规模和经济发展之间关系的基本规律,政府规模很可能具有一个"临界点",一旦超出某个临界点,就会产生负外部性大于正外部性的问题,从而对经济和社会发展造成压力。[③] 然而,这个"临界点"在什么位置?是否可以通过经验与数据的核算来精准定位?这恐怕是下一步关于通过政府规模和经济发展之关系来研究政府主导的政商关系所亟待解决的问题。

---

① 马拴友:《政府规模与经济增长:兼论中国财政的最优规模》,《世界经济》2000 年第 11 期。
② 张勇、古明明:《政府规模竟该多大?——中国政府规模与经济增长关系的研究》,《中国人民大学学报》2014 年第 6 期。
③ 孙晓莉:《转轨国家政府规模研究及启示》,《社会科学研究》2008 年第 1 期。

中国古代地方治理的经验：
清代之"梗"的透析

王 成 谢新清[*]

（山东大学政治学与公共管理学院；济宁医学院马克思主义学院）

摘 要 国家治理实践中，地方政府与中央政府具有同样重要的地位，甚至某些情况下其影响会大于中央政府。历史与现实告诉我们，任何一个国家只要国土、人口等要素达到一定规模，若要实现治理的正常化，必须设置风格各异的地方政府组织，中央与地方政府协调一致，才能完成国家、社会治理事务。作为中国最后一个帝制王朝，清朝统治者在总结前代经验基础上，把君主集权制度发展到最完美成熟最精致的地步。其地方政府制度设计对后世产生的影响巨大而久远。清代地方政府治理存在三大弊端：督抚位高权重，基层政府主官事权独揽；胥吏干政弄权，地方吏治黑暗腐化；地方政府机构层次繁杂，官员职权交错混乱。今天的中国是历史中国的延续，在历史文化、民族心理、政治运行、政府过程诸多方面具有很多相似性。鉴往知今，相信当代中国治理体系与治理能力现代化建设过程中，一定能够从历史文化的宝藏中获得有益的启示。

关键词 古代 地方治理 清代

---

[*] 王成，山东大学政治学与公共管理学院教授；谢新清，济宁医学院马克思主义学院副教授。

一 问题的提出

中国是历史悠久的文明古国，自公元前 21 世纪大禹、夏启父子建立夏代即产生了基于军事实力强弱对比而形成的部落联盟国家，并开始了初级地方治理实践活动。诚如恩格斯所言："国家同旧的氏族组织不同的地方，第一点就是它按地区来划分它的国民。""这种按照居住地组织国民的办法，是一切国家共同的。"① 从此以后，广阔的华夏大地被划分或认可为不同层级的统治区域。这些大小不等的区域就是后世行政区划的胚芽，而代表中央政府对这些不同层级区域进行治理的组织就是地方政府。对于这一史实，先人们做了这样的描述："惟王建国，辨方正位，体国经野，设官分职，以为民极。"② 从而说明，建立国家，在地方建立行政组织展开施政活动是圣王们普遍的选择。换言之，国家最高统治集团由于无法直接管理国家各项事务，不得不通过设置"中介组织"的方法予以变通。正是从这个意义上说，国家治理实践中，地方政府不仅重要到与中央政府地位等量齐观，甚至某些情况下其影响会大于中央政府。

伴随人类政治智慧的不断提升，地方治理的组织载体——地方政府经过了从无到有、从粗放到精细、从统治到管理，再到治理的发展过程。中央与地方政府关系处理是否得当，不仅影响朝代的彼兴此亡，而且关乎民生疾苦与福祉。历朝历代的统治者在加强中央集权的同时，无一例外地格外重视地方政府建设，使之成为维护既得利益集团统治的有效工具。在地方治理实践中，帝王将相、达官显宦几乎都从先世地方治理的实践中寻求保一方太平的治安之策。他们不仅为后人留下了探索的足迹，而且保留了浩如烟海的实物与文字资料，为我们洞悉地方政府发展的来龙去脉、探寻中国古人进行国家治理的实践留下了一笔宝贵财富。

---

① 恩格斯：《家庭、私有制和国家的起源》，人民出版社 1999 年版，第 177 页。
② 《周礼·春官·宗伯第三》。

中国古代地方治理的经验：清代之"梗"的透析

令人遗憾的是，前人的实践与后继者理论的研究存在巨大反差。在中国，历来政治制度和政治史的研究几乎一边倒地倾向于中央政府，对于地方政府要么略而不谈，要么语焉不详，或集中于探讨地方职官制度等问题。官修正史如此尚可理解，地方志也存在同样问题。给人的总体感觉是中国自古以来都是中央政府在唱独角戏，地方政府顶多是个配角，或是牵线木偶，二者并没有形成一个治理系统。无论成绩还是过失，几乎统统归因于中央政府。这样一种倾向，使得地方政府研究显得非常薄弱，著作、论文都很少见。即便是少有的论著也多侧重于探讨地方职官的制度安排，至于地方政府设置的来龙去脉、组成、职权、运行机制与特点、优劣长短、治理的经验教训等则少人问津。历史与现实则告诉我们，任何一个国家只要国土、人口等要素达到一定规模，若要实现治理的正常化，必须设置风格各异的地方政府组织，中央与地方政府协调一致，才能完成国家、社会治理事务。

老子说："治大国若烹小鲜"[1]，说明大国治理中稳定的重要性。地方政府作为国家治政方针的贯彻者，与民众贴得最近。对国家巩固、社会稳定、民族团结、经济发展、文化繁荣影响巨大。历史上每每到达改朝换代的关节点，时常听到这样一句话："官逼民反"！真正导致"民反"的这个"官"十有八九是与民众距离最近的地方官员。因此，科学设置、合理控制、协调发展、动态调整，既是实现地方公共治理良性发展的需要，同时也是关乎国家全局的迫切要求。实现这一目标，鉴往知今是必不可少的重要环节。进入21世纪，省直管县的改革在多个省份展开试点，此项改革的利弊得失尚处于探索之中。为了尽可能减少政府管理体制改革带来的震荡，以古、以洋为鉴都是必须的。至少通过历史知识的介绍与研究，人们可以更好地了解历史中国的地方政府治理走过了一条怎样的变迁之路，从而在规划今日之地方政府管理体制时可以少走弯路，少犯错误。

作为中国最后一个帝制王朝，清朝统治者在总结前代经验基础上，把君主集权制度发展到最完美成熟最精致的地步。其地方政府制度设计

---

[1] 《老子》第六十章。

对后世产生的影响巨大而久远。总结清代地方政府制度供给的利弊得失，论说其影响，对于当代中国地方政府制度设计、国家治理体系的完善和治理能力的提升具有重要参考意义。

二 督抚位高权重，基层政府主官事权独揽

清代地方治理体系的设计与其高度专制主义中央集权政治密切相关。作为清帝派驻地方的中央权力延伸治理的代理人，总督和巡抚（简称督抚）手握行政权、司法权、监察权、财政权、军事以及人事等诸种大权于一身，清朝后期的督抚一度甚至拥有部分外交权。身居紫禁城的皇帝只要通过操控少数督抚之手，就能轻松实现对全国地方治理体系的操控。

清代督抚体制是明代督抚制度扬弃与发展的产物，是其地方治理重要的制度设计，在很多方面显示了重塑与创新的特色。如明代巡抚（取"巡行天下，安抚军民"[①] 之意）出抚地方，节制"三司"（布政使司、提刑按察使司、都指挥使司），实际掌握着地方行政司法等大权，机构设置向着地方化、制度化方向演变，即由中央派出的监察大员（京官带本秩）向地方行政司法长官转化，由临时差遣性"虚职"向永久性地方政府实职转化。不过，比照一省一抚及辖区固定的制度标准，明代巡抚毕竟不是一级法律意义上的地方行政区划的首长。明代巡抚正式称号是"巡抚都御史"，巡抚考满，一般"回院"，负责北京（或南京）都察院事务。由此可知明代巡抚实质上是中央都察院的派出机构。作为一种地方治理制度，总督制在明代只能说是稍具雏形，它只为清代总督变成地方治理首脑开启了先河。相对于明朝，清朝督抚职位设置为常态，辖区划分固定，是法定意义上的地方最高行政和军事长官。清朝初期，有相当长的一段时间，总督只是作为一种差遣官存在，全称为"总督某某地方等处（如直隶、湖广、两江等）地方、提督军务、监理粮饷，或兼巡抚事"。乾隆十三年（1748年），清廷鉴于督抚职务已经固定，正

[①] 张廷玉：《明史》，中华书局1974年版，第100页。

式议准："督抚总制百官，布按二司皆其属吏"，在位置排列上，"首列督抚，次列布按等官。"① 从此，总督成为法定意义上的地方政府最高一级行政长官，督抚在清代终于完成地方官员化过程。

由此可以看出，清代督抚制度与明代督抚制度的最大区别在于，明代督抚仅是临时差遣，地方官序以布政使为一省最高行政长官，同时设按察使主司法，巡按使主监察，三者相对独立，便于相互监督、牵制。清代督抚制度则撤销了巡按使，督抚不但集中了行政、司法、民政等权力，又加上了监察、军事甚至任官、外交等大权。清代督抚向上可以密折陈奏，直接向皇帝负责；向下从布、按两司至道、府、州、县各衙门官员，均为其属官。督抚可随时对其治理活动提出弹劾，也可借故予以改调，或令其不许到任。清朝中央政府之所以如此强化督抚权力，根本目的是为了加强皇权对全国的控制。这与清朝中央集权的突出特点——皇权的无限强化——是相互匹配的。康熙皇帝曾毫不掩饰地说："今天下大小事务皆朕一身亲理，不可旁贷。"② 清代后世帝王基本承袭了这一传统，"圣圣相承，乾纲独揽，政柄从无旁落。"③ 然而皇帝一人的体力精力能力毕竟有限，倘若地方事务不分轻重缓急、大小内外均由皇帝一人批复，必将难以承受。清代帝王的高明就在于把地方事务首先集中于督抚之手，在中央政府之下，全国形成为数不多的次政治中心。由督抚综理一省（或若干省）事务，然后把大大精简了的事务择要上报皇帝，这就为身处金銮宝殿中的帝王集权创造了条件。反过来，皇帝又可以摆脱繁杂案牍及中央官员的纠缠和干扰，从容指挥几十位封疆大吏，并足以使成千上万的各级地方官僚俯首听命，从而方便了朝廷向地方推行政令，提高了地方各级政府的办事效率。

督抚权力过大也带来另一个问题，特别是到了清末，随着西方列强军事、政治、经济入侵的加强和皇权相对削弱，督抚权力陡然增加。他们的任期明显地比过去延长了很多，加上清廷又授予督抚较大的对外交涉权，其中像直隶和两江总督，还分别兼任了北洋通商大臣和南洋通商

---

① 《清实录乾隆朝实录》卷328。
② 王先谦：《东华录》卷103。
③ 《清实录乾隆朝实录》卷576。

大臣，更是威势显赫。在八国联军侵华期间，两广、两江和湖广等地，出现抗命于中央政府的"东南互保"事件，虽说背后存在外国势力干涉中国内政的影子，但确实反映了督抚权力过大而产生的地方离心力，央地关系的扭曲演化，也是武昌首义后清朝政府迅速土崩瓦解的重要原因。

与督抚在地方治理体系中高高在上的地位相对应，州、县长官在清朝地方政府体系中居于基层地位，品秩一般仅为正七品，但身为一州（县）之长，在其辖境之内，也是权势赫赫。清代名幕汪辉祖说："天下治权，督抚而下莫重于牧令（知州、知县），虽藩（布政）臬（按察）道府皆弗若也，何者？其权专也。"[1] 瞿同祖认为，州、县两级政府的所有治权都由州、县主官一人掌握，州、县衙门就是"一人政府"，分配到地方的一切权力都无可分割地被确定为州、县官这一职位的独享权力，其他一切僚属显然只扮演着无关紧要的角色，除非得到州、县主官的委派，否则没有任何律令规定的治理权限。州、县主官是地方一切事务的惟一受托人和责任人，税收、司法、治安、教育、福利、公共工程等等，归根结底由州（县）主官一人承担，一人负责任。税收完不成，官库有亏空，盗匪未抓获，水利工程毁坏，司法有错案，人口有逃漏，驿站死了马，科考有舞弊，理论上都由州、县主官一人负责并受罚，除非法律特别规定其他僚属或书役要一同负责。轻则罚俸、包赔、降级，重则革职、受笞杖，直至判处徒流刑罚。[2]

由上可见，清代县域（含州）治理的制度供给，县（州）长官的权力是专属的。僚属官，特别是佐贰——常被称为"闲曹"（闲散官员）或"冗官"（多余的官员）[3]，在地方政府中仅赋予极少职权。至于其他杂职，虽履职于某类事务，但权力被极大地压缩，尤其是词讼事务被绝对禁止。清律规定："佐杂人员不许准理地方词讼，遇有控诉到案，即呈送印官查办。"[4] 吏、典等职负责缉捕办案，但这类吏员无权审理案

---

[1] 邵之棠：《皇朝经世文统编》卷34。
[2] 瞿同祖著，范忠信等译：《清代地方政府》代译序，法律出版社2003年版。
[3] 袁枚：《小仓山房文集》卷15；蒋士铨：《忠雅堂文集》卷8。
[4] 褚瑛：《州县初仕小补·附释八字之义》。

件，毕竟审判权集中体现了国家权力。僚属官员的大量闲置，必然导致州县政府成为"一人政府"，各类事务都需要州县主官亲力亲为，僚属们即便有心也无权为主官分忧。州县主官分身无术，为使州县政府各项事务正常运转，出路就是构建私人班底，让自己的私人班子分担部分行政事务。这是导致清代地方胥吏干政专权，吏治黑暗腐化的直接诱因。

三 胥吏干政弄权，地方吏治黑暗腐化

胥吏干政是清代地方治理的重要特色，有人把清朝胥吏擅权与明朝太监乱政相提并论，如徐珂指出："明与宰相太监共天下，本朝则与胥吏共天下。"①

胥吏，也称吏胥，属于"官府职役"，该称呼在明清之世颇为流行。按照《现代汉语词典》的解释，胥吏是指"旧时没有品级的小公务员"，也即没有品级的最基层的办事员。具体到清代，胥吏大致包括两类人：一是大小官员的私人帮办、仆从，如书吏、长随、家丁等；一是各级官府的衙役、公差，如门丁、皂吏、捕快、禁卒、仵作等。胥吏参与政事虽非肇始于清代，但有清一朝，"胥吏擅权"是地方政府运用治权过程中毁政害民的严重问题，是地方治理体系设计的败笔。清初顾炎武说："今夺百官之权而一切归之吏胥，是所谓百官者虚名，而柄国者吏胥而已。"② 清王朝对各地方政府衙门胥吏数额本有严格限制，但实际使用人员总是大大突破其限额规定。到了晚清，大的州县衙门胥吏不下数千人，小的州县一二百乃至千人。清代刘衡说，他任四川巴县知县时，衙门里有7000多名衙役。③ 另一位清代政论家游百川说："州县为亲民之官。所用吏胥。本有定额。乃或贴写。或挂名。大邑每至二三千人。次者六七百人。至少亦不下三四百人。"④ 依此类推全国总计胥吏约有145万人之多。这一数额庞大的群体，虽然身在公门，却未能得到合

---

① 佚名：《清代之竹头木屑》之《胥吏》。
② 顾炎武：《日知录》卷8。
③ 刘衡：《庸吏庸言》卷上。
④ 盛康：《皇朝经世文续编》卷28《吏政》11《吏胥》。

法的官僚身份及待遇（政治上的和经济上的）。由于科举选官重儒家经典的测试而轻于实务，各级官员学的理论与地方政府治理的实践要求相距甚远，因为参与科举选拔用不上法令世务，这样的畸形知识结构决定了州县政府的品官几乎不可能在实务性要求极高的治理活动中游刃有余；清代地方各级官场弥漫着官员尸位素餐、因循疲玩的积习，即如曾国藩在《应诏陈条疏》中指出的那样"京官之办事通病有二：曰退缩、曰琐屑。外官之办事通病有二：曰敷衍、曰颟顸。"① 当时许多地方官员昏聩无能、不勤政事；清代法律和典章重视以"例"办理刑名事务，对于数量浩瀚繁杂的例案，科举出身的品官们几乎一无所知，这既导致各级地方官员无法问政，又使胥吏通过对例案的解释权来干预政事。此类案例不胜枚举，此处不再赘述。由是导致清朝各级地方政府官员依赖胥吏办理政务的风气大行其道。胥吏群体尽管"不在其位"，但却可以"过问其政"。他们掌握了上至都院、督抚，下至州县行政事务的实权。政治上的被歧视、经济上的拮据、社会上的各种偏见，导致胥吏群体道德心态失衡，身份上的缺失意味着他们可以不受官僚组织内部清规戒律的约束，而经济收入上的低下又使他们在"陋规"名下疯狂逐利。"无官之责，有官之权，官或自顾考成，彼则惟知牟利，依草附木，怙势作威。"② 瞿同祖先生在其《清代地方政府》一书中总结了胥吏群体中的书吏、衙役、长随、幕友的贪赃形式：书吏利用工作之便对涉及司法的百姓敲诈勒索，在征税公务中中饱私囊；衙役在催收赋税的过程中勒索百姓钱财，在缉盗、传唤人证、司法仵作时贪赃枉法；长随更因其是州县官的亲信，除了分享陋规好处外，还可以向书吏、衙役索贿，如门丁就收"门包"；幕友作为地方官员的行政专家顾问，享有高额的薪酬待遇，但仍有一些幕友或受贿或贪污，更有甚者，有的幕友与衙门中其他人勾结在一起，共行贪污之举。瞿同祖先生的考证客观、翔实、严谨，为后世勾画出一幅胥吏弄权腐化的历史画卷。

地方胥吏之危害集大成于有清一朝，之于地方政务的危害大致有玩

---

① 陈忠倚：《皇朝经世文三编》卷15《治体三原治》。
② 纪昀：《阅微草堂笔记》卷6《滦阳消夏录》（六）。

忽职守、贻误管理、挟例弄权、操纵政务、舞文弄档、作奸射利、烧毁档案、消灭罪证等。① 具体表现为：

第一，对司法的危害。对地方政府官员而言，"断狱听讼"是其治理活动最主要、最经常的表现形式。普通百姓一旦沾惹上官司，不管是被告、原告，甚至仅仅是证人，也不论涉及的是哪一类案件，几乎没有例外地要受到胥吏的要挟勒索。1886年9月28日的《申报》曾经载文指出：胥吏"偶遇乡人涉讼，不论是非曲直，先揣其肥瘠，量其身家，自初词以及完案，刻刻要钱，务厌其欲而后已，否则事难了结。"所以民间谚语云："气死不可告状，书役之畏人可知。"②

第二，对税收的危害。田文镜说："此辈俱系衙门积蠹，明知经收一年钱粮，从中便可饱填贪壑。或派收里地帮役，或索取粮民册费，或串通里长银匠擎用钱粮，或执戥重称粮银、私增火耗。因而银不入柜暗地先自剪边，甚至拆拿短封，竟无一户得免。至于索取串票钱，私收纸笔钱，又其小焉者也。"③ 钱粮征收之弊以外，还有"保歇"之弊、浮收之弊、串票之弊、包征包解之弊、垫完钱粮之弊、催揽钱粮的"押差"之弊等等，几乎在钱粮征收的各个环节胥吏都会尽其所能贪索钱物。

第三，追逐陋规的危害。自前明而来呈愈演愈烈之势的"陋规"，成为困扰清朝各级地方政府始终的难题。陋规在地方上体现于以刑名、钱谷为中心的所有基层公务活动中。"常例陋规，千端百绪，指不胜屈，笔不胜书。"④ "遇一事，即有一事之陋规；经一处，即有一处之科派。"⑤ "陋规"虽"陋"，却是清朝胥吏主要的收入来源。比如征收赋税，经办的胥吏就有按比例向纳税人抽头的陋规；民间买卖房产、田产、奴婢，契约必须加盖官印，而胥吏就要抽取"心红银"；告状要写状纸，需出"代书费"；起诉要向书吏缴"挂号费"；将状纸送官，要

---

① 张锡田：《论清代文档管理中的书吏之害》，《中山大学学报》1999年第4期。
② 叶镇：《作吏要言》，附《管见十二则》。
③ 徐栋：《牧令书》卷8《屏恶》。
④ 邵之棠：《皇朝经世文统编》卷67《理财部》12《漕运》。
⑤ 邵之棠：《皇朝经世文统编》卷69《理财部》14《盐务》。

交"传呈费";此外还有路费、盘费、送牌费、盘子费、检卷费、值党费、散班费、听刑费、具结费等等。① 当事人撤诉,或是最终和解了,也不能放过,"和息费"缴纳之后才算是真正完事。陋规甚至是保证衙役吃饱饭必须借助的手段。比如,捕快抓人必定索要"上锁钱",放人也不轻松,付完"开锁钱"才算真正完事;如传唤证人这样的事,所立收钱名目为"脚钱"、"鞋钱";皂隶行刑也不能白出力,需要收"杖钱",赶上原告希望重打被告,更是需要收钱,名曰"倒杖钱"。入狱要交"入监钱",由牢头禁子征收,出狱更要交钱——"出监钱"……各类所拿卡要,不胜枚举。到头来最倒霉的还是老百姓。

第四,对地方其他行政事务的危害。其一,文档事务。时人张鉴瀛归纳为七款弊病:停搁之弊、欺瞒之弊、混乱文书乱写牌票之弊、盗用印信之弊、各房通同之弊、朦胧误事之弊、武断乡曲之弊。② 其二,科考事务。应当说,地方衙门的胥吏与国家选拔人才的科举考试本无关系,即便如此,基层胥吏也会利用服务地方官员的机会,捞取好处。"乡试积弊,近来州县调帘入省,并不遵照定例径赴公所,往往在外居住,以致不肖士子夤缘干谒,拜为师生,私通关节,并贿嘱礼房,勾通内帘收掌书吏,豫传红号,竟将某卷直送某房,以便呈荐。"③ 其三,赈灾事务。对于荒政之弊,方允镶(道光年间御史)在奏折中揭露说:"胥吏则更无顾忌,每每私将灾票售卖,名曰'卖灾';小民用钱买票,名曰'买灾';或推情转给亲友,名曰'送灾';或恃强坐分陋规,名曰'吃灾'。至僻壤愚氓,不特不得领钱,甚至不知朝廷有颁赈恩典。"④ 赈灾这样关系民生疾苦的政务尚且这样,其他就可想而知了。其四,挟例弄权。由于胥吏谙熟例案,常能操纵权柄,将官员玩弄于股掌之上。官员们因为在律令知识操作规程等方面远逊于胥吏,只好以吏为师。曾经有书吏洋洋自得地把品官比作拉车的骡子,而自己则是驾车的御手,品官们不过跟随自己的鞭子行动而已。官场谚语说:"堂官牛,

---

① 赵晓华:《晚清讼狱制度的社会考察》,中国人民大学出版社2001年版,第59页。
② 张鉴瀛:《宦乡要则》卷2《各房通弊》。
③ 《清宣宗实录》卷247《道光十三年十二月癸亥》。
④ 《录副档》之《道光二十九年九月初九日御吏方允镶折》。

司官驴，书吏仆夫为之驱"、"清官难逃滑吏手"①，此之谓也。

四　地方政府机构层次繁杂，官员职权交错混乱

　　清代地方政府机构设置上，总督与巡抚并立。巡抚是总管一省军政的长官，从二品，授都察院右副都御史，经吏部奏请亦兼有兵部侍郎衔。俗称"中丞"，别称"抚台"、"抚院"、"部院"，同时一般又兼领提督衔，有统领或节制本省绿营的权力，故又称"抚军"。巡抚的设置原则是一省一抚，因处理督抚关系，清朝所设巡抚共21人。其中由总督兼任巡抚的有奉天、直隶等8人，单设巡抚的有江苏、安徽等13人。巡抚虽品级、地位略低于总督，在朝廷敕书中又常有"例受总督节度"，"军政民事皆听总督主裁。"② 以此为标准，巡抚似乎应听命于总督，可现实中并不完全如此。督抚往往都单开幕府，享有独自奏事权，逢重大事务，如弹劾官吏要督参抚审，巡抚题补地方官员须经总督会衔后才能上报等等，加上他们的职掌又多重复，职责上出现摩擦在所难免。特别是督抚同城或在一省者，更常因"志不齐、权不一"出现许多明争暗斗之事③。为解决这个矛盾，中央政府把督抚同城的巡抚衙门裁撤，由总督兼巡抚职。但督抚同设的原则却始终不变，之所以如此，是因为督抚们权力所辖地域广大，而且手中都有军政财务大权，最具有闹独立性的本钱。督抚实行二元化的领导体制，可使两方有所牵制，乾隆就曾称："设立督抚原令互相稽察。"④ 如此尾大不掉的局面固然一定程度上得到遏制，遇事相互扯皮在所难免。

　　在地方，总督、巡抚衙门而下，尚有藩、臬二司，以及作为特别机构的"道"，直到府、州（厅）县。"所以从行政区划看，清代是省、府、县三级，而从官员设置看，却有督抚、布按、道员、知府、知县五

---

① 坑余生：《续济公传》，《第一百七十二回　雷音寺圣僧求佛　小南海天神交兵》。
② 赵尔巽等：《清史稿》，中华书局1977年版，第3337页。
③ 邵之棠：《皇朝经世文统编》卷29《内政部》3《官制》。
④ 王先谦：《东华录》之《乾隆朝》卷99。

级……清代以前地方官员层次必与政区层级相对应，至清则相脱离。"①这种地方治理结构，必然导致清代治官之官多而治事之官少。鲁一同敏锐地看到这一点："天下之患，盖在治事之官少，治官之官多。州县长吏、丞、簿、尉，治事之官也，州县以上，皆治官之官也。天下事无毫发不起于州县，若府、若道、若布政按察使、若巡抚、若总督，其所治者即州县之事也。州县者既治事而上之府矣，不足信，信道，又不足信，信布政按察，又不足信，信总督巡抚，又不能一信也。而两制之，自府道以上益尊且贵，事不足分州县之毫发，为州县者必以公文书遍达之，不合则遽委而仍属之州县，故一县之事得府道数倍，得布政按察又数倍，得巡抚总督又数倍。"② 一方面，治官之官多导致政出多门，凡事以虚文相应酬。正如明代谢肇淛所云："从来仕宦法罔之密，无如本朝者。上自宰辅，下至驿递巡宰，莫不以虚文相应酬。而京官尤可，外吏则愈甚矣。大抵官不留意政事，一切付之胥曹，而胥曹之所奉行者，不过以往之旧牍、历年之成规，不敢分毫逾越。而上之人既以是责下，则下之人亦不得不以故事虚文应之；一有不应，则上之胥曹又乘其隙而绳以法矣。故郡县之吏宵旰竭蹶，惟日不足，而吏治卒以不振者，职此之故也。"③ 这种自宋代以降中央集权日益加强的趋势，也引起过顾炎武的极大关注，称："尽天下一切之权而收之在上，而万几之广，固非一人所能操也，而权乃移于法。于是多为之法，以禁防之，虽大奸有所不能逾，而贤智之臣亦无效尺寸于法之外，相与兢兢奉法，以求无过而已。于是天子之权，不寄于人臣，而寄于胥吏……守令无权，而民疾苦不闻于上，安望其致太平而延国命乎？"④ 清朝则在这条道路上越走越远，如同地方胥吏借助律令例案作为行政过程中必不可少的"手段"一样，"文法"政治转而成为地方官们追求的目标。社会压力迫使其对规则的遵从，直接导致清代地方行政繁琐、拖拉的作风以及低效率。另一方面，"以官制官，层层节制"使下级官员绝对服从甚至巴结上级官员。

---

① 周振鹤：《中国地方行政制度史》，上海人民出版社 2005 年版，第 194 页。
② 盛康：《皇朝经世文续编》卷 22《吏政》7《吏胥》。
③ 谢肇淛：《五杂俎》卷 14《事部二》。
④ 顾炎武：《日知录》卷 9《守令》。

中国古代地方治理的经验：清代之"梗"的透析

清代地方各级官员虽享有在职位上被提升的权利，但获得这种权利的参考标准被上级官僚所掌握。结果谁都希望能够从"被别人掌握"向"掌握别人"的转变，下级官员要花大量时间和精力在揣摩上司的心思、迎合上司的意图以及如何小心谨慎地供奉上司方面，下级官僚存在的意义很大程度上仅在于如何"事上"。与之相反，其"牧民"的主要职责却被置于次要地位。鲁一同说："夫州县所以不能制胥吏者，牵制太多，文牒太繁，驳复太密，穷日夜之精神以承总督、巡抚、布政、按察、巡道五六公之意旨而恐其不给，又安能亲民而督吏？"① 值得注意的是，清朝中、下级地方官员不仅遭到上宪正印官"掣肘"，同时还要受到各上级衙门众多办事胥吏的牵制，有时甚至本衙门胥吏与上宪胥吏串通挟制本官。许多地方官员，特别是州县官要拿出相当大精力来应对上级衙门的胥吏给本州县带来的沉重负担。

至于地方官员的职权交错，最明显的莫过于在省级机构上。总督和巡抚，二者除了在管辖区域上有明显区别外，其职权相互交织、彼此渗透，在具体职责上很难做出划分。有人指出：总督"掌综治军民，统辖文武，考核官吏，修饬封疆。"② 巡抚则"掌宣布德意、抚安齐民、修明政刑、兴革利弊、考核群吏等。"③《清会典·吏部二·文选清吏司》则云："直省设总督，统辖文武，诘治军民。巡抚综理教养刑政。"即使清朝典章规定总督职权侧重军事，巡抚职权侧重民政，可实际上，不兼巡抚衔的总督民政责任也很大，不得游闲于其外。乾隆五十五年（1790年），弘历曾斥责总督以"刑名钱谷非其专守"，而"委之巡抚、两司"，同时指斥其"官员题升调补揽为己职，独操进退之权，乃至贻误废弛，又复借辞推卸"的行为，强调指出："总督有统辖之职，纠吏除奸，征缮纳课，皆应留心整饬"，而不仅"令管理兵丁营伍。"④ 作为一省民政长官的巡抚，其军权亦不可小觑。也正因为如此，清代皇帝在向地方发布的诏令中，无论所涉及的是军事，还是民政，或者是有关风

---

① 邵之棠：《皇朝经世文统编》卷1《文教部一·学术》。
② 《清朝通志》卷69《职官略六·直省文职·总督》。
③ 《清朝通志》卷69《职官略六·直省文职·巡抚》。
④ 王先谦：《东华录》之《乾隆朝》卷110。

· 123 ·

俗、教化，都把总督、巡抚放在一起作为受命对象。以此表明任何一种地方事务，二者都是责无旁贷的。督、抚下面的藩、臬二司，布政使、按察使在职权上不但很多方面与总督、巡抚雷同，而且在两司间亦多交错重复。虽然清朝典章规定，布政使重点掌管赋税财政，按察使偏重于司法，然而与此同时，他们又都同样负有行政、人事、考试等方面的责任。清朝统治者看似矛盾的种种制度设计，目的仍是通过多方牵制，以利于控制，也造成了在具体事务上，常常是有利则互相争夺，无利则扯皮推诿，官僚主义严重泛滥，行政效率极其低下的不良后果。

总体而言，清代在地方政府制度供给上沿袭了明代并有所变革与创新，但总体说机构重叠、交叉繁复、效率低下的问题非常突出，这为社会主义条件下理想的地方政府制度设计提供了很好的反面教材。

五 结语

回顾历史，不难发现，中国自秦汉及至清末（秦之前不存在严格意义的地方政府），各政权均存在央地关系的博弈。无论是汉唐王朝推行"强地方"导致地方势力割据，挑战中央权威，还是宋王朝过度集权，导致国势孱弱。过度的"外强"与"内强"都成为王朝覆灭的重要诱因。中华人民共和国成立以后，毛泽东同志专门就央地关系做了探究，指出："应当在巩固中央统一领导的前提下，扩大一点地方的权力，给地方更多的独立性，让地方办更多的事情。这对我们建设强大的社会主义国家比较有利。我们的国家这样大，人口这样多，情况这样复杂，有中央和地方两个积极性，比只有一个积极性好得多。"虽然此后我党一直没有停止科学合理央地关系构建的探索，并取得了巨大成效。但问题依然颇多。某些问题甚至成为国家治理现代化的羁绊。解决这些问题的措施之一，就是善借他山之玉。今天的中国是历史中国的延续，在历史文化、民族心理、政治运行、政府过程诸多方面具有很多相似性。鉴往知今，相信当代中国治理体系与治理能力现代化建设过程中，一定能够从历史文化的宝藏中获得有益的启示。

国外数字治理的过去、现在和未来

黄建伟 刘 军[*]

(南京财经大学公共管理学院;江西农业大学人文与公共管理学院)

摘 要 从电子政务到数字治理,体现了ICT与治理方式的发展,是技术与价值理念有机结合的过程。通过对国外数字治理发展过程的梳理,其大致经历了"政府广告牌——提供信息和服务——公众参与和有限互动"三个阶段;公共行政的价值理性正在回归,并逐步推动传统公共行政向现代公共治理转变;但数字治理的实践发展始终滞后于价值理念的呼唤,在深层次的互动、合作方面并不乐观。近期的研究表明,数字治理呈现出多样化的发展趋势,展现了数字治理的广阔前景。尽管如此,未来还需转变传统的发展理念,沿着"双向互动——信任——合作"路径推动数字治理向深层价值发展,以数字治理方式助推社会治理方式变革。

关键词 数字治理 ICT 公共行政 价值理性 未来展望

一 数字治理的由来

信息通信技术(ICT)是人类历史发展的重要推力,引发了生产生

---

[*] 黄建伟,南京财经大学公共管理学院教授;刘军,江西农业大学人文与公共管理学院硕士研究生。

活、经济发展和社会治理等方面的巨大变革，成为公共管理变革与发展的重要契机。在20世纪90年代初的"重塑政府"运动中，信息技术的创新成果开始被运用到公共管理领域，电子政务正是传统的公共行政与ICT（尤其是互联网应用程序）结合的产物。电子政务最初主要运用于向公民和企业提供政府信息和服务，旨在提升行政效率和节省行政成本，随着ICT在公共管理中的运用与创新，电子政务的内涵得到不断丰富，相继出现了数字政府、电子治理和数字治理等概念。

不同的概念也反映了ICT运用于公共管理实践各阶段的不同关注点和价值内涵。多洛雷斯（Dolores）等人将信息技术在政府部门价值创造中的应用分为三个阶段，其中数字政府是与新公共管理相关联的阶段，主要关注效率和改善公共服务。[1] 数字政府至少包含两个方面，一是改善服务提供，降低成本；二是改善政府与公民间的沟通，[2] 还涉及电子民主、政策制定和政策过程的数字支持。[3] 根据美国全国科学基金会采用的定义，数字政府主要是利用信息技术来支持和改善公共政策、政府运营和公民参与，并提供全面及时的服务。世界经济与发展组织则将数字政府定义为，利用ICT（特别是互联网）以实现更好的政策成果、服务提供和公民参与，推动公共改革议程。可见，改善民主参与和公共政策是电子政务向数字政府转变的集中体现。

自20世纪90年代起，随着治理理论的兴起，治理理念与数字政府的融合催生了电子治理的概念。"政府"与"治理"这两个概念分别指向了公民与政治间的不同关系，治理强调的是公共政策的决策方式，政府则强调公共政策的执行方式；提供服务是政府的功能，决定是否/如何提供服务是治理的要义。[4] 电子治理是一个内容广泛的概念，主要涵

---

[1] Dolores, E, Luna, et al., "Digital Governance and Public Value Creating at the State Level", *Information Polity*, 2015, 20 (23), pp. 167–182.

[2] Mcneal R S, Tolbert C J, Mossberger K, et al., "innovating in digital government in the American states", *Social Science Quarterly*, 2003, 64 (1), pp. 52–70.

[3] Asgarkhani M, "Digital Government And Its Effectiveness In Public Management Reform", *Public Management Review*, 2005, 7 (3), pp. 465–487.

[4] Marche S, McNiven J. E-Government and E-Governance: The Future isn't What it Used to be, *Canadian Journal of Administrative Sciences*, 2003, 20 (1), pp. 74–86.

盖了制定政策框架、改善公共服务、高质量低成本的政府运行、民主参与以及行政体制改革,[1] 电子治理的兴起意味着新的决策模式、权力分享和合作成为可能,[2] 国际电子政务中心将政策过程重构及其权力重新分配视为电子治理的核心要素。从电子政务到数字政府再到电子治理,相关的内涵不断丰富,但各个阶段的侧重点不同。(如表1所示)电子治理不再是ICT与公共管理的简单结合,涉及公民通过ICT影响公共决策、公共服务和政府运行等广泛内容,从电子政务到电子治理体现了传统公共行政向公共治理的转变,在超越成本、效率观的基础上,丰富了透明、民主、互动、合作和责任等治理理念。

表1 电子政务、数字政府和电子治理的演进

	电子政务	数字政府	电子治理
主要内容	提供信息和服务	民主参与、公共政策	公共政策、民主参与、权力共享、协作
主要目标	效率、成本	效率、服务	善治
对应阶段	公共行政	新公共管理	公共治理
实践方向	单向	双向为主	双向、协作

进入21世纪,人们发现市场化路径的新公共管理运动在改革和实践中出现了大量问题,在ICT快速发展的驱动下,新一轮的改革浪潮日益高涨。正如邓利维(Dunleavy)所言,当前公共部门变革的显著特色在于围绕信息技术和信息系统的变化而变化。基于"前沿国家"新公共管理实践中出现的碎片化、公共政策复杂化和行政机构膨胀等问题,邓利维(Dunleavy)率先提出了数字时代治理(Digital-Era Governance)理念,号召将相关管理职能重新整合到公共部门中,采用面向需求的整体性政府结构,以及推进行政程序数字化。[3] 数字治理正

---

[1] Dawes S., "The Evolution and Continuing Challenges of E-Governance", *Public Administration*, 2008, 68 (Supplement): S86lement.

[2] Allen B, Juillet L, Paquet G, et al., E-Governance & government on-line in Canada: Partnerships, people & prospects", *Government Information Quarterly*, 2001, 18 (2), pp. 93 – 104.

[3] Dunleavy P, Margetts H, Bastow S, et al., "New Public Management Is Dead—Long Live Digital-Era Governance", *Journal of Public Administration Research and Theory*, 2006, 16 (3), pp. 467 – 494.

是在这一背景下诞生，从本质而言，电子治理与数字治理具有相同的价值内涵，通过治理理论与 ICT 的结合，它们都超越了早期的提供信息和服务的功能，旨在构建多元主体的社会治理体系，旨在改善民主和公共政策，朝着互动和合作等深层领域拓展。从形式上看，电子治理是在电子政务基础上的概念演变，即在虚拟政府形式（电子政务）与治理理念结合的产物，保留了 ICT 兴起之处的"电子"部分；数字治理则源自邓利维（Dunleavy）提出的数字时代治理，是基于新公共管理运动在"前沿"国家实施中出现的问题，在即将成型的大数据时代背景下提出的，依托大数据、物联网和云计算等新型数字技术，数字治理旨在实现治理手段的"数字化""网络化""信息化"。可见，电子治理和数字治理具有价值理念的一致性，但基于不同的时代背景，形成了各具特色的治理形式和治理问题，而数字治理是当前更具时代意义的治理理念。

二　国外数字治理的历史演进

对电子政务、数字政府、电子治理和数字治理的内在联系梳理，有助于阶段性地把握数字治理的发展历程。本文以 Web of Science 核心数据库作为文献来源，以"digital governance"、"data governance"、"e-governance、"digital government"为主题词进行检索，研究方向为"public administration"，文献类型为"article"，截至 2017 年 12 月 31 日，共检索到相关文章 1339 篇。进入 21 世纪以来，信息技术的发展日新月异，关于数字治理的研究和实践也必然随之发生变化。因此，本文以这 1339 篇文章作为文献来源，通过可视化软件 Citespace V 进行关键词的共词分析，以揭示其研究的主要内容以及研究主题的纵向变化（如图 1 所示）。以下各节点表示其经过筛选后的关键词，横轴表示关键词出现的年份，节点的大小表示关键词在整个时间轴（2000—2017 年）出现的频次，关键词间的连线及其粗细的程度代表了共现的程度。通过对既有研究主题进行分析，国外数字治理大致经历了以下三个阶段。

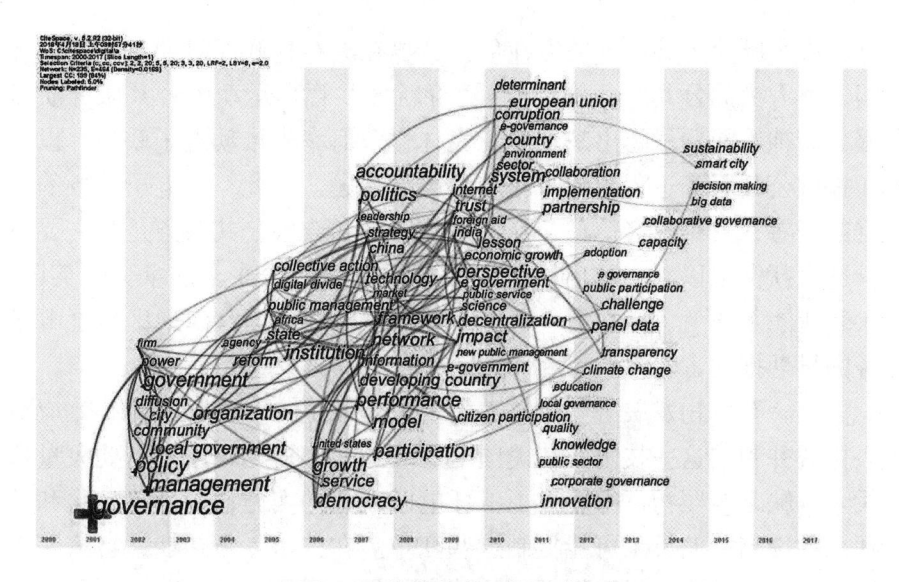

图1 国外数字治理发展时区图

数据来源：Web of Science 核心数据库，时间截至2017年12月31日。

（一）政府广告牌阶段（2001—2005年）[①]

这一阶段集聚的关键词主要是管理、政府、城市和社区等行动主体，反映出明显的主体性思维，ICT 在公共管理中的运用成为本阶段的焦点。ICT 的兴起既重塑了人们的生活、沟通和工作方式，也为改进政府管理方式提供了契机。电子政务代表了数字治理发展的早期形态，将ICT 运用于公共管理的设想从一开始就被寄予厚望，其主要优点包括减少公共服务的成本和时间，扩大公众获取公共部门信息的渠道，强化公共部门的创新能力，增加透明度和责任，弱化独裁主义倾向，促进市民社会和民主的发展。[②] 姆（Moon）在2002年就已经指出，信息技术已成为政府管理改革的核心要素之一，电子政务可能在未来的治理中占据突出地位。[③] 电子政务的实践始于美国，自20世纪60年代起的政府信

---

① Web of Science 数据库收录的相关文献始于1998年，经过筛选，本文选用的文献始于2001年。
② Haque M S. E-Governance in India: "Its Impacts on Relations Among Citizens, Politicians and Public Servants", *International Review of Administrative Sciences*, 2002, 68 (2), pp. 231 – 250.
③ Moon M. "The Evolution of E-Government Among Municipalities: Rhetoric or Reality?", *Public Administration Review*, 2002, 62 (4), pp. 424 – 433.

任危机成为威胁公共服务的潜在危机,早在老布什政府时期就开始倡导重塑公务人员的公共服务伦理,[1] 随着新公共管理运动中公共服务质量和服务精神等问题暴露出来之后,克林顿政府率先推动电子政务,以克服在提供公共服务过程中的时间和距离等难题。因此,从电子政务的实践目的来看,发布政府信息、降低行政成本和改善公共服务是其主要目标。进入新世纪以来,政府网站的运用逐渐普及开来,加拿大、英国、澳大利亚、新西兰、新加坡、印度、墨西哥以及我国台湾地区也是电子政务的早期推动者。

但是,新事物发展必然隐藏着大量未知和阻力,政府能否有效应对新兴挑战并利用这一技术?在美国电子政务实施初期,由于需要大量资金投入,缺乏参照物,很多人不信任电子政务的实施;受传统文化和社会观念的影响,老员工可能抵制这些变革。在技术创新初期,官僚制也可能成为一大障碍,任何创新都迫使官僚们改变原有的规程,发展新的工作关系和牺牲自主权,除非官员认为这个发明应该得到实施,否则即使是那些效率和效果得到确证的技术也得不到实施。[2] 因此,在实施电子政务前需要处理好观念和认知方面的问题。在全球范围内,不同国家和地区的文化差异、社会价值观、政府和意识形态差异、数据跨境流动、语言差异等因素也是制约电子政务发展的因素。[3] 部门之间、部门内部的文化差异和信任的缺失则阻碍了信息共享。[4] 此外,发展中国家的基础设施和教育水平落后、信息贫困者和老年群体的信息技术适应能力等形成了巨大的数字鸿沟,都是制约电子政务发展的障碍,成为数字治理发展过程中亟需解决的问题。

早期实践出现的问题,很大程度上制约了数字治理的发展。姆

---

[1] Perry J, Wise L. "The Motivation Bases of Public Service", *Public Administration Review*, 1990, 50 (3), pp. 367 - 373.

[2] [美] 达雷尔·韦斯特:《数字政府:技术与公共领域绩效》,郑中扬,王克迪译,科学出版社2011年版,第126页。

[3] Evans D M, Yen D C. "E-government: An analysis for implementation: Framework for understanding cultural and social impact", *Government Information Quarterly*, 2005, 22 (3), pp. 354 - 373.

[4] Drake D B, Steckler N, Koch M J. "Information sharing in and across government agencies-The role and influence of scientist, politician, and bureaucrat subcultures", *Social Science Computer Review*, 2004, 22 (1), pp. 67 - 84.

（Moon）基于2000年国际市/县管理协会和公共技术公司的调查数据发现，尽管电子政务已被许多市政府采用，但仅通过网络来发布政府信息、提供在线沟通方式，并未实现市政官员声称的节省开支、精简机构等预期成果，呈现出明显的"修饰性（rhetorical）"特征。[1] 托雷斯（Torres，2005）对欧盟47个地方政府的调查发现，尽管大多数地方政府都设有政府网站，但在大多数情况下只不过是政府广告牌，电子政务措施呈现出非互动性（Non-interactive），倾向于告知而不是改变现有的服务提供模式。[2] 而埃德米斯顿（Edmiston）对美国电子政务研究后发现，尽管联邦政府和州政府均在快速地推进电子政务建设，但许多地方政府还没有在内部加入电子邮件或建立网页，更不用说转向电子政务。[3] 印度是早期推动电子治理的主要发展中国家之一，旨在降低成本、减少浪费、增加透明度、消除腐败、解决农村贫困和不平等问题、保障市民生活等，但实践中几乎没有发挥任何之前所承诺的作用，甚至在服务提供方面也遭受了重大挫折。[4] 这也一定程度上折射出发展中国家在推动数字治理时面临的困境，数字鸿沟、教育水平、贫富差距、城乡差距和基础设置落后都是限制因素。

整体而言，尽管几乎所有电子政务的早期倡导者都倡导降低成本、改善公共服务、增加透明度和改善公众参与和政社互动，也已经出现了"电子治理"的概念，但治理理念仅停留政府口号层面，大部分国家/地区都未能取得预期成果，实现的功能主要局限于发布政府信息，表现为修饰性的政府广告牌；此外，（美国）联邦政府、州政府与地方政府电子政务发展不平衡，发达国家与发展中国家之间也存在明显差距。尽管如此，电子政务的发展前景得到广大学者认可，并在越来越多国家/地

---

[1] Moon M. "The Evolution of E-Government Among Municipalities: Rhetoric or Reality?", *Public Administration Review*, 2002, 62 (4), pp. 424 – 433.

[2] Torres L, Pina V, Royo S. "E-Government and the Transformation of Public Administrations in EU Countries-Beyond NPM or Just a Second Wave of Reforms?", *Online Information Review*, 2005, 29 (5), pp. 531 – 553.

[3] Edmiston K. "State and Local E-Government-Prospects and Challenges", *The American Review of Public Administration*, 2003, 33 (1), pp. 20 – 45.

[4] Haque M S. "E-Governance in India: Its Impacts on Relations Among Citizens, Politicians and Public Servants", *International Review of Administractive Sciences*, 2002, 68 (2), pp. 231 – 250.

区间推广和实施。

（二）提供信息和服务阶段（2006—2012年）

进入21世纪，新公共管理运动在实践中面临的挑战引发了学术界对公共管理改革的新一轮思考。邓利维（Dunleavy）分析了在新公共管理运动"前沿国家"中出现的停滞现象，认为新公共管理时代已经终结，数字时代治理已经来临并将长期存在。这一阶段，快速兴起的治理理论融入到信息技术的应用中，推动了公共价值与技术运用的融合，责任、政治、绩效、民主、参与、服务、信任、去中心化等价值理念在本阶段凸显。数字治理不仅可以在电子政务层面的信息公开、公共服务和革新政府管理方面发挥作用，在促进民主参与、促进政社互动以及改善公共政策等方面也被寄予厚望。

提供政府信息是增加政府透明度的重要方式，ICT尤其是电子政务已经被许多国家用于增加透明度，通过法律与电子政务相结合，进而成为有效的反腐工具。[1] 马尔凯（Marche）等人的研究表明，欧美的公共部门已经超越网上信息发布，在提供服务方面取得了显著进展，从电子政务向电子治理深入，朝着促进电子参与、政社互动和公共政策等方面发展。[2] 尽管"前沿国家"在电子政务的层面已经取得了突破，推动ICT的运用向参与、民主等更深层次发展的呼声也愈发高涨，但在电子治理的实践层面进展并不乐观。班森（Bonson）等人的研究表明，大多数地方政府正在使用Web 2.0和社交媒体工具来增强透明度，但在促进电子参与方面还处于初级阶段。[3] 奥巴马政府曾致力于建设开放政府，"我们的政府致力于创造前所未有的政府开放水平。我们将共同努力，确保公众的信任，建立起透明、公众参与和协作的制度体系。开放水平将强化民主，提高政府的效率和效益。政府开放将强化民主制度，促进

---

[1] Bertot J, Jaeger P, Grimes J. "Using ICTs to Create a Culture of Transparency: E-Government and Social Media as Openness and Anti-Corruption Tools for Societies", *Government Information Quarterly*, 2010, 27 (3), pp. 264-271.

[2] Obama B. "Transparency and Open Government", Washington: THE WHITE HOUSE, 2009.

[3] E Bonsóons, E Bons, Royo S, et al. "Local E-Government 2.0: Social Media and Corporate Transparency in Municipalities", *Government Information Quarterly*, 2012, 29 (2), pp. 123-132.

政府效益和效率。"[1] 开放政府与数字治理存在许多相似的内容，它们都超越了电子政务所倡导的透明度和改善公共服务，并拥有了诸如参与、互动与合作等更加丰富的内容。从政府信息公开到数据开放和共享，增加政府透明度的努力已经持续了多年，然而开放数据并不等于开放政府，更多可获取的信息并不意味着更好的、更民主、更理性的决策。相关研究表明，尽管主流言论支持奥巴马政府制定的包含透明度、参与和协作的开放政府概念，但实践中的重点主要是透明度和信息交流，而忽视了有关参与和合作的基本民主问题，受组织、技术和财务等因素的影响，其中许多举措并未实现预期的结果。[2]

托雷斯（Torres）等人发现，欧盟的主要城市已经在很大程度上扩大了网络存在感，公众能够简便地从网上找到和下载官方信息，引导政府管理变革，但在公众所期待的提升透明度和责任感、促进广泛的政民沟通方面进展有限，ICT 的应用主要集中于政府管理和提供服务上，而不是电子民主（e-democracy），重塑政府治理的目标在短期内难以实现。[3] 道斯（Dawes）等人从五个方面对美国各州和地方政府数字治理实践进行评估，呈现出相似的结果：在改善公共服务和政府运行方面的投资和进展最大；政策发展已经在多个方面取得进展，但新问题的不断出现也增加了政策发展的复杂性；在强化民主参与和推动行政体制改革方面进展最小。[4] 与数字治理发展的"前沿国家"相比，发展中国家的状况更不乐观。根据墨西哥地方政府门户网站的评估结果，地方政府门户网站的主要功能仅限于提供政府信息，几乎没有服务、互动、参与、合作以及政社信息共享的实质性内容，其数字治理还处于初始阶段，与

---

[1] Marche S, McNiven J. "E-Government and E-Governance: The Future isn't What it Used to be", *Canadian Journal of Administrative Sciences*, 2003, 20 (1), pp. 74-86.

[2] Hansson K, Belkacem K. "Open Government and Democracy: A Research Review", *Social Science Computer*, 2015, 33 (5), pp. 540-555.

[3] Torres L, Pina V, Acerete B. "E-Governance Developments in European Union Cities: Reshaping Government's Relationship with Citizens", *Governance*, 2006, 19 (2), pp. 277-302.

[4] Dawes S. "The Evolution and Continuing Challenges of E-Governance", Public Administration, 2008, 68 (Supplement): S86lement.

姆（Moon）在10年前的研究呈现出相似的结果。[1] 这一阶段的研究表明，数字治理的实践整体进步有限，信息获取和改善公共服务仅在前沿国家取得显著进展，在互动、民主和合作等深层价值方面更具修饰性而名不副实，实践发展明显滞后于价值理念的呼唤。

（三）公众参与和有限互动阶段（2013年至今）

从20世纪60年代起，公众信任的持续走低导致了一系列后果，公众对政治生活的冷漠是其中的突出问题，欧美国家出现的低投票率现象甚至动摇了代议制民主的核心原则——公民参与，公共政策的代表性和合法性受到质疑。新技术的运用使得走出这一困境成为可能，Facebook、Twitter等社交网络的兴起，超越了在线咨询、论坛等传统信息技术在使用中分离网络用户的局限性，[2] 促成了用户驱动的电子参与（e-participation）和互动，成为本阶段最受关注的问题。

电子参与是在技术的中介作用下，市民社会与正式政治领域进行的互动，它旨在通过技术来培育良性的政民关系，通过参与和互动促进公平和效率。[3] 班森（Bonson）等人发现，在缺乏传统参与机会的场所，公民积极利用网络参与地方问题的讨论，而且政府的行政方式对公民参与具有重要影响，例如日常的市政管理信息、采用照片形式更能吸引公众参与。[4] 社交媒体有巨大的潜力来扩大公众参与，推动传统的"政府宣传模式"向"政民交流模式"转变。但是，通过社交媒体来促进公众参与的方式并非一蹴而就，由于组织、文化和行政等因素，公共部门可能抵制新的数字工具；社交媒体的影响力来自于社会声誉而非官僚主义

---

[1] Sandoval-Almazan R, GilGarcia J. "Are Government Internet Portals Evolving Towards More Interaction, Participation, and Collaboration? Revisiting the Rhetoric of E-Government among Municipalities", *Government Information Quarterly*, 2012, 29 (1), pp. 72–81.

[2] Macintosh A. "The Emergence of Digital Governance", *Significance*, 2008, 5 (5), pp. 176–178.

[3] Øystein Sæbø, Rose J, Flak L. "The Shape of eParticipation: Characterizing an Emerging Research area", *Government Information Quarterly*, 2008, 25 (3), pp. 400–428.

[4] E Bonsóons, Royo S, Ratkai M. Citizens' Engagement on Local Governments' Facebook Sites. "An Empirical Analysis: The Impact of Different Media and Content Types in Western Europe", *Government Information Quarterly*, 2015, 32 (1), pp. 52–62.

权威，了解公众的偏好和价值观变得至关重要。① 政治制度化水平和技术发展程度共同作用于电子参与，当制度和技术因素共同发生作用时，电子参与的概率更高，仅有高水平 ICT 而缺乏政治制度化时，高层次的电子参与从长远来看可能是民主的威胁。② 此外，新媒体还成为公众参与抗争性政治的工具，促使社会抗争以超越发送和接收信息的方式使用数字媒体，拓展到宣传、个性化参与和组织集体行动等方面。

随着社交网络技术的快速发展及其在数据开放共享、政务服务、公民参与等方面的运用，改善公民与政府间的交流互动成为数字治理发展的必然趋势。公众参与通常涉及三个问题，即谁参与、如何交流和决策、对公共决策和行为产生了什么影响？③ 因此，政民互动是电子参与的自然延伸，也是数字治理和民主政治的现实反映。瑟斯克斯（Siskos）等人基于基础设施建设、政府投资、电子服务、电子参与、在线互动和用户体验对多个欧洲国家的数字治理进行评估，在基础设施建设、政府投资、电子服务和用户体验方面均表现良好，在电子参与方面表现不一，在公众与政府的在线互动方面大多表现不佳，但企业与政府的在线互动整体表现良好。④ 根据美国 75 个最大城市的调查显示，政府部门社交网络的使用率快速增长，具备了公民与政府在线互动的条件，有了更多的开放性与公民对话的迹象，但仍以"政府发布信息、公民评论、政府回应少"的模式为主。⑤ 在将社交媒体运用于组织内的参与式协调和与外部利益相关者的参与式互动时，美国地方政府的实践未能达到预期效果，社交媒体的实施成本超过了预期的管理效益，还需通过更多的实

---

① McNutt K. "Public Engagement in the Web 2.0 Era: Social Collaborative Technologies in a Public Sector Context", *Canadian Public Administration*, 2014, 57 (1), pp. 49 – 70.
② Jho W, Song K. "Institutional and Technological Determinants of Civil E-Participation: Solo or Duet?", *Government Information Quarterly*, 2015, 32 (4), pp. 488 – 495.
③ Fung A. "Putting the Public Back into Governance: The Challenges of Citizen Participation and Its Future", *Public Administration Review*, 2015, 75 (4), pp. 513 – 522.
④ Siskos E, Askounis D, Psarras J. "Multicriteria decision support for global e-government evaluation", *Omega-international Journal of Management Science*, 2014, 46, pp. 51 – 63.
⑤ Mossberger K, Wu Y, Crawford J. "Connecting Citizens and Local Governments? Social Media and Interactivity in Major U. S. Cities", *Government Information Quarterly*, 2013, 30 (4): 351 (4): 3.

践加以完善。① 唐纳德（Donald）等人的研究显示出相似的结果，地方电子政务的发展在很大程度上是渐进式的，主要通过单向的"政府—公民"方式在线提供信息和服务，政府与公民间仅存在有限的互动。② 尽管学术界对互动、参与以及合作等理念的呼唤已有时日，但即便在数字治理发展的前沿国家，在政民互动和政社合作层面的实践进展仍然有限，再次呈现出实践发展始终滞后于价值理念的窘境。

三 新时代的数字治理

自第三发展阶段起，数字治理的研究进入了全新的时代，在参与和互动受到持续关注的同时，有关数字治理的研究议题呈现出明显的多样化。一方面，大数据、云计算和人工智能等新型数字技术的发展和运用推动了数字治理实践的新运用，进而引发了新的思考；另一方面，对数字治理发展早期遗留的问题有了新的思考，引发了对社会科学问题的新探讨。以下三个主题备受学界关注，相关研究得以持续推进：

（一）数据开放与共享

随着数据开放和共享的推进，有关数据的质量与标准、数据的属性分类、数据的价值与定价以及相关的政策和制度等数据治理问题再次凸显出来，而这还是电子政务发展初期遗留下来的。从欧美国家的发展现状来看，数据治理已经从早期的技术和制度问题演变为更深层次的社会科学问题，需要从技术、制度、文化和管理等方面推进。在美国，公共部门会定期存储数据，这被认为有助于公共决策和回应公众需求，但由于缺少可靠的数据治理，公务人员对这些数据的准确性并无信心。③ 可靠信息的缺失很大原因在于个人资料的保护问题未能得到有效解决，许

---

① Feeney M K, Welch E W. "Technology-Task Coupling: Exploring Social Media Use and Managerial Perceptions of E-Government", *American Review of Public Administration*, 2016, 46 (2), pp. 162 – 179.
② Norris D F, Reddick C G. "Local E-Government in the United States: Transformation or Incremental Change?", *Public Administration Review*, 2013, 73 (1), pp. 165 – 175.
③ Thompson N, Ravindran R, Nicosia S. Government data does not mean data governance: Lessons learned from a public sector application audit, Government Information Quarterly, 2015, 32 (3): 316 – 322.

多国家的公共机构可以通过无限制的司法权限和独立的监管权来获取公民的电子数据,国家和国际的制度和技术管理、监管控制、政府法规的有效整合及互动成为数据管理的关键任务。[1] 根据美国、德国和中国的分析,传统的政府法规仍是数据治理的主要方式,未能跟上技术变革以及当前公共部门信息化的步伐,国家的背景环境可能影响数据保护的形式、水平和治理模式的选择。[2]

在跨国的数据共享实践中,欧盟采用身份识别方式推动数据共享计划,欧盟多国接受了同样的多功能标识符,并制定了使标识符生效的法律规范,但在数据交换时,可能存在进一步的身份认证、不同的编码技术等障碍。因此,在安装和部署此类解决方案时,必须综合考虑国家文化、法律、技术可行性、成本等因素。[3] 传统的"自上而下"的行政体制往往缺乏社会成员的参与,而数据开放可以为公民参与提供平台,促进公民参与的潜力,而且地方政府层面的数据开放对于发挥社区智慧更具显著意义。[4] 扬森(Janssen)等人指出,成功的数据开放系统不仅包括获取数据的规定,还需要改善数据质量,形成与开放政府相关的制度文化;在数据开放时,政府不仅要开放获取数据的门户,还要建立帮助用户理解数据的基础设施,采用制度性措施确保公众参与,进而形成政府与公众的持续对话,利用公众的集体智慧。[5] 可见,经过二十多年的发展,越来越多的学者从新的角度思考数字治理的发展,与ICT运用于公共管理的早期相比,技术问题不再是制约数字治理发展的主要因素,数字治理在更深层次上属于社会科学,只有将技术与文化、组织、制

---

[1] Wu Y. "Protecting personal data in E-government: A cross-country study", *Government Information Quarterly*, 2014, 31(1), pp. 150 – 159.

[2] Wu B. "Protecting personal data in E-government: A cross-country study", *Government Information Quarterly*, 2014, 31(1), pp. 150 – 159.

[3] Otjacques B T, Hitzelberger P, Feltz F. "Interoperability of e-government information systems: Issues of identification and data sharing", *Journal of Management Information Systems*, 2007, 23(4), pp. 29 – 51.

[4] Kassen M. "A promising phenomenon of open data: A case study of the Chicago open data project", *Government Information Quarterly*, 2013, 30(4), pp. 508 – 513.

[5] Janssen M, Charalabidis Y, Zuiderwijk A. "Benefits, Adoption Barriers and Myths of Open Data and Open Government", *Information Systems Management*, 2012, 29(4), pp. 258 – 268.

度、管理和政策法规等因素进行整合，才能适应数字治理的发展。

（二）数字治理的可持续发展

从电子政务到数字治理，这一领域的研究重点已经发生明显变化。研究者早期关注的焦点是如何运用 ICT 技术实现公共部门管理效率、节省开支以及改善公共服务；随着治理理论的融入，研究焦点已经转向如何实现更好的治理。Dawes 倡导以未来视角应对数字治理未来发展中需要面对的复杂和动态挑战，以协调当前和未来的需求，可持续性（sustainability）概念自此融入数字治理领域。[1] 尽管数字治理的可持续发展具有重要意义，但数字治理与可持续发展相结合的研究仍处于探索阶段，如何推动数字治理的可持续发展成为值得深入思考的议题之一。

埃斯特韦斯（Estevez）等人基于电子治理和可持续发展的概念框架，提出了电子治理可持续发展的概念（EGOV4SD），是指利用 ICT 以改善公共服务、公共行政、政民互动，并在决策中实现公众参与，促进社会平等和社会经济发展，保护自然资源从而不影响后代人使用。[2] 为了推动电子政务和可持续发展两个主题的融合，拉尔森（Larsson）等人倡导以动态的"社会—技术"视角来理解电子治理的可持续发展问题，根据既有研究提炼出电子政府可持续发展的思维分析框架，涵盖了社会、经济、环境和技术四大领域，倡导电子治理可持续发展的研究在该框架下进行整合，并从信任、参与等公共价值方面深入。[3] 根据该框架，拉尔森（Larsson）发现瑞典的电子治理实践注重经济和社会层面，在技术和环境方面存在明显不足，但这些基础性问题应当成为未来数字治理发展的核心要素，而可持续问题则可作为电子治理发展过程中的滤镜，

---

[1] Dawes S. "Governance in the digital age: A research and action framework for an uncertain future", *Government Information Quarterly*, 2009, 26 (2), pp. 257 – 264.

[2] Estevez E, Janowski T. TElectronic Governance for Sustainable Development-Conceptual Framework and State of Research", *Government Information Quarterly*, 2013, 30 (1), pp. S94 – S109.

[3] Larsson H, Å Grönlund. "Future-Oriented eGovernance: The Sustainability Concept in eGov Research, and Ways Forward", *Government Information Quarterly*, 2014, 31 (1), pp. 137 – 149.

有助于透视电子治理实践的发展状况。[1] 数字治理的可持续发展问题是由 ICT 在公共部门中的运用引发的,该问题的本质是技术之于公共部门的价值,旨在超越政府运行和公共服务的效率导向,要求以长远的发展视角,在数字治理事件中融入公共政策、(代际)资源公正分配、保护隐私等价值考量。

(三) 智慧城市的纵深发展

人口增长和城市化的快速发展给城市发展带来了诸如交通拥堵、污染和社会不公等难题,危及到城市经济和环境的可持续发展。ICT 的兴起引发了关于"以技术为基础的方案能否确保城市的生存和繁荣"的讨论,智慧城市成为这一讨论中越来越被关注的主题。巴蒂(Batty)等人认为,智慧城市是 ICT 与传统基础设施相结合的城市,通过使用新的数字技术将各种数据进行协调和整合,以提高城市的效率、公平性、可持续性和生活质量。[2] 由于各个国家的不同环境背景和需求,全球范围内的智慧城市方案存在较大差异,导致难以确定关于智慧城市的通俗化定义以及共同发展趋势,但运用 ICT 来实现更好地利用资源这一观点成为智慧城市的广泛共识。[3] 智慧城市为解决城市发展难题提供了新的思路,它依托计算机和互联网等 ICT 为支撑,协调和整合各种资源,并通过在通信设施、人力和社会资本等方面投资,从而实现更好地利用资源。

随着 ICT 在城市治理中的运用及其对人们日常生活、工作和沟通等方面越来越深入的影响,一种以社区为基础的治理模式——智慧社区应运而生。在数字时代背景下,公民对公共服务的要求提高,传统的公共服务难以满足公民需求。通过新技术在城市治理中的运用,智慧社区促成公民、团体和网络之间更强的连接,通过交流、信任与合作实现社区

---

[1] Larsson H, Åke Grönlund. "Sustainable eGovernance? Practices, problems and beliefs about the future in Swedish eGov practice", *Government Information Quarterly*, 2016, 33 (1), pp. 105 – 114.
[2] Batty M, Axhausen K, Giannotti F. "Smart Cities of the Future", *European Physical* Journal-Special Topics, 2012, 214 (1), pp. 481 – 518.
[3] Neirotti P, Marco A D, Cagliano A, et al. Current Trends in Smart City Initiatives: Some Stylised Facts, *Cities*, 2014, 38: 25 – 36.

的融合。① 相较于智慧城市，智慧社区具有更加浓厚的公共服务导向，随着 ICT 在医院、学校等企事业单位中的运用，智慧医院、智慧学校等新兴领域不断萌发。

四 数字治理的未来发展

回顾国外数字治理的研究进展和动态发展，其大体经历了从"电子政务—数字政府—电子治理/数字治理"的概念演变过程，并在实践中呈现出"政府广告牌—提供信息和服务—公众参与和有限互动"的发展路径，公共行政的价值理性正在回归，并逐步推动传统公共行政向现代公共治理转变。基于上述梳理，本文参考电子政务以及数字治理评估的五阶段模型②，总结了国外数字治理的发展状况：数字治理在提升国家治理能力、改善公共服务、释放社会能量等方面的巨大潜力已成为共识；但从实践发展来看，即便是在数字治理发展的前沿国家也只处于中级阶段，虽已具备了较好的信息公开、提供服务和公众参与功能，但在更高层次的互动与合作方面还有很大差距；发展中国家因基础设施和教育水平等因素而导致了严重的数字鸿沟，加上经济和管理等诸限制因素，许多国家数字治理的发展仍处于初级阶段，与前沿国家存在较大的发展差距。未来，数字治理发展还应在以下两个方面重点推进：

（一）沿着"双向互动—信任—合作"路径推动数字治理向深层价值层面发展

数字治理的发展已有二十余年，但始终以渐进的方式发展。尽管 ICT 的运用已经得到普及，以微博、Facebook 为代表的社交媒体在促进政民互动交流和政社合作方面的潜力早已得到广泛认可，但数字治理在

---

① Coe A, Paquet G, Roy J. "E-Governance and Smart Communities: a Social Learning Challenge", *Social Science Computer Review*, 2001, 19 (1), pp. 80 – 93.
② 根据数字治理发展的评估模型，其大致需经历信息发布、线上服务、电子参与、在线互动和政社合作五个阶段，这五个阶段仅代表了一般化的发展路径，并非绝对的线性发展过程，其中的几个阶段可能同时出现。

互动、合作等深层价值领域迟迟未能推进，科层主导的发展方式是其重要的制约因素。韦斯特指出，政府官员的发展目标在于完善服务，不是将互联网作为体制改革的工具，这种图景是技术专制的，而不是为了增进公民的权利。① 从数字治理的早期发展来看，政府部门及其长官意志是数字治理发展的主要动力来源，也是重要的制约因素，转变传统的自上而下的数字治理发展方式，是数字治理发展的必然选择。

21世纪以来，改善政府与公众的关系是数字治理发展的重要目标之一，重塑政府与公民的关系受到学者的广泛关注。据统计，美国公众"相信联邦政府绝大多数时候做的事情"的比率从1964年的75%降到现在的25%，对州政府的这种信任现在也仅有35%。② 持续的政府信任下滑，导致公民对政治生活的冷漠以及参与积极性降低，公民在正式的公共活动和公共场所中表达诉求的动机逐渐弱化，这也阻碍了良性互动的实现。托尔伯特（Tolbert）等人的研究表明，当前公民以积极的眼光看待数字政府，数字治理是提高公民对政府信任度的一种途径，通过改善与公民的互动以及公民对回应性的感知，可以改善公众对政府的信任。③ 事实上，公民对政府的信任对数字治理成功也有积极的作用。公民对政府的信任与电子政务网站的信任正相关；对电子政务网站的信任与信息质量、系统质量和服务质量正相关，公民对政府的信任以及对网站质量的信任共同推动数字政府的成功。④ 可见，公民对政府的信任与数字治理的成功互为驱动，在当前公众信任持续下滑背景下，推动电子政务向数字治理的高层次发展能够增强公众对政府的信任，面对数字治理发展进程变缓甚至停滞的困境，通过改善政府与公众的关系也是推动数字治理的有效途径。

---

① ［美］达雷尔·韦斯特：《数字政府：技术与公共领域绩效》，郑中扬、王克迪译，科学出版社2011年版，第126页。
② ［美］约瑟夫·奈，菲利普·利普泽利科，戴维·维·金：《人们为什么不信任政府》，朱芳芳译，商务印书馆2015年版，第5页。
③ Tolbert C, Mossberger K. "The Effects of E-Government on Trust and Confidence in Government", *Public Administration Review*, 2006, 66 (3), pp. 354–369.
④ Teo T, Srivastava S, Jiang L. "Trust and Electronic Government Success: An Empirical Study", *Journal of Management Information Systems*, 2008, 25 (3), pp. 99–131.

然而，数字治理实践在互动和合作方面的进展尚不乐观，政府部门在运用社交网络时的单向传播策略已经成为阻碍公民信任的重要原因。公民使用互联网与互动满意度呈正相关，互动满意度与公民信任呈正相关。然而，现实中的公民使用互联网越多，感觉到的互动却越少，导致对政府的信任也越低。① 通常，社会资本的研究认为："在一个继承了大量社会资本的共同体中，自愿的合作更容易出现，这些社会资本主要表现为信任、规范与网络"。② 也就是说，公民信任是公民与政府合作的重要前提。因此，在数字治理的未来发展方向上，我们可以总结出"互动—信任—合作"路径。具体而言，政府部门在运用社交媒体时必须改变既有的单向信息传播策略，加强与公众互动交流，在政民互动的基础上促进公众对政府的信任，进而实现数字治理向政社合作等深层价值领域发展。

（二）推动社会治理方式向合作治理方式转变

新世纪以来，随着社会组织和自治力量的兴起，在社会治理中逐渐分化出三种途径：科层途径、市场途径和自治途径。然而，在复杂多变的风险社会环境下，人类面临的治理问题越来越复杂，各种奇特问题或棘手问题层出不穷，单一途径所能发挥的效力越来越有限。政府、市场和社会（个人）等多元治理主体"基于特定的互惠目标，并在自主、平等的基础上开展合作的合作治理方式"③ 是未来社会治理的必然选择。公民在提供公共服务方面扮演合伙人而不再是顾客的角色，在电子政务向共同政府（we-government）的转变过程中，公众和社区应承担更多的责任，发挥更加积极的作用。④ 如今，ICT已经成为人类历史发展的重要推力，引发了人类生产生活、经济发展各方面的巨大变革，成为公共

---

① 梁莹：《网络世界的合作治理：服务型政府的选择——以南京市的调查为例》，《公共管理学报》2013年第10期，第107—116、143页。

② ［美］罗伯特·D. 帕特南：《使民主运转起来》，王列、赖海榕译，中国人民大学出版社2015年版，第216页。

③ 张康之：《合作治理是社会治理变革的归宿》，《社会科学研究》2012年第3期，第35—42页。

④ Linders D. "From E-Government to We-Government: Defining a Typology for Citizen Coproduction in the Age of Social Media", *Government Information Quarterly*, 2012, 29 (4), pp. 446-454.

管理的变革与发展的重要契机。多元主体的合作是治理理念的核心内容，应成为数字治理未来发展的核心价值。随着 ICT 运用的深入，数字技术的运用应逐渐超越透明、服务和互动的价值追求，通过建立广泛的合作关系，汇集社会力量，以数字治理方式助推社会治理朝着合作治理的方向迈进。

Micro Perspective and Empirical Research

微观视角与实证研究

中国基层协商的主体赋权、程序操作及其民主效应

佟德志[*]

(天津师范大学政治与行政学院)

摘　要　在对中国基层协商352个有效案例进行编码的基础上,我们从主体选择、议程设置、程序操作、主题类型、结果使用等5个核心编码点、11个轴心编码点和26个开放编码点对中国的基层协商民主进行了审视。我们发现,在中国广泛存在的基层协商在主体选择上带有明显的赋权性质,使自治组织和居民成为协商的主体;另一方面,同时这一协商过程在知情与表达、协商内容的确定、协商结果的使用等各个方面都带有明显的民主属性。中国基层协商的赋权过程不仅体现在现行的法律和相关规定的基础上,同时还在实践当中从协商的发起、协商的组织者、协商程序的制定者、参与协商的主体、主体成分、参与者的选定等几个方面得到了印证。在基层协商的过程中,在知情与表达、制度化、协商主体、协商结果的使用等几个方面表现出了充分的民主性,不仅协商程序很少受到干预,协商的结果也得到了充分的尊重和执行。

关键词　基层协商　主体赋权　民主程序　民主效应

---

[*] 作者系天津师范大学政治与行政学院教授、院长,北京大学国家治理研究院兼职研究员。

在中国革命、建设与改革的过程中，中国共产党一直都非常重视协商。中国共产党的理论一直将"统一战线"视为中国革命取得成功的三大法宝，而其中的经验就是通过协商与各党派、各团体、各民族、各阶层人士结成广泛的爱国统一战线。最引人注目的是，1949 年的中国人民政治协商会议就是通过协商的方式建立了国家。1954 年全国人民代表大会召开后，人民政协作为多党合作与政治协商的机构、作为统一战线组织继续发挥重要作用，在推进新中国各项建设和改革方面贡献了力量。

一 研究综述

协商民主是马克思主义中国化在民主理论方面的重要创新，是习近平新时代中国特色社会主义思想的重要组成部分。尽管"协商"这一概念历史悠久，但是，"协商民主"进入中国特色社会主义民主理论体系是在中国共产党第十八次全国代表大会的报告当中。根据我们的检索，在十八大之前中国共产党的历史文献当中，尽管协商与民主多次成对出现，但并没有出现过"协商民主"这一概念。十八大以来，以习近平总书记为核心的党中央高度重视协商民主，试图将协商这一中国共产党革命与建设时期形成的传统转化为改革的优势，尤其是民主的突破点，其重要性不断提高，内涵也不断翻新，成为习近平新时代中国特色社会主义民主思想的核心组成部分。

从中国共产党第十九次全国代表大会的报告来看，协商民主被提到了一个非常高的位置。报告在三个段落当中 7 次提到"协商民主"，一个段落提到"民主协商"。如果扩展到这个词标记的段落，共有 4 个参考点，覆盖率达到 3.15%。提到"协商"的段落有 8 个参考点，23 次计数，覆盖率达到 5.98%。这些内容既高度肯定了十八大以来社会主义协商民主的发展，同时也部署了十九大以后协商民主的发展战略。在"发展社会主义民主政治"部分，十九大报告将"协商民主"列在人民代表大会建设之后，依法治国之前这样一个非常显眼的位置。不仅如此，报告还将"有事好商量，众人的事情由众人商量"视为"人民民主的真谛"，将协商民主上升为"实现党的领导的重要方式"，民主协商也与民主选举、民主管理、民主决策、民主监督等四大民主并列，把社会主义民主发展为五大民主形式。

同时，协商民主的执政优势也越来越转化为治理效能，在政治体制改革、国家治理等各个方面起到了越来越重要的作用，成为"最广泛、最真实、最管用"的民主形式。据何包钢教授2015年的调查，全国每年约有170万名村干部进行述职述廉，对23万多名村干部进行经济责任审计，村民评议村干部达到200多万人次。城市基层协商民主实践同样蓬勃发展，各种居民听证会越来越制度化，成为常态；乡镇与街道办的协商试验也纷纷涌现，协商民主恳谈会从温岭走向全国。根据新加坡南洋理工大学2013年组织的中国34个城市的问卷调查表明，城市居民对于政府征求和采纳公众意见的评价都不低，分别达到6.12分和6.04分。就笔者对近500项协商民主案例的研究来看，其中有9成以上的协商民主实践都能做到各方满意，达到一致。

这样一种中国共产党高度重视，在实践当中不断发展的民主模式也受到了国内外理论界的高度重视，形成了大量的研究。根据中国学术期刊网（CNKI）的搜索结果，在标题中出现了"协商民主"字样的文章就有10050篇。同时，这些研究也存在着大量的争论。比如，中西协商民主的差异问题、协商民主与选举民主的关系问题、协商民主的民主性问题等等。本文试图就其中争论最多，理论意义最强的民主协商与威权协商的问题做以研究，试图通过案例研究为理论界对相关问题的思考提供一些借鉴。

关于中国城乡社区协商的性质，不同的学者有不同的看法，争议比较大。一些西方学者倾向于认为，协商就是一种民主形式，只会发生在民主国家当中。但一些最新的研究表明，协商不仅发生在民主国家，甚至是一些威权国家也会有协商。（Fishkin, J. S., B. He, and A. Siu. 2010; He, B. 2006; He, B., and M. E. Warren. 2011; Hess, S. 2009; Tan, H. 2013）。根据何包钢和马克·沃伦的观点研究，虽然协商常常与民主联系在一起，但是，这是两种截然不同的现象。民主指的是赋权，比如选举和权利；通过这种办法，民主将个人包容进那些影响到他们自己的事情当中来。协商是一种交流模式，包括以劝说为导向的影响。根据他们的研究，这些理论上的演绎在现实当中有其活生生的案例。在过去的 20 年间，亚洲的威权政体产生了大量这样的案例（He & Warren，2011）。学者称这种趋势为"协商式列宁主义"（Tsang，2009）的协商独裁（He Baogang and Stig Tøgersen，2010）和"威权协商"（He & Warren，2011 Peter S. Hofman，Jeremy Moon，and Bin Wu，2017）。

何包钢和沃伦的研究引起了人们极大的兴趣，其观点主要是承认威权主义在协商民主当中的存在，成为一个起点，讨论基层审议。（Yoel Kornreich，Ilan Vertinsky and Pitman B. Potter，2012，Greg Distelhorst and Yue Hou，2014，Sor-hoon Tan，2014，Beibei Tang andJohn S. Dryzek，2014，Jonathan Unger，Anita Chan and Him Chung，2014，Lei Xie，2016，Ian O'Flynna and Nicole Curato，2015，S. J. Peter Rožič，2015，Greg Distelhorst and Yue Hou，2014，Jonathan Sullivan，2014，Jonathan Hassid，2015，Heejin Han，2014，Kellee S. Tsai，2013，Beibei Tang，2015，Shale Horowitz and Peng Yu，2015，Rory Truex，2017，Mark E. Warren，2017，Tianguang Meng，Jennifer Pan，and Ping Yang，2017，Peter S. Hofman，Jeremy Moon，and Bin Wu，2017），一些学者用"威权协商"来描述中国的基层协商。他们认为，在中国的农村和社区，居民借助这种形式来形成正式的渠道，对公共事务进行协商（He&Thogersen，2010；He&Warren，2011；Linz，2000；Teets，2013）。

几乎所有中国政治研究领域的学者都认识到，中国政府在协商治理方面做了大量的工作，尤其是迪肯大学的何包钢教授（He Baogang and Mark Warren，2011；James Fishkin，He Baogang，Robert Luskin and Alice Siu，2010；He Baogang and Stig Tøgersen，2010；Ethan Leib and He Baogang，2006）。根据何包钢的研究，即使威权政治，协商的作法也可以在制度层面的民主化没有明显的利益方领导的情况下出现（Baogang He and Mark Warren，2011）。专注于治理和解决冲突的问题，威权协商是政治战略，将政治冲突从"政权层面参与"和"治理层面参与"（Beibei Tang and John S. Dryzek，2014）中引导出来。

在何包钢和马克·沃伦威权协商的概念中，威权概念包括两个方面，一个是协商，一个是民主。他们认为，威权协商在中国的政治发展有两种可能的轨迹：一是协商的使用越来越多加强了威权统治，二是协商向民主发展。尤尔·康雷克（Yoel Kornreich）、伊兰·沃廷斯基（Ilan Vertinsky）和皮特曼·波特（Pitman B. Potter）同意把协商（deliberation）和咨询（consultation）区别开来，但他们认为，协商和顾问是一个连续的统一体，而不是两个截然不同的现象。进行咨询是决策者为获取信息而采用的双向沟通手段，协商则意味着决策者将做的不仅仅是征求投入，而是使人们能够（或允许）让人们讨论问题，查找原因，然后作出决定（Yoel Kornreich，Ilan Vertinsky 和 Pitman B. Potter，2012）。同时，这些学者发现，在国家一级，审议的范围和影响是相当有限的。他们认为，经过深思熟虑的高度政治风险，导致中国政府不再扩大审议范围。他们的期望是，在地方一级，由自由主义的官员进行审慎的更大胆和更尖端的实验。

事实上，基层协商民主的发展在很大程度上与公共产品的需求与供给之间存在着很大的关系，这种动力不是来自国家，而是在国家退出之后留下的空区。人们研究了赵坝"农民议会"的案例后发现，在国家退出之后，赵坝村民通过民主选举组成了"农民议会"这种小型集体。"农民议会"能够综合乡村熟人社会网络和正式制度，通过小集体与低成本协商、广泛的利益卷入、共享规则与信息、长远眼光、共容性利益、正式问责、信任与互惠这一系列因素的联合机制，克服集体行动的困境达成合作，通过自组织来提供公共产品（袁倩，2013）。研究认为，温岭协商民主的生长机理可以用"多方回应互动型制度变迁假说"来分析：它是在民众民主需求提升、国家积极推动、基层政府不断创新、学者及媒体热切关注等多方因素的共同作用下生成发展的。温岭民主恳谈实践，在用鲜活的实践证明改革开放政策正确性的同时积极推动了中国基层民主的发展，其民主价值不可忽视（陈朋，2009）。

学者通过比较上海市浦兴路街道的"自治金协商民意测验分配"与云南省盐津县的"群众参与预算"等案例样本，分析了预算参与代表的选取方法，参与决策过程中的协商技术，以及预算的表决方式的差异。

通过比较发现，中国预算改革并不在于预算总量的增加幅度，而是预算的分配如何通过民主参与的技术供给和科学的程序设计，使得民众有机会参与到预算决策当中，从而增强预算的正当性，同时，中国参与式预算中民众参与的一个意义在于"民意可能激活代议制审查功能"（韩福国，2017）。

中国基层协商的背后，更多涉及治理的导向。中国的基层审议可以解决很多问题，取得良好的业绩，得到越来越多的赞扬。首先，审议符合关于什么是在城市居住社区做民意的实际需要，同时审议的实际方向还解释说，协商的影响可以影响政治决策的专制没有制度层面的民主化状态。许多学者从治理的角度看基层审议。同德威公共咨询委员会（TPCC）发现了以参与为中心的社会治理领域的一种创新，推动了从专制治理转向治理的审议合作模式（赵竹茵，2015）。

中国城市居民社区的冲突很少挑战政权合法性，因为它们主要与特定的生活环境相关，而不是一般的政治主张。在解决这些冲突的过程中，公民和居民委员会的利益更多地体现在应该如何采取具体而实际的行动，而不是涉及相关社会政策的实质内容（Beibei Tang，2015）。尤尔·康雷克（Yoel Kornreich）、伊兰·沃廷斯基（Ilan Vertinsky）和皮特曼·波特（Pitman B. Potter）观察分析"中国医改"的制定，他们认为政府出于协商目的引入了参与式论坛，而协商场所的设计则为有限的审议创造了一定的空间。他们的结论是，这一过程不可能产生民主过渡，但认为这可能有助于更好的治理，因为磋商可能产生包容性和反应性的普遍期望（Yoel Kornreich，Ilan Vertinsky 和 Pitman B. Potter，2012）。

二 研究设计

通过以上的文献综述，我们看到，对民主协商还是威权协商的观点各执一词，分别强调了中国基层协商的不同方面。从最激进的中国基层协商民主非协商，非民主，威权协商到民主协商的序列分别都有自己的论证与观点，并没有一个统一的认识。同时，对协商民主的研究常常限于单个案例、双案例或是地区案例的研究。目前我们还没有发现基于大样本的协商民主案例研究。协商民主案例分析的样本量会直接影响到我们对总体的估计。可以这样说，如果没有一个总体的审视，对中国协商民主总体的定性就很难有说服力。因此，只有更多地收集案例，并采取编码的方式来量化非结构化的案例数据，才能更好地对中国协商民主的总体做一个通盘的审视。正是基于此，本研究收集了425个数据，在对案例整理编码的基础上找到了352个符合要求的案例。在此基础上，从主体选择、议程设置、程序操作、主题类型、结果使用等5个核心编码点、11个轴心编码点和26个开放编码点，从总体上对中国基层协商民主的属性做全景式的研究。

1. 案例搜集

协商民主的案例很多，但是，完整、可信的案例却并不是很容易找到。为了更好地搜集案例，我们采取了以纸质案例为主，网络案例为辅，全面搜集案例的方法。本文研究所用的案例主要来源于以下几个层次。

第一种类型是著作。著作是具有版权的纸质材料，具有较高的可信度，也比较完整。在著作方面，我们选取了几本比较典型的案例著作。主要包括有本书编写组编：《基层协商民主典型案例选编》（人民出版社2015年版）、浙江省统一战线理论研究会编：《基层协商民主案例》（杭州出版社2015年版）、李后强主编：《四川基层协商民主典型案例》（四川人民出版社2016年版）、天津市社会工作协会编：《社区社会工作案例选编·民主协商篇》（中国社会出版社2017年版）、乔传秀，周国富主编：《浙江政协工作创新案例》，（浙江人民出版社2014年版）5本。

第二种类型是论文。我们在中国学术期刊网（CNKI）上选取了相关的论文。这方面的案例研究并不少，但是因为论文的写作要求，我们主要是通过论文提及的线索，再到网络上搜索。或者是，我们通过网络查到的线索，然后再到期刊网上搜集相关的论文加以佐证。但是，因为很多学术论文虽然提供了案例，但是，这些案例常常是不完整的，基本情况缺失非常严重，最后我们放弃了单独将论文来源作为一种独立的搜集案例的渠道。

第三种类型主要来自新闻报道。对于基层协商的案例，通过报纸报道的居多，比较方便的是，这些报纸都会有网络版。因此，我们可以通过网络进行比较全面的搜索。这类内容比较多，我们以社区、农村、协商等关键词为例展开搜索。为了更好地搜索到更可信、完整的报道，我们采取了在百度新闻里搜索的方式。这种方法搜集到的案例占据了本文研究中比较多的比例。

最后，为了确保案例的可信性，我们主要从正式出版的著作当中选取案例，对于网络数据进行了严格的限制。在收集的过程中，我们对案例进行了整理和编码，确定了案例的时间、地点等一些基本的要素。之后，我们使用编码的方式对各类案例进行内容分析和数据挖掘，最终形成了结构化的数据，用于进一步的统计分析。

表1　　　　　　　　　　案例及来源

案例来源	次数	百分比（%）
网络新闻案例	134	31.5
浙江基层协商民主案例	97	22.8
协商民主实践创新案例选编	18	4.2
天津社区社会工作案例选编	80	18.8
基层协商民主典型案例选编	96	22.6
总计	425	100.0

在编码过程中，为了统一编码尺度，我们对编码的要求进行了明确的规定，并通过试编码对一些特殊情况做出了规定。我们先试编码了2个案例，并对这些案例编码过程中可能产生歧义的部分做出了规定。然后对编码员进行了培训。

我们对最终得到的425个案例进行编码，形成了初步的数据库。在对这一数据库进行清理的过程中，我们又剔除了其中可信度比较差的案例（包括非常不可信和不可信的案例，总计42个案例）。另外，我们还剔除了编码过程中非常不确定（总计19个案例）的案例。这样就使案例编码确定在一个基本上可信，而编码又比较确定的范围内。

对于协商地点，我们区别为两种类型，一种是农村，这主要是农村村民的基层协商，另一种是城市，主要是社区的居民协商。同时，我们还设计了协商时间的选项，精确到年。另外，我们也区别了协商的类型，这主要包括政党协商、人大协商、政府协商、人民团体协商、基层协商、社会组织协商等几种。

根据2015年2月9日中共中央印发《关于加强社会主义协商民主建设的意见》，社会主义协商共有七种形式，即政党协商、人大协商、政府协商、政协协商、人民团体协商、基层协商和社会组织协商。我们根据这一分类对收集到的协商民主类型进行编码，得出的各种类型的协商民主案例情况如下。

表2　　　　　　　　　　协商的类型

协商类型	频率	百分比（%）	有效百分比（%）
政党协商	7	1.6	1.7
人大协商	8	1.9	1.9
政府协商	9	2.1	2.1
政协协商	5	1.2	1.2
基层协商	393	92.5	92.7
社会组织协商	2	.5	.5
合计	424	99.8	100.0
系统缺失	1	.2	
合计	425	100.0	

我们看到，就总体收集到的案例来看，绝大多数案例来自基层协商。其他形式的协商并没有得到更多的报道。与基层协商比起来，这些类型的协商在数量上总共不及一成。在这种情况下，我们将在总体案例中剔除了其他类型的协商，只保留了其中基层协商的案例，最终得到案例数为352个。

就案例的来源地来看，农村的案例（152个，43.2%）略少，而城市的案例（197个，56.0%）略多，但总体来看，两者相关不大。就案例的收集来看，2012年前的案例相对较少，而此后则明显增加。同时，案例收集带有明显的时间性，2012年以后的案例明显增多，这与2012年中国共产党第十八次全国代表大会报告有着非常明显的关系。2016年和2017年的案例不多，这跟新发生的案例还没有得到有效报道有较大的关系。基层协商案例收集根据年度整理的次数和移动平均趋势如图1所示。

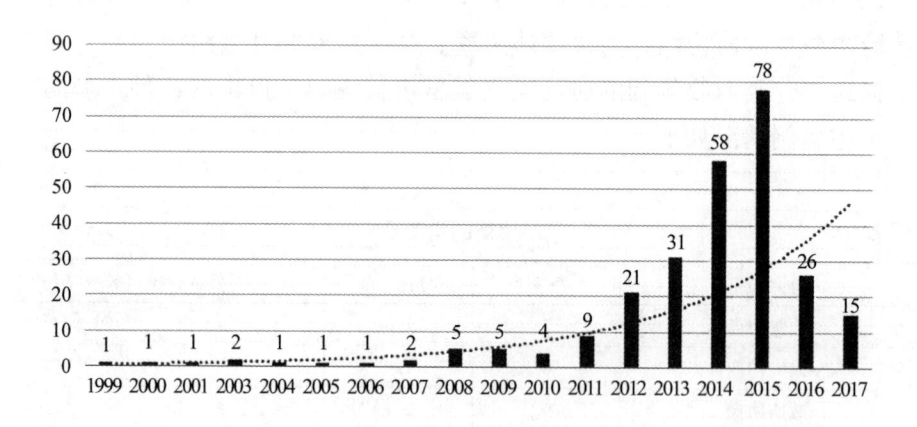

图1 基层协商案例收集的时间特征

2. 研究设计

对基层协商民主的民主性进行判断，看起来不大，但是，这会涉及到协商民主的方方面面。我们试图提供一个完整的研究框架，从而涵盖协商民主研究的基本内容。根据现有研究的基本思路，我们设计了主体选择、议程设置、程序操作、主题类型、结果使用等5个维度，并据此设计了5个核心编码点。在这5个核心编码点的基础上，我们又设计了11个轴心编码点和26个开放编码点，包括编码者主观判断2个编码点。

1. 主体选择

民主的第一要素就是主体，也就是"民"。从这个意义上，组织或参与基层协商的主体决定了基层协商的性质。为了更好地考察基层协商的民主性质，我们为基层协商民主的主体组织了编码项进行考察。基层协商需要明确的几个主体主要是组织主体，包括协商的组织者以及协商程序的制定者；参与主体包括参与协商的主体，这些主体的成分以及参与主体的选定方式。

对于协商民主的组织主体,我们主要设计了两个编码项。一是此次协商的组织者是谁,包括了自治组织、政府机关、党组织、专家、其他、人大代表、政协以及不确定等情况。二是还探讨了协商过程的组织主体,这主要有完全自发、普通参与者、政府官员、自治组织(管理者)、地方精英、党组织领导负责人、人大代表以及其他情况。

参与主体的广泛性和包容性是民主的一个重要标志。为了考察中国基层协商的民主性,我们设计了对参与主体的考察。这主要包括两个方面的编码项。一是考察协商的主体主要有哪些,设计了政府机关、自治组织、社会组织、居民、基层党组织/党员、其他民主党派人士、人大代表、政协委员以及其他利益相关方等多种主体选项。一是对参与协商的居民的构成进行编码,主要包括自治组织的管理者、党政背景的公务员、地方精英、普通居民、党组织领导/成员以及其他不确定的情况。

这些参加人如何确定也是考察中国基层协商民主的一个重要内涵。比如,协商的参加人包括谁,以什么样的方式选定对基层协商的民主性会产生重要影响。这主要包括两个方面的编码项。一是谁来选择协商的参加者,这主要包括了自治组织、政府机关、党组织、专家、人大代表、其他以及不确定的几种情况。二是参加人的选择方式,包括选择代表参加、随机自愿参加、全体参加几种。

2. 议程设置与程序操作

议程设置部分,我们主要考查了两个方面的内容。一个是为什么要协商,这里主要分为4类,即有争议,达不成共识;一般的集体事务;有制度性的规定;其他4种。一个是协商的发起人,主要包括利益相关方、集体的管理者、政府、无关的第三方、基层党组织、人大代表以及不知道几种情况。

程序操作的制度是基层协商成熟的一个重要标志,也是民主的一个重要指标。为此,对基层协商的制度化,我们设计了两个编码,一个是协商是制度化的,一个是协商没有制度化,是临时性的。除了协商的制

· 157 ·

度化外，我们还具体考察了协商程序的制度化，对协商程序的制度化进行编码，主要区别了事先没有规定的协商和事先已经形成制度的协商两种。我们还考察了如何按照协商程序来制定具体协商的程序的组织者，主要包括了利益相关方、集体的管理者（自治组织）政府、无关的第三方、不知道几种情形。

程序操作的第二个维度是知情和表达。这对于基层协商民主性质考察是非常重要的一个内容，达尔在程序民主当中也明确地将这一标准作为考查的重要内容。[1] 为了考察这一指标，我们设计了两个编码点。一是参与者是否获得了充分的信息，采用4点法考察，即非常充分、充分、不充分、非常不充分。二是各类参与者是否充分地表达了自己的意见，也是采用4点法考察，即非常充分、充分、不充分、非常不充分。

为了考察基层协商的民主性，我们还考察对程序操作的中间干预，主要有4个考察点。一是中间有没有干预，包括有过强烈的干预、有过干预，但不太强、完全没有受到干预、不确定4个选项，如果选择了完全没有受到干预，那就跳过下面三道题。二是考察了协商受到干预的原因，主要分为协商受阻，协商各方主动提出政府或管理者介入协调、协商被介入者粗暴打断，介入者为了自己的利益而介入、协商遇到知识困难，向专家求助等几种情形。三是考察了中间干预的主体，包括政府官员、管理者和地方精英等几个选项。四是考察干预的效果，分为改变了协商的走向；影响了协商的走向；没什么大影响；完全没影响4种情形。

3. 协商类型与结果使用

对于协商的主题类型进行判断可以从总体上评价基层协商的基本性质。为此，我们设计了两个编码项。一是协商内容，包括公共事务、矛盾纠纷、政策落实、规定要求、自主提出的其他事项等4项。二是协商事务的性质，主要包括修改制度与规定；就某件事情进行处理；做出一

---

[1] Robert Dahl, Procedural Democracy, *Contemporary Political Philosophy: An Anthology*, edited by Robert E. Goodin and Philip Pettit, Oxford, Blackwell Publishers, 1997, pp. 109–111.

个决策等三个选项。

在协商结果与使用项目中，我们设计了6个编码项，涉及协商结果、协商结果的使用，为了更好地考察中国基层协商的民主性，我们还专门设计了协商结果的干预项。

第一个是协商的结果，我们设计了两个维度，一个是协商结果是否形成共识，一个是协商结果是否满意。对于协商是否形成共识这个问题，我们给出了3个选项，即1. 没有形成共识；2. 形成了共识；3. 不确定。二是协商结果大家是否满意，主要包括了4个选项，即：1. 大家都很满意；2. 部分人满意；3. 都不满意；4. 不确定。

第二个是协商结果的使用。我们还专门设计了两个编码项。一是协商结果的使用，在这一项下，有5个选项，即：1. 形成了报告，提供参考；2. 通过了文件；3. 做出了决策，并得到直接落实；4. 做出了决策，不确定有没有落实；5. 不确定。二是协商结果的执行者，确定了6个选项，即1. 自治组织；2. 管理者；3. 党政机关；4. 社会组织；5. 其他；6. 不确定。

第三个方面是协商结果的独立性。对于协商结果是否受到干预的判断是确定基层协商民主性的一个重要依据，我们设计了两个渐进性的问题。第一个问题是，协商结果是否受到干预。在这个问题下，我们设计了5个选项，即1. 受到管理者的干预；2. 受到协商领头人的干预；3. 受到外界的干预；4. 没有受到干预，只是协商参加者协商的结果；5. 不确定。如果协商结果受到了干预，则进一步编码，对协商结果受到干预的程度进行判断。这里面设计了一个题目，即协商结果受到干预的情况，有4个选项，即1. 改变了协商的走向；2. 影响了协商的走向；3. 没什么大影响；4. 完全没影响。

为了保证案例信度的编码质量，我们还专门设计了两个编码者的主观判断选项。一是案例信度选项，包括非常严谨可信、可信、不可信、非常不可信。一是编码选项，包括非常确定、确定、不太确定、非常不确定等4项。以上的编码，我们按照编码点、轴心编码和核心编码的规则排列如表3。

表3　　　　　　　　　　研究设计的基本结构

核心编码	轴心编码	编码点
主体选择	组织主体	协商的组织者
		协商程序的制定者
	参与主体	参与协商的主体（多选）
		参与主体的成分
	参与主体的选定	参与主体由谁来选定
		参与主体的选定
议程设置		为什么要协商
		谁是协商发起人
程序操作	知情与表达	参与者是否获得了充分的信息
		参与者是否充分地表达了自己的意见
	程序干预	有没有干预
		干预原因
		干预主题
		干预的效果
	制度化	协商的制度化
		协商程序的制度化
主题类型		协商内容
		协商事务的性质
结果使用	结果	是否达成共识
		是否满意
	结果的使用	协商结果的使用
		协商结果的执行
	结果的干预	是否受到干预
		干预的程度

三　研究发现

根据研究设计，我们从主体选择、议程设置、程序操作、主题类型、结果使用等五个维度对中国的协商实践进行了分析。这些分析的基

中国基层协商的主体赋权、程序操作及其民主效应

本情况我们也从这五个方面加以描述性的分析。

1. 主体选择

对于协商的组织者，中共中央办公厅、国务院办公厅印发的《关于加强城乡社区协商的意见》有明确规定。我们把这些要求分为以下 4 类，其基本情况如表 4 所示：

表 4　　　　　　　　　　基层协商的组织者

自治组织	涉及行政村、社区公共事务和居民切身利益的事项，由村（社区）党组织、村（居）民委员会牵头，组织利益相关方进行协商
政府机关	涉及两个以上行政村、社区的重要事项，单靠某一村（社区）无法开展协商时，由乡镇、街道党委（党工委）牵头组织开展协商
党组织	人口较多的自然村、村民小组，在村党组织的领导下组织居民进行协商
专家	专业性、技术性较强的事项，可以邀请相关专家学者、专业技术人员、第三方机构等进行论证评估
其他	其他主体，请明确列出来

通过对案例进行编码，我们看到，协商的组织者当中，自治组织是最大的组织者，占到了一个非常高的比例（247 次，70.2%）。相对来看，上级的政府机关和党组织组织的基层协商则比较少，加在一起只有 18.2%。根据这一分类，我们对编码结果统计如表 5 所示。

表 5　　　　　　　　　　此次协商的组织者是谁

组织者类型	次数	百分比（%）	有效百分比（%）
自治组织	247	70.2	70.2
政府机关	57	16.2	16.2
党组织	7	2.0	2.0
专家	3	.9	.9
其他	38	10.8	10.8
总计	352	100.0	100.0

我们还通过编码的方式考察了协商过程的组织主体。结果发现，自

治组织（管理者）仍然占据了绝大多数的比例，出现221次，占比62.8%。另外，完全自发的协商过程也有37次，占比达到10.5%，这两类组织主体都使基层协商表现出非常强的民主性。相对来讲，政府机关来组织的基层协商也有一定比例，但只有53次，占比15.1%。除此之外，地方精英（2，0.6%）党组织负责人（7，2.0%）所占的比例很小。

根据中共中央办公厅、国务院办公厅印发的《关于加强城乡社区协商的意见》，基层政府及其派出机关、村（社区）党组织、村（居）民委员会、村（居）务监督委员会、村（居）民小组、驻村（社区）单位、社区社会组织、业主委员会、农村集体经济组织、农民合作组织、物业服务企业和当地户籍居民、非户籍居民代表以及其他利益相关方可以作为协商主体。根据这一要求，我们可以把协商的参与人归为政府机关、自治组织、社会组织、居民以及其他利益相关方这几类，其分类见表6。

表6　　　　　　　　　　协商民主主体分类表

政府机关	基层政府及其派出机关
自治组织	村（社区）党组织、村（居）民委员会、村（居）务监督委员会、村（居）民小组、驻村（社区）单位
社会组织	社区社会组织、业主委员会、农村集体经济组织、农民合作组织、物业服务企业
居民	当地户籍居民、非户籍居民代表
其他利益相关方	

该意见同时还规定，城乡社区协商的过程中，应当重视吸纳威望高、办事公道的老党员、老干部、群众代表、党代表、人大代表、政协委员，以及基层群团组织负责人、社会工作者参与，我们把这些笼统地归结为"精英群体"。他们是优先被邀请参加的对象。

就参与的主体来看，几乎每一次协商均有居民参与（322次，91.47%），同时也会有自治组织参与（295次，83.81%），这充分说明了基层协商民主赋权的实践效果。同时，其他社会组织参与（150 次，42.61%）和其他利益相关方（190 次，53.98%）的参与也能说明基层协商民主参与者的多样性。相比来讲，政府机关参与到协商当中去的次数（107 次，30.40%）并不高，基层党组织和党员（56 次、15.91%）、其他民主党派人士（10 次，2.84%）、人大代表（10 次，2.84%）、政协委员参与（5 次，1.42%）参与到基层协商民主当中的情况更是比较少见。

我们又仔细分析了案例中参与居民的基本构成。结果还是以普通居民最多（318 次，90.34%），其次是自治组织的管理者（298 次，84.66%），这与前面提到的协商主体情况是吻合的。其他主体当中，党政背景的公务员（106 次，30.11%）、地方精英（59 次，16.76）、党组织的领导和成员（33 次，9.38）也占了一定的比例，但总体上不高。

根据中共中央办公厅、国务院办公厅印发《关于加强城乡社区协商的意见》，基层协商的一般程序是：村（社区）党组织、村（居）民委员会来确定参与协商的各类主体。这实际上是把协商赋权的权力交给了自治组织。在实践操作当中，基层协商的参加人常常是由自治组织来选定的。在确定协商参加人的各种主体当中，专家（2 次，0.6%）和党组织（3 次，0.9%）几乎不参与协商的参加人，政府机关参与选定参加人的有 54 次，占比 15.3%，属于较多的情况。但实际上，基层协商的参加人基本上还是由自治组织来确定的，在有效的 346 个案例当中，有 233 次都是由自治组织选取的，占 66.2% 的比例。

选定哪些人参加体现了基层协商民主的开放性。如果基层协商总是会选定的协商参与人是有特定意向，并受到操控的，那么，这种协商就带有很强的威权性质；反之，我们基本上可以判定其民主性。就我们在这个问题上进行编码统计的情况来看，协商的参加人一般都由协商的组织者来选定，各种组织者出现的次数和所占的百分比与确定协商参加人的组织出现的次数和百分比非常接近。就参加的范围来看，尽管在基层，协商民主并不是直接民主的表现形式，全体参加的协商在 352 个案例当中只占 13 个，不到 4 个百分点；随机自愿参与的（15 次，4.3%）也不多。相比之下，选择代表参加的占了绝大多数，有 324 次，占比达到92%。

根据编码的数据，我们发现，在基层协商过程当中，协商民主的主体明显存在一个明确的赋权过程。在基层协商的实践当中，自治组织和居民成为基层协商的基本主体。尽管仍然有党政机关的参与，但是，这些参与常常居于协商支持、冲突协调和执行保障等方面，党政机关并没有成为基层协商的重要主体。基层协商的组织主体主要是自治组织，参与主体也主要是自治组织和居民，相对来讲，党政机关参与协商较少。同时，自治组织还以选择代表的方式完成了选择参加协商的公民选择事务。从整个过程来看，中国基层协商民主带有明显的民主赋权性质，并在实践的操作当中具有非常强的民主内涵，并不是威权性质的协商。

2. 议程设置

根据议程设置的基本理论，谁有权力发起什么样的协商直接决定了议程设置的基本性质。对于基层协商来讲，谁有权力就什么样的事情发起协商，这是确定基层协商是民主还是威权性质的关键。如果普通的民众或是从群众中产生的自治组织有权利发起协商，并且在实际中，基层协商确实也是由民众或是自治组织发起并组织起来的，那么，我们就有理由认定基层协商的民主性；相反，这种基层协商则具有明确的威权性质。

就为什么要协商这一主题来看，基层协商非常强调事务处理，带有非常明显的治理属性。从协商的基本内容来看，协商民主确实在一定比例上是因为制度性规定而必须开展的协商（18，5.1%），也有一定的案例是因为有争议，达不成共识而展开的（24，6.8%），但实际上，更多的还是就一般的集体事务进行协商（268，76.1%）。因为制度规定而进行的协商还并不多，可能说明了协商民主的制度化还没有深入展开；而因为争议这种"刚需"而展开的自下而上的协商也并不多。

根据中共中央办公厅、国务院办公厅印发《关于加强城乡社区协商的意见》，基层协商的一般程序是：村（社区）党组织、村（居）民委员会在充分征求意见的基础上研究提出协商议题，这实际上是给予了自治组织以组织协商的权力，体现了一种民主分权。就协商的发起人来看，基层协商更多表现为自治组织的主动性，带有明显的治理性质。在

352个案例当中，不知道协商发起人是谁的有11例。由利益相关方发起的协商程序（71次，20.2%）和由政府发起的协商程序（53次，15.1%）分别体现了自上而下的协商和自下而上的协商。这两种协商在整个协商当中占到了比较高的比例。基层党组织发起的协商（9次，2.6%）和人大代表、政协委员以及地方精英发起的协商（3次，0.9%）基本上可以忽略不计。总的来看，这几种形式发起的协商都不在多数。在议程设置阶段，基层协商民主最多的发起者是自治组织（193次，54.8%）。

我们看到，在议程设置阶段，协商表现为自治组织主导的特点。协商发起的原因常常是基层的一般管理事务，而议程设置的最重要主体仍然是自治组织。这不仅有相关规定作为支持，同时在实践当中，也确实是由自治组织充当了协商的主体。我们可以看出，基层协商更多的还是由自治组织为了自治和管理的需要而发起的一种治理形式。

3. 程序操作

就属性来看，协商民主是一种程序民主。因此，程序操作对协商民主来说具有至关重要的性质。从程序操作的编码统计情况来看，中国基层协商民主的制度化已经有了一定程度的发展，但仍然有较大的发展空间。自治组织在具体的程序安排上占据了主导地位。协商的参与者普遍获得了充分的信息，各类参与者也充分地表达了自己的意见。同时，协商程序操作极少受到自治组织及成员之外的干预。

根据中共中央办公厅、国务院办公厅印发《关于加强城乡社区协商的意见》，基层协商的一般程序是：村（社区）党组织、村（居）民委员会在充分征求意见的基础上研究提出协商议题，确定参与协商的各类主体；通过多种方式，向参与协商的各类主体提前通报协商内容和相关信息；组织开展协商，确保各类主体充分发表意见建议，形成协商意见；组织实施协商成果，向协商主体、利益相关方和居民反馈落实情况等。这里非常明确地规定了协商过程中的组织主体是自治组织和基层党组织。在自治组织的领导下，基层协商确定议题，通报信息，开展协商，组织实施。从这一《意见》来看，城乡社区基层协商的程序操作在理论上体现出了比较强的民主性。

通过对352个案例进行分析，我们看到，临时性的协商虽然仍然有较高的比例（110次，31.3%），但基层协商民主的制度化程度还是挺高的（242次，68.8%）。事实上，早期的协商民主确实存在着对负责人的强烈依赖。这是人们对温岭协商民主恳谈实验的一种担心。但是，随着温岭协商民主的不断发展，这种担心已经不再必要，温岭的协商民主不仅保存下来，而且成为重要的范本和样板，尤其重要的是，协商民主越来越被制度化，成为基层民主的常态。

我们还专门编码了协商程序的制度化维度。结果与协商民主的制度化情形基本相似。其中，程序事先没有规定的有123次，占比34.9%。而事先已经形成制度以及其他各类不属于事先没有规定的有204次，占比58%（不包括其中系统遗漏的个案数25，占比7.1%）。

从对具体协商程序的管控来看，我们发现，自治组织仍然占据了一个非常重要的位置。由自治组织实际主导的协商程序有199次，占比达到56.5%。这种高比例的自治组织参与主导协商程序是社区协商民主的常态。在实际的协商过程中，还有一些混合制定，多方参与协商程序制定的例子。在这些例子当中，多数都会体现集体管理者，也就是自治组织者的参与。同时，还有两成多的案例，我们无法通过字面来确定协商程序的制定者是谁。

从共识的角度来看，协商民主并不一定要求协商结果一定会形成共识，更注重协商过程中的对话与交往，这符合哈贝马斯提出的交往理论。从这一角度来看，协商过程中，参与者是否获得了充分的信息，和是否充分地表达了自己的意见是非常重要的一个环节。从此次分析的352个案例透露出来的结果来看，基层协商的参与者普遍获得了充分的信息。其中获得非常充分信息的有268个案例，占总百分比的76.1%；充分的有71个案例，占20.2%；获得信息不充分的只有13例，占3.7%。同时，更为有益的是，各类参与者也充分地表达了自己的意见。其中非常充分（268次，76.1%）、充分（69次，19.6%）的占了绝大多数，没有充分表达自己意见的只有15次，占4.3%。

在考察中国基层民主程序操作的过程中，我们专门设计了过程干预的编码项。我们发现，在352个案例当中，协商过程中受到强烈干预的有 10 次，不太强烈的干预有 8 次。这些中间干预都或多或少地影响到了协商，有 8 次直接改变了协商的走向，10 次是影响了协商的走向。在这 18 次过程干预当中，比较多的原因是因为协商受阻，协商各方主动提出政府或管理者介入协商。这种情况出现了 9 次，占总数的 50%，因为协商遇到知识困难，向专家求助的有 5 次，四分之一强的比例。还有 4 个案例当中，因为协商的结果使涉及个人利益受损，协商被打断，协商只能改变方向或是在某种程度上受到影响。就过程性干预涉及的主体来看，主要来自管理者（13 次），占据了七成多的比例。根据中共中央办公厅、国务院办公厅印发《关于加强城乡社区协商的意见》的要求，协商结果违反法律法规的，基层政府应当依法纠正，并做好法治宣传教育工作。在这种情况下，协商结果被干预，是有法律依据的。从案例编码的情况来看，这种情况也并没有遇到。

4. 主题类型

根据中共中央办公厅、国务院办公厅印发的《关于加强城乡社区协商的意见》，协商议题的确定应该根据当地经济社会发展实际，坚持广泛协商，针对不同渠道、不同层次、不同地域特点，合理确定协商内容。我们把意见规定的协商内容分类如下：

表 7　　《关于加强城乡社区协商的意见》中的协商内容分类

公共事务	城乡经济社会发展中涉及当地居民切身利益的公共事务、公益事业
矛盾纠纷	当地居民反映强烈、迫切要求解决的实际困难问题和矛盾纠纷
政策落实	党和政府的方针政策、重点工作部署在城乡社区的落实
规定要求	法律法规和政策明确要求协商的事项
自主提出	各类协商主体提出协商需求的事项

根据这样的规定，我们对案例进行编码，统计了基层协商的事务类型，其中，矛盾纠纷（175，49.7%）占到了一半的样子，而其他事务则各占了不同的比例，比如，公共事务（69，19.6%）、政策落实（22次，6.3%）、规定要求（8 次，2.3%）以及自主提出的其他事项（77 次，21.9%）等。在对协商事务性质编码进行统计后，我们发现，就某

件事情进行处理的次数达到 331 次，占比达到 94.0%，这是一个非常高的比例。另外的协商事务当中，修订制度与规定的次数只有 7 次，占比 2.0%；做出决策的次数为 14 次，占比 4.0%，两项加在一起，占比不到一成。

中国的基层协商民主基本上是由自治组织或者是基层自治机构的管理者为了解决实践管理过程中遇到的矛盾纠纷等事务进行处理的一种形式。基层协商民主涉及的事务性质主要是民主管理，也就是就某件事情进行处理，一般不涉及对制度与规定的修改这种民主立法层次的事情，甚至也很少涉及民主决策的内容。在基层民主的民主选举、民主管理、民主决策和民主监督等四个环节，协商手段在基层不太可能影响到民主立法和民主决策，因为基层一般没有这种权力，但民主管理的门槛就比较低，能够更好地发挥作用。相比来看，监督行为也更多地限于个人行为，很少有通过协商的方式进行的。

5. 协商结果

尽管在主体选择、议程设置、程序操作等各个方面都是民主的，如果经过这样民主协商的结果得不到执行，或者仍然会被粗暴地修改，这个时候，协商也没有民主性可言；反之，如果协商的结果得到很好的尊重，并能够得到贯彻和执行，这种协商，我们就可以判定其民主性。从这一点出发，我们设计了协商共识的达成、协商结果的使用两个参考点，对基层协商民主的使用进行了分析。

中国的基层协商更注重共识的形成。一般认为，如果达成了共识，案例就是成功的。从此次编码的 352 个案例来看，就协商的结果分析，除了 54 个没有明确达成共识的案例之外，298 个案例都明确地达成了共识。从协商结果满意度的编码统计来看，多数基层协商的结果，大家都很满意。大家都很满意（269 次，76.4%）的结果居多，但也有 22.5% 的案例没有取得这样的结果。值得指出的是，案例收集的过程采取的是文献资料方法，而不是田野调查，在案例收集的过程中，以正式出版的案例集为主体，同时也搜集了一些网络材料，而这些案例当中成功的案例居多。

根据《关于加强城乡社区协商的意见》的要求，要运用协商成果，建立协商成果采纳、落实和反馈机制。该文件还明确要求，需要村（社区）落实的事项，村（社区）党组织、村（居）民委员会应当及时组织实施，落实情况要在规定期限内通过村（居）务公开栏、社区刊物、村（社区）网络论坛等渠道公开，接受群众监督。这应该是基层协商成果运用的最主要形式。除了这种形式外，这一意见还要求，受政府或有关部门委托的协商事项，协商结果要及时向基层政府或有关部门报告，基层政府和有关部门要认真研究吸纳，并以适当方式反馈。这个明显带有附加性质，并不是基层协商的主体。从此次收集的案例中来看，这种性质的协商基本没有见到。同时，意见还要求，对协商过程中持不同意见的群众，协商组织者要及时做好解释说明工作。

从协商结果的使用来看，案例编码的结果表明，除了不确定（57次，16.2%）的案例外，协商做出了决策，并得到直接落实（262次，74.4%）是最常见的，占到了七成以上。如果加上这一选项，占比会更高一点。其他形式则比较少见。比如，形成了报告，提供参考（10次，2.8%）、通过了文件（14次，4.0%）、做出了决策，不确定有没有落实（9次，2.6%）等形式加在一起，占比不到一成。

协商结果的执行，最后还是要回到基层自治的组织。由党政机关和社会组织来执行的情况只占到两成多，自治组织执行的占比达到了总比例的42.9%。如果不计算那些不确定和系统遗漏的次数，自治组织的占比会超过一半。同时，编码为其他的案例占比达到了16.2%，在这些案例当中，有很大一部分是由自治组织和其他组织联合完成的。

就收集到的案例来看，协商结果受到干预的情况并不多，占总案例不到6.2%的比例。对于协商结果的干预，存在着各种情况，最多的是受到管理者的干预，有16次，其他情况，比如，受到协商领头人的干预（2次）和受到外界干预（4次）的情况属于特例。在这些受到干预的协商当中，最后成功地改变了协商走向的有11次，占总数的一半，完全没有影响的有3次，影响了协商走向的有8次。为了更好地分析协商结果受到干预的情况及其效果，我们制作了协商结果的干预及其效果的列联表（表8）。

表8　　　　　　　　　协商结果的干预及其效果交叉列表　　　　　　　　单位：次

干预来源	改变了走向	影响了走向	没大影响	总计
管理者的干预	9	5	2	16
领头人的干预	0	2	0	2
外界的干预	2	1	1	4
总计	11	8	3	22

从列联表的情况来看，各类干预主体最后在干预效果上没有明显的规律。受到管理者的干预较多，但是，并不一定能在最终意义上改变协商结果。但是，我们还是可以看出，绝大多数的干预都能在某种程度上影响到协商的结果。

四　结论和讨论

综合以上的研究，我们可以得出结论，中国广泛存在的基层协商是一种民主模式。这主要体现在两个方面，一方面，是中国基层协商不仅具有明显的赋权过程，使自治组织和居民成为协商的主体；另一方面，同时这一协商过程在知情与表达、协商内容的确定、协商结果的使用等各个方面都带有明显的民主属性。

在基层协商的过程中，自治组织和居民得到了比较充分的赋权。一方面，这种赋权是有法律和相关规定作为依据的，中共中央办公厅、国务院办公厅印发《关于加强城乡社区协商的意见》是一个典型的文件。另一方面，这种赋权在实际的协商实践当中也得到了贯彻。从案例编码的情况来看，在协商的发起、协商的组织者、协商程序的制定者、参与协商的主体、主体成分、参与者的选定等几个方面来看，中国基层协商基本上实现了自治组织和居民作为主体来进行的协商。同时，我们也看到，在协商的发起、组织主体、程序主体的确认等多个方面，党政机关仍然表现出一定程度的参与，有的时候甚至超过10%，这表明，中国的基层协商在某种程度上受到党政机关的指导。

在基层协商的过程中，协商过程的民主性也得到了比较好的体现。

在知情与表达方面，参与者不仅获得了充分的信息，同时还充分地表达了自己的意见。协商的制度化比较完善。协商内容比较丰富，包括了矛盾纠纷、公共事务、政策落实等事务，就其性质上来看，主要还是处理某一件与基层密切相关的事务。协商的结果大家大多都能达成共识，都比较满意。更为有意义的是，协商进行过程中，不仅协商程序很少受到干预，协商的结果也得到了充分的尊重，并能够以自治组织为主得到执行。

在中国基层民主推行的过程中，出现了比较严重的贿选等状况，以投票的方式来推行的竞争性民主不仅没有解决问题，反而加剧了人们对民主的负面认识。相反，以问题为导向，以协商为方式，以自治组织、居民为主体来推进的基层协商能够提供一个平台，让人们在交往、对话的过程中增进了解，成为"维护人民根本利益的最广泛、最真实、最管用的民主"。

在议程设置、程序操作、结果使用等环节中，有一些内容我们并不是十分确定，还有较少的案例当中，我们无法确定协商实际发生的情况。如果排除掉这些案例的占比，自治组织的占比可能还会有所增加。同时，还有一些混合情况发现，比如，在议程设置阶段，出现多种主体同时参与议程设置；在程序操作阶段，同样的情况也会发生。在这种情况下，我们在统计过程中把他们列为其他。但实际上，这些混合情况也常常是包括了自治组织。如果考虑到这种情况，统计结果中自治组织的占比可能还会增加。

对实践案例以编码的形式进行研究，很难完整地体现更为丰富的理论研究设计意图。比如，天津的案例主要来自社会工作协会在天津市各区采集的案例，对这些案例，他们一般会做到实事求是。但是，因为这种案例的采集在一定程度上带有官方色彩，所以，讲成功的案例比较多，而协商失败的案例没有得到体现，这影响到了最后阶段的建模，使得更深层次的分析还有待更进一步的研究。同时，在案例编码的过程中，存在着一部分案例编码缺失，编码不确定，案例不可信等情况。尽管我们做了数据清理，但仍然还存在着案例文本信息不全，无法确定相关选项的缺点。好在这种情况在全部的案例中所占比例不大，可以忽略。

参考文献

本书编写组编：《基层协商民主典型案例选编》，人民出版社 2015 年版。

浙江省统一战线理论研究会编：《基层协商民主案例》，杭州出版社 2015 年版。

李后强主编：《四川基层协商民主典型案例》，四川人民出版社 2016 年版。

天津市社会工作协会编：《社区社会工作案例选编·民主协商篇》，中国社会出版社 2017 年版。

乔传秀，周国富主编：《浙江政协工作创新案例》，浙江人民出版社 2014 年版。

James Fishkin, Deliberative Democracy Decision Beyond Polity, see Han Fuguo, Handbook of Multiple Deliberative Democracy in Policy-making: *Practicing Deliberative Democracy in China*, Fudan University Press, 2017, p. 2.

杜何琪：《从工具到机制：农村协商民主的生长过程与局限——来自苏南某村庄的案例》，《中国农业大学学报》（社会科学版）2017 年第 4 期。

赵竹茵：《协商民主在基层治理中的一个案例：德围公咨委的设立及运行》，《江汉论坛》2015 年第 11 期。

刘彦昌：《从朦胧到明晰：党内协商民主的当代走势——一个基层党内协商民主案例的启示》，《学习论坛》2015 年第 6 期。

乔纳森·安戈、陈佩华、钟谦、王可园、毛建平：《中国的基层协商民主：案例研究》，《国外理论动态》2015 年第 5 期。

袁倩：《国家退出之后：基于农村自组织的公共产品供给机制——对赵坝"农民议会"的案例研究》，《上海青年政治学年度报告 2013》。

陈朋：《民主恳谈：生长在中国改革土壤中的基层民主实践——基于浙江温岭"民主恳谈"的案例分析》，《当代中国政治研究报告》2009 年。

韩福国：《参与式预算技术环节的有效性分析——基于中国地方参与式预算的跨案例比较》，《经济社会体制比较》2017 年第 5 期。

He Baogang and Mark Warren, "Authoritarian Deliberation: Te Deliberative Turn in Chinese Political Development", *Perspectives on Politics*, Vol. 9, No. 2 (Summer 2011), pp. 269–89;

James Fishkin, He Baogang, Robert Luskin and Alice Siu, "Deliberative Democracy in an Unlikely Place: Deliberative Polling in China", *British Journal of Political Science*, Vol. 40, No. 2 (Winter 2010), pp. 435–48;

He Baogang and Stig Tøgersen, "Giving the People a Voice? Experiments with Consultative Authoritarian Institutions in China", *Journal of Contemporary China*, Vol. 19, No. 66 (Summer 2010), pp. 675–92.

Ethan Leib and He Baogang, *The Search for Deliberative Democracy in China*, New York: Palgrave Macmillan, 2006.

Yoel Kornreich, Ilan Vertinsky and Pitman B. Potter, "Consultation and Deliberation in China: The Making of China's Health-Care Reform," *The China Journal*, No. 68 (July 2012), p. 178.

He Baogang and Mark Warren, "Authoritarian Deliberation", p. 276; see also Yan Xiaojun, "Regime Inclusion and the Resilience of Authoritarianism", *The China Journal*, No. 66 (July 2011), pp. 53 – 75.

Beibei Tang andJohn S. Dryzek, 2014. "Introduction: The Continuing Search for Deliberation and Participation in China." *Journal of Chinese Political Science* 19: 110.

Lei Xie, "Environmental governance and public participation in rural China." *China Information* 2016, Vol. 30 (2) 200.

Ian O'Flynna and Nicole Curato, "Deliberative democratization: a framework for systemic analysis." *Policy Studies*, 2015, Vol. 36, No. 3, 300.

S. J. Peter Rožič, The Paranoid State. Demokratizatsiya: *The Journal of Post-Soviet Democratization*, 2015, Volume 23, Number 1, p. 78.

Greg Distelhorst and Yue Hou, "Ingroup Bias in Official Behavior: A National Field Experiment in China. "*Quarterly Journal of Political Science*, 2014, 9: 219.

Jonathan Sullivan, "China's Weibo: Is faster different?" *New Media & Society*, 2014, Vol. 16 (1) 24 – 37.

Jonathan Hassid, "China's Responsiveness to Internet Opinion: A Double-Edged Sword," *Journal of Current Chinese Affairs*, 2015, 44, 2, 52 – 53.

Baogang He, "Deliberative Democracy: Theory, Method and Practice," *Chinese Academy of Social Sciences Press*, 2008.

BaogangHe and Mark E. Warren, "Authoritarian deliberation: the deliberative turn in Chinese political development," *Perspectives on Politics* 9, (2011), pp. 269 – 289.

Beibei Tang, "The Discursive Turn: deliberative governance in China's urbanized villages." *Journal of Contemporary China*, 2015, 24: 91, 138.

Jonathan Unger, Anita Chan and Him Chung, "Deliberative Democracy at China's Grassroots: Case Studies of a Hidden Phenomenon." *Politics & Society*, 2014, Vol. 42 (4) 530.

Beibei Tang, "Development and Prospects of Deliberative Democracy in China: The Dimensions of Deliberative Capacity Building. " *Journal of Chinese Political Science*, 2014, 19: 117.

Fishkin, J. S. , B. He, and A. Siu. "Deliberative democracy in an unlikely place: Deliberative polling in China." *British Journal of Political Science*, 2010, 40 (2): 435 – 448;

Ethan Leib and He Baogang, *Participatory and deliberative institutions in China*, The Search for Deliberative Democracy in China, New York: Palgrave Macmillan, 2006. pp. 175 – 196.

Tan, H. "Deliberative democracy in China: A sociology of knowledge perspective." *Economic and Political Studies*, 2013, 1 (1): 156 – 177.

Heejin Han, 2014. "Policy Deliberation as a Goal: The Case of Chinese ENGO Activism." *Journal of Chinese Political Science*: 19: 173.

Baogang He, "Deliberative Culture and Politics: The Persistence of Authoritarian Deliberation in China." *Political Theory*, 2014, Vol. 42 (1) 60.

Peter S. Hofman, Jeremy Moon, and Bin Wu, "Corporate Social Responsibility Under Authoritarian Capitalism: Dynamics and Prospects of State-Led and Society Driven CSR." *Business & Society*, 2017, Vol. 56 (5) 662.

Kellee S. Tsai, "China's Political Economy and Political Science." *Perspectives on Politics.*, 2013, Vol. 11, No. 3, pp. 867 – 868.

Baogang He, "Western Theories of Deliberative Democracy and the Chinese Practice of Complex Deliberative Governance", in Ethan J. Leib and Baogang He (eds), *The Search for Deliberative Democracy in China*, p. 134;

Baogang He and Mark E. Warren, "Authoritarian Deliberation: Deliberative Turn in Chinese Political Development", *Perspectives on Politics*, Vol. 9 (2011), p. 269.

Shale Horowitz and Peng Yu, "Holding China's West: Explaining CCP Strategies of Rule in Tibet and Xinjiang." *Journal of Chinese Political Science*, 2015. 20: 461.

Rory Truex, "Consultative Authoritarianism and Its Limits." *Comparative Political Studies*, 2017, Vol. 50 (3), p. 334.

Mark E. Warren, "A Problem-Based Approach to Democratic Theory." *American Political Science Review*, 2017, 111, 1, 46 – 47.

Tianguang Meng, Jennifer Pan, and Ping Yang, "Conditional Receptivity to Citizen Participation: Evidence from a Survey Experiment in China." *Comparative Political Studies*, 2017, Vol. 50 (4) 400.

省级人大常委会接受公众互联网利益表达的机制探析[*]

高鹏程 张 恩[**]

（北京大学政府管理学院）

摘 要 作为中国民主政治的基本形式，人民代表大会制度是中国公民最根本、最重要的利益表达制度。互联网的快速发展为人民大会代表制度汇聚民意、综合社会利益带来新的机遇与挑战。为总结、评估当前我国人民代表大会制度接受公众通过网络进行利益表达的制度供给现状，本文综合应用内容分析、使用体验的方法考察了 31 个省级人大常委会官方网站和微信公众号，发现当前我国省级人大常委会基本建立起立法项目征集、专题性法规草案意见征集、经常性意见建议征集的利益表达机制，但总体上还存在着表达功能的低阶性、功能模块设计的通用规范性低、功能使用的互动性和友好程度不高等问题。对此，本文提出从理念更新、顶层设计、媒体融合、制度创新等方面解决上述问题，以强化人民代表大会汇聚、综合民意的制度能力。

---

[*] 本文为教育部人文社会科学重点研究基地重大项目"国家治理现代化发展战略研究"（项目批准号：17JJD810003）阶段性成果。
[**] 高鹏程，北京大学政府管理学院教授，北京大学国家治理研究院研究员、副院长；张恩，北京大学政府管理学院博士研究生，湖北民族大学马克思主义学院讲师。

关键词 人民代表大会制度 人大常委会 利益表达 互联网

一 问题的提出

人民代表大会是中国民主政治的基本组织形式，是代表和反映民意的主要渠道，为社会的多元利益诉求提供了表达渠道。[①] 加强人大代表同人民群众的联系，"虚心听取人大代表、人民群众意见和建议，积极回应社会关切，自觉接受人民监督"是"实行人民代表大会制度的内在要求……"。[②] 人民群众对广义上的政府所提出的意见、建议和对国家机关及工作人员进行的监督，其实质都是人民的利益表达行为。马克思主义理论认为，"每一个既定社会的经济关系首先表现为利益"[③]，利益对于政治关系就具有根本性的决定性的意义。[④] 在现代政治理论看来，政治系统通过有序地输入公众的利益要求，经过一系列处理过程并最终输出的政策才能实现社会价值的权威性分配并维持政治系统的正当性。这就表明，人民代表大会制度是社会主义国家接受、转换、实现人民利益和人民民主的根本制度，只有坚持和完善人民代表大会制度，才能代表好、实现好、维护好人民利益。

坚持和完善人民代表大会必须充分把握利益的物质性基础。首先，从"需要"上升到利益充分体现了利益的物质性。"所谓利益，是指处于不同生产关系，不同社会地位的人们由于对物的需要而形成的一种利害关系。"[⑤] "人们之间是有物质联系的。这种联系是由需要和生产方式决定的"。[⑥] 其次，利益表达实现的手段、工具具有物质性。马克思在

[①] 谢庆奎：《当代中国政府与政治》，高等教育出版社2016年版，第87—90页。
[②] 栗战书：《加强理论武装 增强"四个意识" 推动新时代人大制度和人大工作完善发展——在深入学习贯彻习近平总书记关于坚持和完善人民代表大会制度的重要思想交流会上的讲话》，《中国人大》2018年第19期。
[③] 《马克思恩格斯选集》第2卷，人民出版社1995年版，第209页。
[④] 王浦劬：《政治学基础》（第二版），北京大学出版社2006年版，第61页。
[⑤] 王沪宁：《政治的逻辑——马克思主义政治学原理》，上海人民出版社2004年版，第169页。
[⑥] 《马克思恩格斯选集》第1卷，人民出版社1995年版，第81页。

《政治经济学批判》中,明确提出了利益实现"只有在社会所创造的条件下并使用社会所提供的手段,才能达到……"。① 在这方面,以互联网为核心的信息技术的发展,首要的是为广大人民群众、人大代表扩展、转换、实施利益表达提供了新的技术手段,随着互联网应用场景的深度扩展,为社会利益表达注入了革新、再造、重塑的新的现实可能性。

2000 年以后,与互联网的碰撞、对接,成为新时期人大制度完善的重要内容。2002 年 7 月 5 日,李鹏同志在接见全国人大信息化建设工作会议的代表时强调,各级人大要加强信息化建设,要由过去仅仅在报纸上公布信息和征求意见向网络扩展,以保持与广大人民群众的密切联系,促进立法的民主化、科学化;2004 年 2 月 25 日,全国人大网站上线试运行,一年后正式开通。在起步之初,彼时各级地方人大网站建设还普遍存在着内容单调、更新不及时、服务与互动功能不足、部分人大无独立站点等问题,技术、资金、人才等是地方普遍面临的瓶颈。② 通过互联网加强和改进与人民群众的联系,倾听群众意见和呼声,推进人大工作信息化、网络化③,发展人大"电子政务"④ 或"E 人大"或"在线人大",成为新世纪以来人大制度发展的重要倡议。如何在人大网站功能设计中实现人民利益表达,成为学术界的新研究课题。有学者从人大机关业务特点出发建议采取"综合与专业并举、内外系统共用"的方针进行建设;⑤ 还有学者主张"两头在外、中间在内"的闭环管理模式,即在外网接受、处理并及时公布人大代表和人民意见和建议,在内网办理有关业务。⑥

然而,在研究人大信息化过程中发现:在实践中,各级人大接受公众和人大代表通过互联网进行利益表达的机制设计与功能实现的不均衡程度十分明显;从中央到地方尚未就人大信息化推进公众利益表达出台

---

① 《马克思恩格斯全集》第 46 卷(上),人民出版社 1979 年版,第 102—103 页。
② 狄少鹏:《人大工作信息化建设初探》,《中国人大》2004 年第 21 期。
③ 楚材:《民意机关直面网络时代》,《浙江人大》2007 年第 10 期。
④ 王斌:《与时俱进,发展人大电子政务》,《人民代表报》2016 年 6 月 14 日第 3 版。
⑤ 邓未玲:《人大常委会走向信息化》,《电子政务》2005 年第 11 期。
⑥ 杨兴凯、张笑楠、杨键鸣:《人大互动服务信息平台闭环管理模式与方法》,《电子政务》2008 年第 10 期。

相应的专门规范文件。而且，人大机构接受公众及人大代表通过互联网进行利益表达的专门理论研究成果也十分匮乏。

为了总结当前人大接受公众通过互联网进行利益表达的机制设计与功能实现程度的总体情况，本文以全国 31 个省级人大及其常委会官方网站为考察对象，采用内容分析法、使用体验法来对相应网站功能模块构成情况进行研究，以总结省级人大接受公众互联网利益表达的模式、论断其存在的问题，并提出改进优化的政策建议。

二 省级人大常委会接受公众互联网利益表达的机制现状

从实践来看，我国省级人大及其常委会通过网络接受公众进行利益表达的权威渠道主要包括：基于桌面端的互联网官网、基于移动互联网的应用平台。

（一）桌面端官方网站提供的表达机制

互联网官网，作为部署和推进电子政务系统的成果之一，已经实现了 31 个省级地方人大的全覆盖（见表1）。各省级人大的官方网站本质上都是综合性门户网站，囊括了信息晓喻、人大内部机构及人大代表业务在线处理、公众意见与利益表达与处理等功能单元。然而，各省级人大官网在元素设计、功能单元数量以及各模块实质运行状况上均存在显著差异。

表1　　　　　　　各省人大官方网站基本信息一览表

省份	网站名称	域名	省份	网站名称	域名
天津	天津人大	tjrd. gov. cn	河北	河北省人民代表大会常务委员会	hbrd. net
内蒙古	内蒙古人大	nmgrd. gov. cn	辽宁	辽宁省人民代表大会常务委员会	lnrd. gov. cn

续表

省份	网站名称	域名	省份	网站名称	域名
上海	上海人大	spcsc.sh.cn	吉林	吉林省人民代表大会常务委员会	jlrd.gov.cn
安徽	安徽人大	ahrd.gov.cn	江苏	江苏省人民代表大会常务委员会	jsrd.gov.cn
山东	山东人大	sdrd.gov.cn	湖北	湖北省人民代表大会常务委员会	hbrd.gov.cn
河南	河南人大	henanrd.gov.cn	海南	海南省人民代表大会常务委员会	hainanpc.net
重庆	重庆人大	ccpc.cq.cn	四川	四川省人民代表大会常务委员会	scspc.gov.cn
云南	云南人大	srd.yn.gov.cn	陕西	陕西省人民代表大会常务委员会	sxrd.gov.cn
浙江	中国·浙江人大	zjrd.gov.cn	宁夏	宁夏回族自治区人民代表大会常务委员会	nxrd.gov.cn
西藏	中国·西藏人大网	xizangrd.gov.cn	新疆	新疆维吾尔族自治区人大常委会	xjpcsc.gov.cn
湖南	湖南人大网	hnrd.gov.cn	青海	青海省人民代表大会常务委员会	qhrd.gov.cn
山西	山西人大网	sxpc.gov.cn	黑龙江	黑龙江省人大常委会	hljrd.gov.cn
广东	广东人大网	rd.gd.cn	北京	北京市人大常委会	bjrd.gov.cn
广西	广西人大网	gxrd.gov.cn	甘肃	甘肃人大网 甘肃省人民代表大会常务委员会	gsrd.gov.cn
福建	福建人大网	fjrd.gov.cn	贵州	贵州人大 贵州省人民代表大会常务委员会	gzrd.gov.cn
江西	江西人大新闻网	jxrd.gov.cn			

资料来源：根据各省级人大官方网站统计制成。

在网站名称上，各省级人大官方网站或以"人大"命名，或以"人大常委会"名义命名。具体有七种类型：以人大名义或省级人大常委会名义省（直辖市）名+人大（8个）、省名+人大网（4个）、省（直辖市）名+人大常委会（3个）、省名+人民代表大会常务委员会（10个）、中国·省名人大（网）（2个）、省名+人大新闻网（1个）、省名+人大（网）+省名+人民代表大会常务委员会（2个）。

在域名采用上，各省级人大官方网站从名称缩写规则上有两种类型：采用汉语拼音"ren da"缩写"rd"有25个，采用英语词汇（people's congress）缩写"pc"的有6个；域名后缀方面，除河北和海南两省采用二级域名并使用.net后缀外，其余省份均普遍采用三级域名，其中上海、广东、重庆三省使用省份缩写+.cn后续，其余省份使用.gov.cn域名后缀。

从功能模块服务的对象来看，各省级人大官方网站分别为人大代表和公众群体提供利益表达通道。从总体上看，承担表达功能的通道主要有五种：（1）代表网上履职平台、（2）公众旁听申请接入通道、（3）信访举报投诉通道、（4）意见征集反映接入通道，以及（5）为联结公众与人大代表的双联平台。除新疆、西藏外，各省人大官网均为人大代表提供了网上履职服务平台，需要代表通过注册后进入后台使用。各省人大为公众提供的利益表达通道主要有：旁听申请接入通道、信访举报投诉通道、意见征集反映接入通道。目前只有北京、内蒙古、上海三省市提供了公众旁听申请接入通道。信访通道上，有21个省份提供了信访通道，其中7个省份提供的仅是信访邮件地址而非在线信访通道，其中两个省份提供的是在线留言板，广西信访通道跳转至省纪委监察委官网、云南信访通道跳转至全省统一信访官网。意见反映与征集通道上，有27个省市提供，覆盖面达到87%，但仅有8省市提供了随时能够建言和提出意见的通道，其余省份提供的是针对特定法规草案、立项项目和监督项目专题性通道。目前，只有内蒙古（双联系互动交流平台）、福建（人大代表网上联系站）、山东（双联系平台）、湖南（双联系平台）、海南（代表联系群众平台）、重庆（网上代表之家）、甘肃（两联系平台）提供了"代表"联系公众的通道设计。

（二）移动端应用提供的表达机制

相比省级人大常委会官方网站全覆盖的发展现状，省级人大常委会在移动端开通相关通行应用平台的情况还有待提高。以微信公众号为例，除安徽、重庆、广西、宁夏、甘肃、黑龙江外，其余25个省人大常委会开通了经过微信平台认证的公众号。

表2　提供利益表达栏目的省级人大常委会微信公众号

省份	公众号名称	可供利益表达的次级栏目
上海	上海人大	公开征求意见（法规草案）
山东	山东人大	代表之声（注：注册后登录）
云南	云南人大	代表通（注：代表登录）；联系代表（注：留言功能暂不能用）
浙江	浙江人大	代表履职平台（注：代表登录）
湖南	湖南人大	代表履职网络服务、人大双联互动平台、履职通APP
广东	广东人大	一键通平台、代表发布（注：问卷，尚无信息）、群众反馈
福建	福建人大	代表建言※
江西	江西人大发布	专题询问※、工作评议※、监督公开※、监督动态※
河北	河北人大	代表风采※
江苏	江苏人大发布	网上信访、民意调查、审议建言、参与立法
海南	海南人大	联系代表（双联平台）
陕西	南关正街109号	履职平台（注：代表登录）
北京	北京人大	建议公开※；我要参与（包含：常委会旁听、意见征集、信访信箱）
贵州	贵州人大	代表履职平台（注：代表登录）

注：带※号的表示该项功能，仅具信息展示功能，尚无法进行在线互动使用。

天津、福建、江西、辽宁、湖北、四川、陕西七省人大常委会微信公众号的认证主体为省人大常委会，其余开通省份认证主体为人大常委会办公厅；在公众号中设计并提供利益表达功能的省级人大常委会公众号有14个（见表2），除山东、福建、河北三省人大常委公众号外，其余11个公众号能为代表或公众提供正常使用的利益表达栏目。浙江、江西、湖北、陕西、青海、北京、贵州六省市人大常委会微信公众号在其简介中，明确了代表民意、征集人民意见和推动人大代表履职等利益代表功能定位（见表3）。

表3　　　　　微信公众号简介中包含利益表达功能的情况

省份	公众号名称	公众号简介	表达栏目
浙江	浙江人大	反映百姓呼声	有
江西	江西人大发布	联系人大代表、征集社情民意、服务人民群众	有
湖北	湖北人大	推动公众有序政治参与	无
陕西	南关正街109号	联系人大代表、征集社情民意、服务人民群众	有
青海	青海人大	展示代表风采、反映百姓呼声、指导人大工作	无
北京	北京人大	为人民群众提供直通人大的便捷通道，便于了解北京人大动态、参与互动活动、联系人大代表	有
贵州	贵州人大	展示代表风采，反映百姓呼声，推动人大代表履职	有

资料来源：据微信公众号检索结果（最后检索时间为2019—02—17）整理制成。

（三）既有利益表达机制的一般类型

通过进一步考察可以发现，这些通道在机制层面可将主要地区分为三种不同的类型：

1. 间接机制与直接机制。从服务对象上，按照通道使用者的身份可将上述机制区分为间接性的和直接性的两种。根据《全国人民代表大会和地方各级人民代表大会代表法》规定，各级人大代表，虽然都代表着人民的利益与意志，但在行使国家权力时，一是遵照的是宪法和法定赋予本级人大各项职权，二是严格按照规定的程序履行相应的会内、会外职权。而且，宪法和《全国人民代表大会和地方各级人民代表大会选举法》还明确规定了县级以上人民代表大会实行间接选举的方式。这就意味着人大代表所进行的利益表达行为对于公众与国家互动关系而言具有间接性，现有的"代表网上履职平台"应定义为间接性利益表达机制，它主要服务于人大代表，方便人大代表在线履职，其功能使用上是需要实名认证的系统后台运行的。其余通道是直接提供给全体公众的，是直接性的利益表达机制，网民通过相应的实名认证程序后，就可以直接经由网站、移动端应用平台向人大代表和人大常委会提出意见、建议、批评。

2. 单层机制与双层机制。从运行机制上，按照通道建立的联结关系的层级性将上述机制可区分为单层性的和双层性的。单层机制，前述网站通道中的前四种为单层机制，建立了人大及其常委会—人大代表或人大及其常委会—普通公众的联结机制。"代表双联平台"为双层机制，以人大代表为中间机制，首先在人大代表—人民群众之间建立联结关系，再通过网上履职平台和线下机制实现人大代表—人大及其常委会的联结，从而建立起从人民到人大代表再到人大及常委会的系统性联结。

3. 单一机制与复合机制。由于不同省级人大常委会官方网站和微信公众号提供的利益表达通道及其服务对象的数量有别，可将不同平台提供利益表达机制的组合情况，区分为单一机制和复合机制。单一机制，意味着特定省级人大常委会为提供互联网的利益表达机制，只提供给人大代表或人民群众中的一类并采取单一化的机制；复合机制，意味着省级人大常委会同时为人大代表和人民群众提供方式多元的网络利益表达机制。

三 当前机制存在的问题与优化改进建议

（一）存在的问题

从各省级人大常委会官网和微信公众号中为公众、人大代表进行利益表达提供的功能模块设计、内容更新、使用情况来看，当前国内省级人大官网接受公众互联网利益表达的机制供给、机制运行中还存在若干问题，具体表现为：

1. 直接利益表达机制建构不够充分

从现有表达机制的可用性来看，当前省级人大常委会官网和微信公众号提供给人大代表的现有表达通道运行规范。"代表网上履职平台"在省级地方人大常委会官网的覆盖率达到90%以上，代表通过注册后即可进入后台操作使用，在开通公众号的省级地方中有近30%接入了代表履职移动端入口。"双联平台"在网站中的覆盖率是20%，在开通公众号且提供表达机制的省级地方中有超过20%接入了移动端入口。而为公众提供的直接利益表达通道中，在网站桌面端还不同程度地存在着死链、内容空白、功能未启用、跳链至非人大官网等诸般情形，而且相比人大代表的网上履职平台、"双联平台"在网站或公众号显著位置的布局，公众进行利益表达的入口位置有分散化、隐蔽性问题。这些问题的存在，一方面给公众向人大进行互联网利益表达制造了不方便用户体验，阻碍了公众通过此渠道的利益表达意愿；另一方面则表明，省级人大常委会接受公众直接利益表达机制建构仍不充分。

2. 通用标准化程度欠缺

虽然中央为推进人大信息化时代更好地联系和服务人民利益，先后制定、出台和部署了一系列新信息化、网络化政策文件。例如，2013年11月，全国人大常委会办公厅《关于印发（2012—2017年人大机关信息化建设规划）的通知》。但尚无对此进行专门规范的顶层制度设计和统一规范要求。如前所析，目前省级人大均开通了官方网站，总体上具有相似性的设计样式，中央层面未曾出台过人大官方网站强制性的统一技术标准规范。从标准化程度而言，当前人大官网显著低于电子政务系统中的各层级政府官网。除前面提到的网站名称依据、域名采用等问题外，功能模块命名上也是五花八门。以代表网上履职平台为例，有叫网上履职平台、网上履职系统、网上履职服务平台、网上履职管理服务系统。此外，各官网功能模块的位置、数量和色彩、字体等界面设计也差别较大。

3. 多元媒介融合程度待提升

我国各级党政机关和群团组织等积极运用微博、微信、客户端等"两微一端"新媒体，发布政务信息、回应社会关切、推动协同治理，不断提升地方政府信息公开化、服务线上化水平。[①] 当前，在31个省级人大常委会官网中，只有安徽、海南、甘肃三省的人大常委会官网为人大代表同步提供了"履职通"APP下载功能，只有9家省级人大常委会官网页面上放置了官方微信公众号二维码；在25个省级人大常委会微

---

① CNNIC：第42次《中国互联网络发展状况统计报告》，http://www.cnnic.net.cn/hlwfzyj/hlwxzbg/hlwtjbg/201808/t20180820_70488.htm，最后访问时间：2019年2月20日。

信公众号中，只有7个为代表提供移动端履职平台；只有湖南、海南两省人大常委会微信公众号提供"代表双联"通道。这反映了省级人大常委会在为人民和人大代表提供网络利益表达的情况，是滞后于当前移动互联网的普及和媒体融合的客观发展趋势的，也与新时期中央提出多元媒体一体化、坚持移动优先策略、构筑全媒体传播体系的媒体融合向纵深发展的要求存在较大差距①。

4. 用户友好体验程度不高

进入路径清晰、界面舒适、符合使用习惯、为用户提供有效率的使用体验，是信息科技人性化的重要内容。当前，虽然多数人大官网能在首页显著位置提供代表和公众进行利益表达的入口，但部分人大官网却不容易找到代表履职平台的入口。有部分人大官网首页找不到可供公众进行意见表达和反映问题的渠道，甚至还存在着个别省级人大官网提供给公众反映问题和建议的死链和空链的情况。

5. 在线及时互动程度低

网站和移动端实现平台与公众的互动是电子政务评价中的高频词。②从功能模块的数量分布看，多数省份人大官网和微信公众号的功能模块中，静态信息展示的模块远多于在线互动模块。例如，在为公众提供的网站信访通道方面，有7个省份提供的仅是信访邮件地址而非在线信访通道，这种通道只是信息晓喻性质的，公众无法直接通过该通道进行利益表达，还需要通过电子邮件进行问题反映；在25个省级人大常委会微信公众号中，仅有11个公众号提供了可以进行在线利益表达的功能。

6. 网络表达专门化程度低

一是常态化利益表达频度还不够。在为公众提供的意见表达的通道中，多数以专题性意见征求、征集为主，只有7家提供可供随时反映问题的留言通道，显然这并不能充分保障代表和公众经常性表达目标的实现。二是表达环节有限。目前有20家省级人大官网主要在法规草案环节向公众征集意见和建议，只有两家省级人大在立法或监督项目上向公

---

① 习近平：《在中共中央政治局第十二次集体学习时的讲话》，http://www.gov.cn/xinwen/2019-01/25/content_5361197.htm，最后访问时间：2019年2月20日。

② 刘伟：《我国电子政务绩效评估方案的综合研究》，《中国行政管理》2013年第2期。

众征集意见，主要应用于立法过程环节的利益表达，在立法规划、动议、起草、审议过程等各个环节上的利益表达还远远不够①。三是缺乏在线利益聚类、合并、萃取的深度处理机制。目前，在为公众提供了利益表达通道的省级人大官网上，就其功能实质而言，仅是提供了一种表达行为的起始端，至于公众表达言论后，官网采取何种技术手段和规则来处理这些言论尚无从得知。

（二）优化与改进建议

从深层次而言，加强人大工作信息化，促进人大及其常委接受公众、人大代表进行利益表达的制度化能力，客观上是由人大制度运行面临利益"输入超载"（input overload）、代表性不足的危机和"互联网＋"蕴含的制度潜能共同决定的：

利益分化并不断加剧，成为当代中国政治发展的重要面向。② 这表明，待输入和正在输入政治系统的利益量急剧增长。"输入超载"，是"输入的利益量过大，以至于将要进行的转换不能将其处理为决策，这时，系统就不得不冒着崩溃的危险进行"。③ 代表性不足表明存在着为数不少的利益意志，游离于体制性表达制度之外，从而客观上致使公众对当前政治系统的权威性和正当性信任和信赖下降。当前，"群体性事件"、"信访不信法"、网络舆论"虚假化、暴力化"等利益表达失序行为，折射出人民代表大会制度在公众利益实现中客观存在的困境。如果不加强和改进人民代表大会制度，输入超载和利益代表性不足就可能演变成现实制度危机。

从理论上讲，要规避"输入超载"的风险，有两种基本应对方案：一是削减、抑制需求产量；二是增加通道数量并提升处理需求能力。而处于现代化进程中的国家，人们向权威当局提出要求的数量与范围、人

---

① 邢亚飞：《人大立法信息公开和利益表达制度研究——以社会管理创新为视角》，《新视野》2013年第3期。
② 李景鹏：《权力政治学》，北京大学出版社2008年版，第179—184页。
③ 戴维·伊斯顿：《政治生活的系统分析》，王浦劬主译，人民出版社2012年版，第53—54、130页。

们的表达欲望和表达能力都在日益增长,"如果不是通过合法渠道得到表达,并在该国政治体系内部得到缓解和集中",就可能产生政治动乱。① 因此,第一种方案并不具有客观可行性。对于当代全国人民代表大会制度而言,通过与互联网技术、媒介应用的深度融合,加强和改进其接受、处理人民利益表达的制度能力成为必然选择。此种结合,从政治系统理论来看是对需求的集成和组合问题,即"需求的议题化"。

为此,针对当前存在的省级人大常委会官网以及微信公众号为代表的移动端应用存在的具体问题,可以采取以下措施,加强和改进接受公众在线利益表达的境况:

1. 深化理念革命,高度重视互联网所蕴含的利益表达潜能

每一种制度背后都是由特定智识所支撑的理念认知。人民代表大会制度与互联网技术的结合,同样包含着深刻的理念革新问题。当前,人民代表大会制度主要地还是以线下组织运作为主,"网上人大"还只是技术应用层面和补充性质的,远未取得与线下组织运作同等重要的地位。因此,各级人大应重新认知互联网的价值,不能仅将互联网视为一种技术手段和工具。只有正视互联网联系公众、聚合民意的人民民主治理价值,才能最大限度地释放网上人大的利益表达潜能,实现人民代表大会制度在互联网时代的革命性创新。

2. 注重顶层设计,制定和落实各级人大官网内容技术标准

要着手解决当前省级人大官网存在的各种问题,一改此前各自为政的体系设计与工作思路,借鉴《政府网站发展指引》(国办发〔2017〕47号),制定并出台统一标准,明确人大网站的功能定位、开设流程、运营维护机制,并从中央层级的上级监督考评、专业技术测评、用户使用评价等多个角度,督促各省级人大加强官网的规范化建设、运营管理。

3. 加强媒介融合,实现线下+线上、桌面端+移动端一体化

要随着信息技术发展保持技术应用的开放性和发展性,不断使用新技术、新工具来优化和改进电子政务系统。顺应媒体融合发展的技术演进趋势,全面发展和布局桌面端、移动端架构,搭建线上线下一体互联

---

① 塞缪尔·P. 亨廷顿:《变化社会中的政治秩序》,上海世纪出版集团2008年版,第42页。

的全媒体，实现全天候、实时化的功能应用，成为"互联网+政务"的发展方向。当前，要加快构筑移动互联网媒介架构，这是因为移动互联网更接近广大群众。而且，以微信公众号为代表的移动互联网平台，相比网站还有一个独特的优势：由于微信是实名制的，保证了通过省级人大常委会微信公众号进行利益表达的主体是实名认证公众用户。

4. 强化制度创新，切实促进网上人大的利益表达功能承载

首先，挖掘在线利益表达功能的延展性。一是拓展意见表达环节，改变目前主要针对地方性法规草案进行有明确时限性、专题性利益表达，在立法规划环节、立法议题生成、立法表决、法律实施与监督等各个环节为人大代表和普通公众提供广泛的表达机会。二是拓展双层表达机制，帮助人大代表与人民建立更加密切、高效、有针对性的联结关系，使人大代表可以基于选区范围、专长或关注领域等角度充分行使利益聚合、分类的角色，提高人民大会制度的利益整合能力。

其次，深化在线利益表达机制的互动性。目前公众和人大代表在线利益表达具有延时性、利益综合过程具有后台性运行的特点，下一步要加大云计算、大数据等前沿信息科技的应用水平，使得在线利益表达沟通实现即时性、利益综合过程智能化和利益表达到政策输出的可视化，从而实现在线利益表达机制的高度及时互动效果。

第三，强化人大常委会机构职能现代性。政治系统论强调"专门化"在政治系统内显著提高系统处理需求的能力。为促进人大接受公众、人大代表进行在线利益表达的能力，人大常委会需要建立专门化的内设工作机构，招募、遴选专业人才，专司互联网利益表达的收集、分析、归转、反馈工作；需要建立网上意见进入权威化表决的衔接制度，以确保公众在线利益表达成果的实质可转化性；需要建立起严格、高效落实人大常委会接纳和处理网上利益表达的责任机制、评价机制和监督机制。

四 结论与讨论

从整体上来看，当前省级人大常委会普遍建立起接受公众、人大代

表网络利益表达机制,增强了人大与人民群众的联系,推进了人民群众在民主立法中的参与力度,为公众利益表达起到了扩容增量、赋能增效的积极价值。然而,省级人大常委会接受公众利益网络表达的机制还处于初步发展阶段,各个省级人大常委会供给机制水平的非均衡性、网络利益表达机制通用规范性低,利益表达过程的互动性、体验性、深度性还远远不够。这表明:一方面,人大通过在线聚合公众利益的民主价值,在理念上还未得到足够重视,人大常委会制度的互联网特征还发育不够;另一方面,低估了当前人大制度"利益输入超载"和"代表性不足"危机并发的可能性。

习近平总书记指出,"人民代表大会制度是中国特色社会主义制度的重要组成部分,也是支撑中国国家治理体系和治理能力的根本政治制度"。[①] 在推进国家治理现代化的进程中,在体制内激发人民群众表达活力,挖掘现有制度的利益综合能力,并同时保持表达过程中的高度秩序化状态,是新时期改革和完善人民代表大会制度的重要面向。在实际政治生活中,中国人大的法定地位与实际地位还存在差距。从这个意义上讲,互联网对于人民代表大会制度的革新、完善,不仅具有工具意义,也有深层次的规范价值,即在技术年代更好地实现"始终保持与人民群众的血肉联系"和作为公众利益表达根本性制度的使命。同时也应看到,成熟而完善的"互联网+人大"模式的形成,还有许多工作要做。在实践层面,不仅需要理念更新、思维转换,更需要顶层设计、工作落实和制度配套。在理论研究层面,还要深刻阐明人大通过互联网聚合民意的正当性、必要性,要评估网络利益表达过程中新技术应用替代的可行性与可能性等若干问题,要探讨人民代表大会制度与体制内外其他利益表达制度、表达形式间的耦合嵌入问题等等。

---

① 习近平:《在庆祝全国人民代表大会成立 60 周年大会上的讲话》,http://www.npc.gov.cn/npc/xinwen/2014-09/06/content_ 1877767. htm,最后访问时间:2019 年 2 月 20 日。

社会网络、生活满意度与基层政府质量[*]

——基于江西部分区县的问卷调查

聂平平　黄文敏[**]

（江西师范大学马克思主义学院）

摘　要　论文借助结构方程模型和线性回归方程模型分析了社会网络、生活满意度与基层政府质量的关系。结果显示社会网络会对基层政府质量具有显著正效应；生活满意度对基层政府治理绩效和政府信任具有显著正效应，但对民主建设影响不太显著；社会网络和生活满意度不同指标对政府质量影响不尽相同。生活满意度的6个指标中，除家庭生活外，均会显著影响治理绩效；工作现状、家庭生活感知和社区（村庄）生活环境的感受会显著影响政府信任；除社区（村庄）生活环境之外，其他因素均不影响民主建设。社会网络的4个指标中，普遍人群信任、社交获得感会显著影响政府质量各方面，而亲密人群信任仅会对政府信任产生影响、社交付出仅会影响民主建设。因此，提升基层政府质量要注

---

* 本文为国家社科基金重点项目《协商民主视域下的地方政府质量研究》（项目编号：15AZZ014）的阶段性成果。
** 聂平平，江西师范大学马克思主义学院博士生导师，南昌航空大学文法学院教授；黄文敏，江西师范大学马克思主义学院博士研究生，江西科技学院高教研究所讲师。

重居民所在村庄或社区等基层社会环境建设、促进普遍人群的信任和民众就业环境的改善。

关键词 生活满意度 社会网络 政府质量 政府信任 民主建设

一 引言

人民对美好生活的向往是执政党和政府的奋斗目标。各级政府把人民满意作为治理的出发点，将人民的评价作为衡量政府质量的重要指标。但是人民对政府评价的一种主观感受，在某种程度上是人民对政府的期待反映。人民对政府期待，尤其是对与其频繁交流、直接接触的基层政府的期待，经常受自身的主客观条件所左右，如生活满意度、社会网络等。这些主客观条件如何影响基层政府质量，需要研究者进一步关注。因此，本文从民众视角出发，基于江西部分区县不同职业人群的调查数据，探讨生活满意度、社会网络与基层政府质量的内在关系，来考察其内在的逻辑关联性。

二 研究综述与研究框架

近年来，不同层级的政府正在从"以政府为中心"向"以满足人民需求为中心"转变，政府质量日益受到社会关注。1999 年由美国密歇根大学和美国质量协会发起的美国用户满意度指数（American Customer Satisfaction Index Model，简称 ACSI）。该模型认为影响公众对政府的满意度的两个主要因素是公众对政府质量的评价以及公众对政府工作质量的预期。其中，公众对政府质量的评价主要指向公共政府、管理与服务水平以及当局总体（具体）工作情况[1]，与其对政府的认知、生活满意度和社会网络等相关。同时根据经济生活体验，个人产生失望和不满意与其对产品的期望与体验后的感知有关。一项在美国纽约开展的对

---

[1] 徐家良：《政府评价论》，中国社会科学出版社 2006 年版。

当地政府满意度电话调查的数据显示民众政府期望、政府绩效的实际感知和预期与现实之间的差异对政府满意度影响显著①。在公共生活中，如果政府所提供的产品或服务效果与人们的预期相吻合或超过预期，民众无心理落差，就会给予政府好评；如果政府所提供的产品或服务效果未能满足民众期望，有明显落差，人们就会产生负面情绪，给予负面评价②。根据已有研究可以将影响政府质量的因素概括为两点：一是基层政府的行政质量，如政府的行政绩效、政府人员的服务能力，这是影响民众感知的重要因素；二是民众自身的属性所带来的政府期望，如生活满意度和社会网络等因素所产生的期望。第二点是本文的研究内容，见图1。由于本文的研究对象是基层政府，无特别说明，研究结论中涉及的政府质量、政府信任、民主建设和治理绩效均指基层政府。

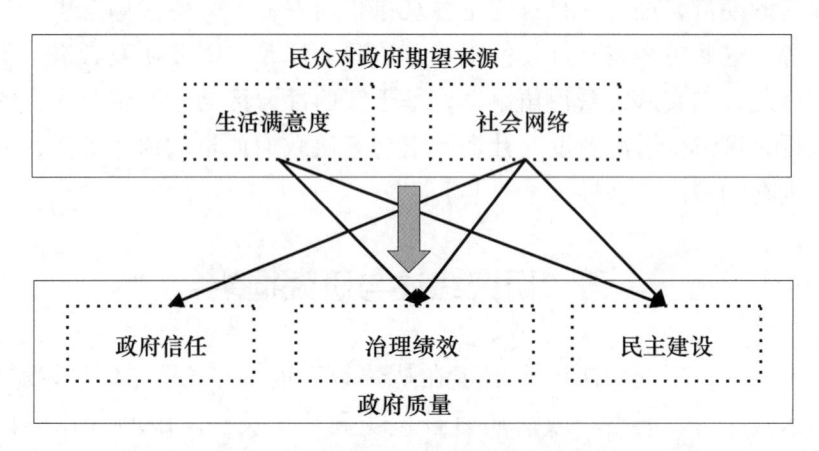

图 1　社会网络、生活满意度与民众基层政府感知分析框架

（一）政府质量概述与指标设计

政府质量是评价政府工作的主要内容，是一个多维度的综合性概念。世界银行研究中心的考夫曼将政府质量定义为"国家行使权威的传

---

① Ryzin Van and G. G. ,"Testing the Expectancy Disconfirmation Model of Citizen Satisfaction with Local Government." *Journal of Public Administration Research and Theory*, Vol. 16, No. 4, June 2006.
② 裴志军、陶思佳：《谁会给政府"差评"：社会资本和生活满意度对政府评价的影响——基于中国农村社会调查的数据研究》，《中国行政管理》2018 年第 1 期。

统制度，包括政府选择、监管和更替的过程；有效制定和执行政策的能力以及公民对国家控制经济社会事务制度的尊重"[1]。罗斯坦提出，政府质量应当是一个程序而非实质概念，限于公共政策执行时的公正性，包括公平行使公共权力和公正原则，即公平对待享有平等权利的公民、法治和行政效率[2]。范博宏（Joseph P. H. Fan，2011）等人将政府质量界定为"政府（官员）使其服务对象受益的程度，以及政府是否以合法并被社会接受的方式制定及执行决策"[3]。国内有学者认为政府质量涉及政府的价值取向，如差异化的合法性标准、民主化程度和公平体系，也关乎政府的公共管理模式，包括公共服务产品的供给、政府人力资源管理体系以及政府管理创新等，政府质量是政府的效率、效益和效果的综合表现[4]。本文借鉴上述内容，认为政府质量包括民众对政府合法性的认同、政府服务供给和政府公平体系建设。基于此，本文选择政府信任、治理绩效和民主建设三个方面的内容去表达政府质量。

其中政府信任是公民对政府行政体系评估的结果，是公众相信政府产生与自己期望相一致的体现[5]，具体表现为民众对政府机构、政府政策、运行结果的信心等。这是维系政府合法性的一把钥匙，也是政府质量的主要表现之一。政府信任体现为民众基于理性思考、实践感知、心理预期等对于政治制度、政府及政策、公职人员行为的信赖，是维护社会稳定发展的积极信念。基于此，研究设计公民对政府机构和人员的信任（Q1-1）、政府政策和文件的信任（Q1-2）、政府信息和报道的信任（Q1-3）3个指标3个问题评价民众的政府信任。民主建设是政府

---

[1] Kaufmann, Daniel, A. Kraay, and P. Zoido, "Governance Matters", *World Bank Policy Research Working Paper*, No. 2196, 1999.

[2] ［瑞典］博·罗斯坦：《政府质量：执政能力与腐败、社会信任和不平等》，蒋小虎译，新华出版社2012年版。

[3] Fan J. P. H., J. Wei, K. C. J., Xu, X. Corporate Finance and Governance in Emerging Markets: "A Selective Review and an Agenda for Future Research", *Journal of Corporate Finance*, Vol. 17, Issue 2, April 2011.

[4] 闵学勤：《政府质量评估的微观模型建构——基于全球58个国家数据的实证分析》，《社会科学研究》2013年第2期。

[5] Sirgy M J, Rahtz D, Cicic M. Underwood R. A., "A method for assessing residents' satisfaction with community-based services: A quality-of-life perspective", *Social Indication Research*, Vol. 49, March 2000.

的主要政治行为之一，也是政府公平体系建设的一部分，主要体现在民众对政府治理的参与。因此，研究通过民众参与治理体验来评价基层政府民主建设，将民众参与治理的能力（Q2-1）、机会（Q2-2）和效果（Q2-3））设计为3个指标3个问题来解释民众对政府民主建设的评价。政府绩效直接影响民众的公共服务获取和社会生活的舒适度，是民众评价政府的主要方面。基于此，我国学者从治理内涵、公共治理绩效、民主建设及政府职能等方面对政府治理能力进行评价与研究，涵盖社会经济发展、民主建设、法治建设、腐败控制等因素。基于此，研究从5个民众主要关注的问题，设计5个指标5个问题解释政府质量：经济发展（Q3-1）、政府绩效（Q3-2）、法治建设（Q3-3）、行政作风（Q3-4）和腐败控制（Q3-5）。

（二）生活满意度概述与指标设计

生活满意度是个人依照自己选择的标准对自己一定时期或大部分时间生活状况做出的总体性认知评估[1]，是个体对自己生活各方面的综合判断。根据生活满意度的主要来源，研究设计民众的生活现状（Q4-1）、工作现状（Q4-2）、工作收入（Q4-3）、家庭经济（Q4-4）、家庭生活（Q4-5）、社区（村庄）环境（Q4-6）等6个指标6个问题解释民众生活满意度。

民众对政府评价取决于政府能否明显改善民众生活状态[2]，提高民众的生活满意度和幸福感。对生活是否满意能够改变民众的行为倾向，从而影响其对事物的主观判断。赫利韦尔研究发现生活满意度与政府满意度存在明显线性关系[3]，民众如何评价该级政府在某种意义上是看政府工作到位与否，而政府各项工作最终的效益往往通过人们生活水平的

---

[1] 李保臣、李德江：《生活满意感、政府满意度与群体性事件的关系探讨》，《中南民族大学学报》（人文社会科学版）2013年第2期。
[2] Sirgy M J, Rahtz D, Cicic M. Underwood R. A：" A method for assessing residents' satisfaction with community-based services：A quality-of-life perspective"，*Social Indication Research*，Vol. 49，March 2000.
[3] Helliwell, John F. and H. Huang："How's Your Government? International Evidence Linking Good Government and Well-Being."*Social Science Electronic Publishing*，Vol. 38，April 2006.

提高和生活满意度来体现[1]。民众获得便捷和优质的公共服务，生活满意度高，幸福感强，就会对政府治理越认可，对政府也就会越信任，也更乐意参与到政府治理当中，政府质量就会提高；反之，民众未能获得令其满意的公共服务，生活诸多不顺，则可能对政府失去信心，政府质量就会变低。因此，研究作如下假设：

H1：民众生活满意度对基层政府信任有正面的影响

H2：民众生活满意度对基层政府治理绩效有正面的影响

H3：民众生活满意度对基层政府民主建设有正面的影响

（三）社会网络概述与指标设计

最早提出社会网络的是雅各布斯（Jacobs，1961），他在研究城市社区中将社会网络视为一种社会资本，是"邻里关系网络"；米切尔（Mitchell，1969）将社会网络称为关系，是一群特定人之间的所有正式与非正式的社会关系，包括人与人之间直接的社会关系以及通过物质环境和文化共享而结成的间接的社会关系[2]。布迪厄（Bourdieu，1986）将社会资本与社会网络联系起来，并将社会资本定义为由网络共同熟识或认可而形成的社会资源。紧接着科尔曼（Coleman，1990）首次正式提出了社会网络是社会资本的一种表现形式，社会网络具有获取信息的功用，在增加个人或集体利益方面具有举足轻重的影响力。普特南（Putnam，1993）将社会资本引入政治学，提出社会资本是由社会网络、规范和信任这三种要素构成。社会网络作为社会资本的一项重要内容，是人与人之间互动形成的相对稳定的关联体系，具有一般资本或资源的属性，网络的规模或大小也直接依赖于个人拥有的社会资源的数量[3]。基于此，社会网络可以理解为民众获取不同社会行为的资源，这种资源是以关系网络的形式存在，促进或制约着不同人群的社会活动。这种网络

---

[1] 裴志军、陶思佳：《谁会给政府"差评"：社会资本和生活满意度对政府评价的影响——基于中国农村社会调查的数据研究》，《中国行政管理》2018年第1期。

[2] 郭云南、张晋华、黄夏岚：《社会网络的概念、测度及其影响：一个文献综述》，《浙江社会科学》2015年第2期。

[3] 同上。

会在人群社会交往中体现，具体表现为社会交往中人际关系信任、社会活动感知等。人际关系信任可分为来自亲密人群（如家人 Q5-1、好朋友 Q5-2 等）的信任（亲密信任）和普遍人群（如陌生人 Q5-3、普通亲戚 Q5-4 等）的信任（普遍信任），社交活动感知可分为社交获得感和社交付出意愿等。社交获得感（社交获得）是指个人在社会活动中获得的支持，如遇到困难能获得支持和帮助（Q5-5），邻里之间互帮互助（Q5-6）；社交付出意愿（社交付出）是指个人对社交活动的社会活动付出愿意，如乐意帮助别人（Q5-7），经常参加聚会（Q5-8）和社会活动（Q5-9）等。基于此，研究设计普遍信任、亲密信任、社交付出和社交获得等 4 个指标 9 个问题来解释民众的社会网络。

从网络结构来看，社会网络可以视为个人、家庭、社会组织或者甚至是国家等社会行动者相互依存的网络，这种网络关系形塑了网络成员的生活世界。[①] 这些关系的特征如何，在很大程度上影响了社会行动者所能取得的社会地位，从而导致行动者选择采用何种社会行动、形成何种态度去影响这种社会关系的。[②] 在公共生活中，通过社会关系联结起来的参与网络被认为是政府与公众互动和合作的基础。[③] 如果个人的社会活动中能够来自社会网络的支持，对关系网络越信任，就更容易产生获得幸福感和满意度，对政府感知就越正面，就越能促进政府质量的提升；反之，如果个人因资源短缺或获取路径不通畅，造成各项意愿难以达成，就容易对政府感到不满，并给以负面评价，势必影响政府的效能，从而影响政府质量。因此，研究作出如下假设：

H4：社会网络对基层政府信任有正面的影响

H5：社会网络对基层政府治理绩效有正面的影响

H6：社会网络对基层政府民主建设有正面的影响

[①] 刘军：《社会网络分析导论》，社会科学文献出版社 2004 年版。
[②] 邹宇春、赵延东：《社会网络如何影响信任？——资源机制与交往机制》，《社会科学战线》2017 年第 5 期。
[③] 贾晋、李雪峰：《政府职能、居民评价与乡镇政府满意度——基于 10 省 1336 个样本的实证分析》，《公共行政评论》2017 年 10 月。

三 研究过程与数据结果

本研究所使用的数据全部来自 2017 年 7 月进行的"基层政府治理现状"调查。该调查数据主要通过网络在江西省内部分区县推送获得。本次调查共获有效问卷 903 份,其中男性占比 58.9%、女性占比 41.1%;20 岁及以下占比 15.3%、21—30 岁占比 41.9%、31—40 岁占比 22.8%,41—50 岁占比 17.5%、51 岁以上占比 2.5%;受访者中有过有宗教信仰的占比 14.7%、无宗教信仰的占比 85.3%;中国共产党党员占比 35.0%、民主党派占比 2.2%、普通群众占比 62.8%;农民占比 3.9%、教师占比 18.4%、事业单位人员占比 10.0%、企业、工厂及个体户老板占比 4.8%;政府干部及公职人员占比 11.7%、学生占比 28.4%、工人占比 8.3%、其他占比 4.6%;初中及以下占比 6.8%、高中及类似学历占比 7.1%、大专及类似学历占比 13.7%、本科占比 52.0%、硕士占比 20.4%。

问卷采用多变量测量方法测量生活满意度、基层政府的政府信任、民主建设和治理绩效等 5 个方面的内容。每个内容包括相应的指标问题,指标问题按四分计量,分别赋值 -2、-1、1、2。运用 SPSS24.0 对各个量表的结构效度和信度分析发现,按照特征值大于 1,所有因子载荷都大于 0.58,可以解释的方差均在 48.402% 以上,5 个因素层面具有良好的结构效度;Cronbach r 系数除民主建设评价变量为 0.682,属于可接受范围之外,均大于 0.75,信度较好,可用于进一步研究分析(见表 1)。

表 1　　　　　　　量表内容、结构效度和信度

测量内容	指标名称	问题	因子载荷	方差解释率	信度
政府信任	政府组织和人员	1-1 您对政府机构和人员信任吗?	0.924	83.142%	0.898
	政府信息和报道	1-2 您对政府政策和文件信任吗?	0.906		
	政策文件	1-3 您对政府信息和报道信任吗?	0.906		

续表

测量内容	指标名称	问题	因子载荷	方差解释率	信度
民主建设	参与机会	2-1 您经常参与社区治理讨论吗？	0.682	61.481%	0.682
	参与意愿	2-2 您有必要参与区重大事件的治理吗？	0.843		
	参与效果	2-3 您觉得参与社区治理讨论有效果吗？	0.817		
治理绩效	经济发展	3-1 您对所管辖政府的经济发展满意吗？	0.679	66.019%	0.870
	政府绩效	3-2 您对所管辖政府的政府绩效满意吗？	0.871		
	法治建设	3-3 您对所管辖政府的法治建设满意吗？	0.853		
	行政作风	3-4 您对所管辖政府的行政作风满意吗？	0.863		
	腐败控制	3-5 您对所管辖政府的腐败控制满意吗？	0.779		
生活满意度	生活现状	4-1 您对您的生活现状满意吗？	0.808	53.473%	0.802
	工作现状	4-2 您对您的工作现状满意吗？	0.807		
	工作收入	4-3 您对您的工作收入满意吗？	0.773		
	家庭经济	4-4 您对您的家庭经济满意吗？	0.749		
	家庭生活	4-5 您对您的家庭生活满意吗？	0.675		
	社区（村庄）生活环境	4-6 您对您的社区（村庄）生活环境满意吗？	0.537		

续表

测量内容	指标名称	问题	因子载荷	方差解释率	信度
社会网络	亲密信任	5-1 请评价您对家人的信任程度	0.679	57.330%	0.803
		5-2 请评价您对好朋友的信任程度			
	普遍信任	5-3 请评价您对亲戚的信任程度	0.764		
		5-4 请评价您对陌生人的信任程度			
	社交获得	5-5 请评价遇到问题，获得他人帮助的频率	0.775		
		5-6 请评价邻里之间经常互帮互助的频率			
	社交付出	5-7 请评价您参加朋友、同学聚会的频率	0.804		
		5-8 请评价您帮助他人的意愿			
		5-9 请评价您参加一些社会组织的频率			

（一）生活满意度、社会网络与政府质量模型验证

基于前文假设，研究构建一个生活满意度、社会网络与政府质量模型。该模型包括 5 个潜在变量的关系："社会网络""生活满意度""政府信任"、"治理绩效"和"民主建设"。其中"政府信任""治理绩效"和"民主建设"为内源潜在变量，"社会网络""生活满意度"为外源潜在变量。分别对各潜在变量的观测变量进行设定，构建 5 个观测模型。将 5 个观测模型结合，构成了初始结构方程模型（SEM）。研究利用调查所获取样本数据，运用 SPSS24.0 和 AMOS24.0 软件对假设模型与观察数据间的适配程度的检验，来判断模型是否可以得到支持。根据模型输出结果，经过修正形成了新的结构方程模型（见下图2）。新模型的主要拟合指标统计量除 X2 和 RMR 值之外①，其余指标均达到可接受标准（见表2），说明修订后的模型与样本数据匹配度优良，研究可以依据此模型设定路径进行分析。

表2　　　　　模型整体适配度指标统计量摘要表（N = 903）

检验统计量	拟合指标	参考值	检验结果数据	模型适配判断
绝对适配指数	X2 值	p〉0.05	638.933 (P = 0.000)	参考指标
	RMR 值	〈0.05	0.055	否
	RMSEA	〈0.08	0.068	是
	GFI	〉0.90	0.934	是
	AGFI	〉0.90	0.911	是
增值适配度指数	NFI	〉0.90	0.933	是
	RFI	〉0.90	0.916	是
	IFI	〉0.90	0.949	是
	TLI	〉0.90	0.937	是
	CFI	〉0.90	0.948	是
简约适配度指数	PGFI	〉0.50	0.695	是
	PNFI	〉0.50	0.762	是
	PCFI	〉0.50	0.777	是
	CN	〉200	296	是
	X^2 自由度比	〈5	3.585	否

根据回归系数估计结果（见表3），社会网络对政府质量3个方面的内容均通过0.01水平的显著性检验，且回归系数均为正数，说明社会网络对政府质量3个方面均有显著正影响，假设 H4、H5、H6 得到验

---

① 参考吴明隆《结构方程模型：AMOS 的操作与应用》（第2版），重庆大学出版社2010年版，因为样本数量大于500，所以 X^2 可以只作为参考；尽管 RMR 值〉0.05，但因为 RMSEA 值〈0.08 和其余值达到标准，表示模型可以接受。

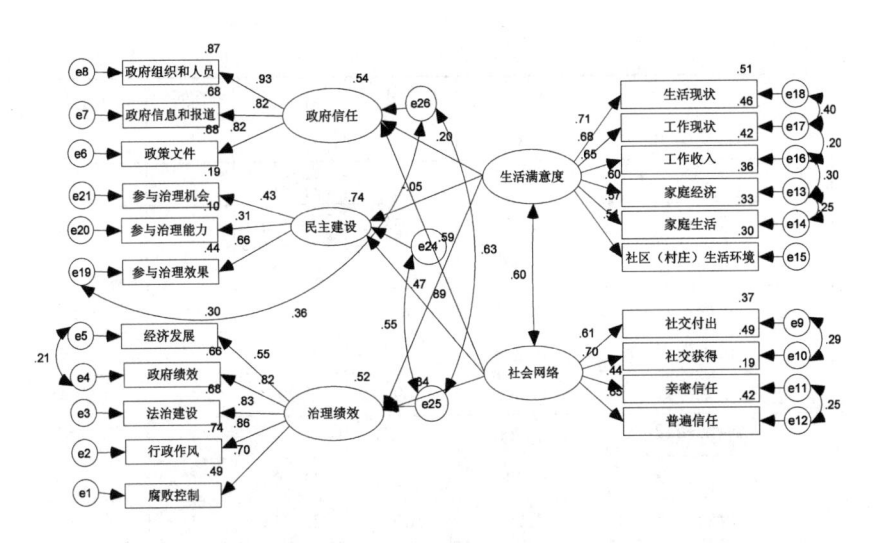

图2 生活满意度、社会网络与政府质量修正后的结构方程模型

证；生活满意度对政府信任和治理绩效通过了0.01水平的显著性检验，且回归系数均为正数，说明生活满意度对政治质量中的政府信任和治理绩效有显著正影响，假设H1、H2得到验证；生活满意度对民主建设没有通过显著性检验，说明生活满意度对民主建设没有显著影响，H3没有通过显著性检验。

表3　　　　　　　　回归系数估计结果（N=903）

		路径系数	标准误	临界值	P值	标准化路径系数
生活满意度	→家庭经济	1.000				.596
	→家庭生活	.862	.057	15.017	***	.573
	→社区（村庄）生活环境	.919	.074	12.467	***	.545
	→工作收入	1.115	.066	16.839	***	.651
	→工作现状	1.100	.078	14.018	***	.682
	→生活现状	1.122	.077	14.542	***	.712
	→政府信任	.275	.067	4.101	***	.204
	→民主建设	-.057	.080	-.712	.476	-.052
	→治理绩效	.550	.066	8.346	***	.466

续表

		路径系数	标准误	临界值	P值	标准化路径系数
社会网络	→社交付出	1.000				.609
	→社交获得	1.191	.067	17.870	***	.699
	→亲密信任	.586	.058	10.134	***	.437
	→普遍信任	.988	.072	13.653	***	.651
	→政府信任	1.156	.119	9.677	***	.593
	→民主建设	1.424	.147	9.659	***	.890
	→质量绩效	.582	.092	6.291	***	.341
治理绩效	→腐败控制	1.000				.702
	→法治建设	1.240	.054	22.995	***	.826
	→政府绩效	1.208	.053	22.714	***	.815
	→经济发展	.791	.051	15.451	***	.550
	→行政作风	1.308	.055	23.841	***	.860
政府信任	→政策文件	1.000				.824
	→政府组织和人员	.943	.032	29.214	***	.824
	→政府信息和报道	1.060	.031	34.337	***	.930
民主建设评价	→参与治理效果	1.000				.665
	→参与治理能力	.516	.067	7.728	***	.311
	→参与治理机会	.436	.042	10.305	***	.431

从相关系数的估计结果来看（见表4），"生活满意度"和"社会网络"两两相关，通过了0.001水平的显著性检验，e4和e5、e9和e10、e11和e12、e13和e14、e13和e16、e16和e17、e17和e18、e19和e26、e25和e26也存在两两相关，说明民众的生活满意度与社会网络密切相关。根据模型潜在变量的总效应分析输出显示（见表5），这四个变量中，生活满意度会显著影响政府质量中的治理绩效和政府信任，且对治理绩效的影响大于政府信任；对民主建设评价的效应较弱，且为负，表明民众的生活满意度与对民主建设评价存在微弱的负相关。社会网络对政府质量的三个方面均有显著影响，其中对民主建设影响最大，其次是政府信任，最小的是治理绩效。

表4　　　　　　　　　　　相关系数估计结果

			相关系数	标准误	临界值	P值	标准化路径系数
生活满意度	<—>	社会网络	.224	.024	9.256	***	0.599
e25	<—>	e26	.253	.025	10.116	***	0.627
e24	<—>	e25	.137	.024	5.776	***	0.551
e13	<—>	e14	.221	.034	6.438	***	0.246
e17	<—>	e18	.281	.036	7.792	***	0.398
e16	<—>	e17	.164	.030	5.502	***	0.197
e4	<—>	e5	.163	.031	5.257	***	0.210
e9	<—>	e10	.119	.021	5.668	***	0.290
e11	<—>	e12	.091	.015	6.025	***	0.253
e19	<—>	e26	.223	.030	7.303	***	0.361
e13	<—>	e16	.284	.038	7.510	***	0.300

表5　　　　　　　　模型潜在变量间的总效应分解报表

原因变量	结果变量	标准化直接效应	间接效应	标准化总效应
生活满意度	政府信任	0.204	—	0.204
	治理绩效	0.466	—	0.466
	民主建设	-0.052	—	-0.052
社会网络	政府信任	0.593	—	0.593
	治理绩效	0.341	—	0.341
	民主建设	0.890	—	0.890

（二）基层政府感知的多元线性回归分析

为了得到更为细致的结果，研究以结构方程模型检验结果为基础，进行多元线性回归。利用最小二乘法估计，分别以政府信任、治理绩效和民主建设[①]为因变量，生活满意度和社会网络所涉及的10个指标为自变量逐步构建多元线性回归模型，获得政府信任模型、民主建设模型和

---

① 这3个因变量值由各个因变量观测值相加平均而得。

治理绩效模型。从回归模型摘要（见表6）来看，3个模型P值均为0.000，整体检验显著，至少有一个因变量具有统计学意义，表明回归方程是显著的；D-W检验统计均接近2，说明各模型残差独立；VIF值最大值均小于3，说明各模型不存在共线性。

表6　　　　　　　　多元线性逐步回归最终模型摘要表

	R^2	F值	P值	D-W检验	最大VIF值
政府信任模型	0.362	87.693	0.000	1.871	1.534
民主建设模型	0.273	229.386	0.000	1.871	1.743
治理绩效模型	0.460	108.791	0.000	2.004	2.249

表7　　　　　　　　回归系数的显著性检验

自变量	治理绩效模型标准化系数	政府信任模型标准化系数	民主建设模型标准化系数
（常量）	-9.671***	-0.235***	0.370***
生活现状	0.091***	—	—
工作现状	0.089***	0.125***	—
工作收入	0.056**	—	—
家庭经济	0.084***	—	—
家庭生活	—	0.075**	—
社区（村庄）生活环境	0.271***	0.175***	0.083***
社交付出	—	—	0.258***
社交获得	0.167***	0.245***	0.163***
亲密信任	—	0.119**	—
普遍信任	0.242***	0.290***	0.117***

注：*、**、***分别表示在0.1、0.05、0.01上显著，"—"表示逐步线性回归中的排除变量。

根据回归结果可以看出（见表7），10个指标中，显著影响治理绩效的有7个，根据影响因子系数由大到小的排列为："社区（村庄）生活环境">"普遍信任">"社交获得">"工作现状">"生活现状">"家庭经济">"工作收入";显著影响政府信任的有6个,根据影响因子系数由大到小的排列为:"普遍信任">"社区(村庄)生活环境">"社交获得">"工作现状">"家庭生活">"亲密信任";显著影响基层政府民主建设的有4个,根据影响因子系数由大到小的排列为:"社交付出">"社交获得">"普遍信任">"社区(村庄)生活环境"。

对线性回归分析结果可以做出如下推论:

1. 生活满意度的6个指标中,除家庭生活外,其他因素均会显著影响基层政府治理绩效,说明民众对将生活的获得感与基层政府治理潜意识地进行关联;民众的工作现状、家庭生活和社区(村庄)生活环境的感受会显著影响政府信任,这说明基层政府获取政府信任的重点还是在民生问题,改善民众赖以生存的工作、家庭、社区环境等,提升民众的生活的获得感;除社区(村庄)生活环境之外,其他因素均不显著影响民主建设,这表明现阶段民众的工作、家庭、生活等现状并不会激发民众参与基层政府治理的热情,也不会影响基层政府的民主建设;民众所在的基层生活环境如所在的社区或村庄的生活环境显著影响民主建设,这说明民众对基层环境的态度会显著影响基层政府的民主建设,基层政府的民主建设需更重视基层民众民主生活环境的建设。

2. 社会网络的4个指标中,只有普遍信任和社交获得会显著影响治理绩效,这说明民众会倾向将陌生人或一般熟人之间的信任、社交中能否获得支持与政府治理链接在一起,而不会将家人和好朋友之间的信任、个人的社交付出意愿与政府治理链接在一起;普遍信任、亲密信任和社交获得会显著影响政府信任,说明民众在社会活动中获取的不论来自何人群的信任感和活动获得感会显著影响政府信任;社交获得、社交付出和普遍信任会显著影响民主建设,这说明民众在社会活动中的体验以及对普遍人群的信任会显著影响民主建设。普遍信任和社交获得显著影响政府质量的各个方面,这说明民众认为社会活动中形成人与人之间的信任和社交获得感是衡量政府质量的重要标志,在基层政府建设中需关注基层社会信任机制建设和民众生活的获得感。

四 研究结论与展望

上述数据分析表明，民众的社会网络会对政府质量3个方面具有显著正效应，生活满意度对政府质量和政府信任具有显著正效应，对民主建设影响不太显著；社会网络和生活满意度不同方面对政府质量影响不尽相同。从获取的研究结论来看，可以总结三个观点：

1. 基层政府质量的提升要注重居民所在村庄或社区等基层社会环境建设

基层社会环境是民众获取公共生活的基本环境，也是居民与政府产生链接的场所，会显著影响民众对政府的感知。基层政府治理要关注草根阶层的需要和发展，在解决人居生活环境突出问题的同时，为居民提供便利的公共设施和服务。基层政府注重社区生活改善，大力推进人文环境建设，满足人民日益增长的美好生活需要。为进一步推进地方民主生活，促进民众对地方政府治理的参与工作，基层政府要鼓励居民参加各种各样的社团或社交活动，增加居民的社交网络链接，促进民众对普遍人群的信任，从而推动居民参与地方民主生活，增加政府与民众的联系，维护地方的和谐稳定。

2. 基层政府质量的提升有赖于社会信任的提高

普遍人群的信任，是民众对陌生人和社会信任的一种体现，是民众相信社会能够按照既定的规则运行的一种表示，是良好社会运行的一种反映。研究结果显示，普遍人群的信任对民众对政府质量有显著影响，其对政府信任影响最高，对政府质量评价和政府治理参与影响分别为第二和第三。民众对普遍人群的信任越高，对政府评价越趋于正面。这是由于人与人之间的信任增加，人对社会的信任就增加，对所处的环境就会产生认同。促进社会良好秩序的运行是政府的基本职能之一。民众对社会越认同，对政府就会越满意。因此，基层政府治理要注重社会文化建设，提供居民对社会的认同，形成普遍的良好的社会心理契约，促进普遍人群的信任，这对维护基层社会稳定，促进地方的繁荣发展具有重大意义。

3. 基层政府质量的提升要注重民众民生环境的改善

就业是民生之本。研究结果显示，在居民生活满意度的各个指标中，除所在社区环境之外，工作现状最能影响政府治理。就业环境的改善是促进社会和谐、维护社会稳定的基础工作。基层政府要整合各类资源，做好地方发展规划，尽可能为民众提高就业机会的同时，也要注重就业环境的改善，保障居民有序和体面就业，推动地方和谐健康发展。

从理论上看，本研究在已有研究的基础上，从基层政府治理绩效、民主建设评价和政府信任等三个方面考察政府质量。主要关注生活满意度和社会网络与政府质量的关系，并提出要注重居民所在村庄或社区等基层社会环境建设、注重促进普遍人群的信任和就业环境的改善的建议。但对居民所在基层环境、社会信任、社会付出、社会获得以及工作现状等因素研究没有进行维度细化，也没有围绕调查者个体属性，如性别、职业等进行探讨，未来的研究可在此基础上，进一步探讨引发影响民众的生活满意度和社会网络作用于政府质量的具体因素以及这些因素通过怎样的途径和方式作用于政府质量。

参考文献

罗家德、秦朗、方震平：《社会资本对村民政府满意度的影响——基于2012年汶川震后调查数据的分析》，《现代财经—天津财经大学学报》2014年第6期。

徐家良：《政府评价论》，中国社会科学出版社2006年版。

Ryzin Van and G. G., "Testing the Expectancy Disconfirmation Model of Citizen Satisfaction with Local Government." *Journal of Public Administration Research and Theory*, Vol. 16, No. 4, June 2006.

裴志军、陶思佳：《谁会给政府"差评"：社会资本和生活满意度对政府评价的影响——基于中国农村社会调查的数据研究》，《中国行政管理》2018年第1期。

Kaufmann, Daniel, A. Kraay, and P. Zoido: "Governance Matters", *World Bank Policy Research Working Paper*, No. 2196, 1999.

［瑞典］博·罗斯坦：《政府质量：执政能力与腐败、社会信任和不平等》，蒋小虎译，新华出版社2012年版。

Fan J. P. H., J. Wei, K. C. J., Xu, X. Corporate Finance and Governance in Emerging Markets: "A Selective Review and an Agenda for Future Research", *Journal of Corporate Finance*, Vol. 17, Issue 2, April 2011.

闵学勤：《政府质量评估的微观模型建构—基于全球58个国家数据的实证分析》，《社会科学研究》2013年第2期。

Sirgy M J, Rahtz D, Cicic M. Underwood R. A., "A method for assessing residents' satisfaction with community-based services: A quality-of-life perspective" *Social Indication Research*, Vol. 49, March 2000.

李保臣、李德江：《生活满意感、政府满意度与群体性事件的关系探讨》，《中南民族大学学报（人文社会科学版）》2013年第2期。

Sirgy M J, Rahtz D, Cicic M. Underwood R. A., "A method for assessing residents' satisfaction with community-based services: A quality-of-life perspective" *Social Indication Research*, Vol. 49, March 2000.

Helliwell, John F. and H. Huang, "How's Your Government? International Evidence Linking Good Government and Well-Being." *Social Science Electronic Publishing*, Vol. 38, April 2006.

郭云南、张晋华、黄夏岚：《社会网络的概念、测度及其影响：一个文献综述》，《浙江社会科学》2015年第2期。

刘军：《社会网络分析导论》，社会科学文献出版社2004年版。

邹宇春、赵延东：《社会网络如何影响信任？——资源机制与交往机制》，《社会科学战线》2017年第5期。

贾晋、李雪峰：《政府职能、居民评价与乡镇政府满意度——基于10省1336个样本的实证分析》，《公共行政评论》2017年10月。

参考吴明隆《结构方程模型：AMOS的操作与应用》（第2版），重庆大学出版社2010年版。因为样本数量大于500，所以X^2可以只作为参考；尽管RMR值>0.05，但因为RMSEA值<0.08和其余值达到标准，表示模型可以接受。

这3个因变量值由各个因变量观测值相加平均而得。

基层公众参与政策执行的机制研究

——基于 Y 地搬迁避让事件的分析[*]

龚宏龄[**]

(重庆大学公共管理学院)

摘 要 当前,社会矛盾和冲突日渐呈现公共政策趋向。研究表明,公众参与机制不完善,是引发甚至激化诸多矛盾冲突事件的重要原因。对于基层公众而言,参与失灵,使其在公共决策的利益博弈中处于"虚拟"状态,为实现自身利益,他们将诉求表达空间推延至政策执行阶段。分析显示,基层公众常常通过一系列机制参与并影响政策执行过程,但是,这些公众参与政策执行又存在着多维困境,这就导致其参与行为呈现"制度化—非制度化"这样一个不断附加能量和演变转化的特征。本文针对这一现象展开讨论,在对相关问题分析的基础上指出,应该从多元角度,不断完善基层公众参与政策执行机制,促进利益诉求的合理表达,协调各方利益关系,进而提升政策执行效能。

关键词 政策执行 基层公众 参与机制 协商对话

随着经济体制、思想观念和政治结构的变化,社会问题和利益矛盾

---

[*] 本文为国家社科基金青年项目"公众参与环境治理的机制创新及路径选择研究"(17CZZ030)阶段性成果。
[**] 作者系重庆大学公共管理学院副教授,公共经济与公共政策研究中心研究员。

逐渐呈现"群体性、相似性、同源性和同质性"特征，并"从单向社会问题逐步发展成为特定政策问题，从而形成了与政府公共政策的高度相关性"。[①] 社会矛盾的这种公共政策趋向，使得从政策层面加强和创新社会管理，成为新时期治理社会矛盾冲突的重要思路之一。对此，党的十八大报告提出要"充分发挥群众参与社会管理的基础作用"，十八届三中全会提出"丰富民主形式，从各层次各领域扩大公民有序政治参与……在党的领导下，以经济社会发展重大问题和涉及群众切身利益的实际问题为内容，在全社会开展广泛协商，坚持协商于决策之前和决策实施之中"[②]，习近平总书记进一步指出："实现民主的形式是丰富多样的，……人民是否享有民主权利，要看人民是否在选举时有投票的权利，也要看人民在日常政治生活中是否有持续参与的权利……社会主义民主不仅需要完整的制度程序，而且需要完整的参与实践"[③]，因此要"加强协商民主制度建设，形成完整的制度程序和参与实践，保证人民在日常政治生活中有广泛持续深入参与的权利"[④]。

在各种政治参与活动中，政策参与具有重要甚至核心功能，而政策执行作为实现公共政策意图、落实公共政策内容的关键性阶段，则是公众参与的重要环节。

一 政策执行过程特征与基层公众政策参与

公共政策的公共性，内在地规定着政策过程须体现公共利益和公众意志，这必然要求公众有序参与公共政策过程，合理表达其利益诉求，通过各方主体的协商对话和利益博弈，实现公共政策的社会公正属性。

[①] 王浦劬、龚宏龄：《行政信访的公共政策功能分析》，《政治学研究》2012年第2期。
[②] 《中共中央关于全面深化改革若干重大问题的决定》，人民出版社2013年版。
[③] 《习近平在庆祝中国人民政治协商会议成立65周年大会上的讲话》，《人民日报》2014年9月21日。
[④] 《决胜全面建成小康社会 夺取新时代中国特色社会主义伟大胜利——在中国共产党第十九次全国代表大会上的报告》，《人民日报》2017年10月28日。

传统的政策研究认为，公众参与是"平民试图影响政府决策的活动"[①]，"公民只对政策制定施加影响而不介入行政过程即政策执行活动；行政管理者自然也无需关注对公民需求的回应"。[②] 然而，新公共行政理论认为，为确保政策的公共性取向，公众参与"不应该仅仅被限定在政策制定或决策上，更应该强调公民对政策执行的参与"。[③]

新公共行政理论就此论证指出，公众参与政策执行过程之所以对于公共政策的公共性具有保障意义，主要是因为，不同社会主体因话语表达、资源禀赋、参与技能等差异，在公共政策制定过程中影响悬殊，由此导致决策阶段的各方利益分配失衡，为有序合法维护和实现自身利益，相关主体需要政治空间和渠道来表达自己的诉求，达成利益平衡。在政治意义上，所谓利益平衡，实是公共政策之公共性的典型体现。

另一方面，政策执行过程不仅直接关乎政策目标的实现，而且具有一些独特属性，能使相关主体获得进一步利益表达和政策参与的政治空间和渠道。这种独特属性主要体现在：

1. 政策执行与公众之间存在直接而显性的利益关联。在理论意义上，人们常常把公共决策视为社会价值的权威性分配，而在实际政治过程中，这种价值分配能否顺利落实，则最终取决于实际政策执行情况。"如果说在政策制定中，公众和政策之间的利益关系还具有很大不确定性和间接性，更多是一种隐性模糊关系，而在政策执行过程中，公民个人利益与政策之间就变成了一种显性的清晰关系。"[④] 这种直接而显性的关联性，使得公众具有相对公共决策过程更为强烈的参与动力。而且，在政策执行过程中，公众与执行者之间往往有着直接而密切的接触，因而公众参与政策执行的意图更容易转化为实际行动。

[①] [美] 塞缪尔·亨廷顿、琼·纳尔逊：《难以抉择——发展中国家的政治参与》，汪晓寿、吴志华、项继权译，华夏出版社1989年版，第5页。
[②] 王雁红：《公共政策制定中的公民参与——基于杭州开放式政府决策的经验研究》，《公共管理学报》2011年第3期。
[③] 辛方坤、孙荣：《环境治理中的公众参与——授权合作的"嘉兴模式"研究》，《上海行政学院学报》2016年第4期。
[④] 蒋俊明：《利益协调视域下公众参与型公共政策机制建构》，《政治学研究》2013年第2期。

2. 政策执行与政府决策紧密关联。虽然人们常常在学术研究时将政府决策和政策执行加以区分，但是，"这种理论的区分，绝不意味着在实际政策过程中，政策制定和政策执行是截然分开"。[1] 事实上，在公共政策过程中，"已经做出决定的政策往往具有极大的模糊性，需要在执行过程中不断地明晰和调整"[2]；而且，随着时间的推移、政策执行的深化以及政策环境的变化，一些新情况和新问题会逐渐凸显出来，并带来一些始料未及的影响，需要不断修正和调整原定的政策执行方案甚至政策本身。这种可建构性、开放性和动态性，使政策执行与政策制定在逻辑上常常相互融合、相互交织，由此构成一个统一的过程。这就意味着，政策执行过程，实际上是公共政策的持续再制定和再决策过程，从而使得政策在执行中被不断建构，在建构中被反复执行，而"那些寻求将政策付诸实施的人和那些采取行动需要依靠的人之间的互动和谈判过程，随着时间的推移，一直在进行着"。[3]

3. 政策执行是执行体系与周围环境因素不断互动的过程。公共政策本身就是"政府机构和它周围环境之间的关系"[4]，因此，任何社会的政策执行都必然在一定的环境下运行，受环境因素的影响。这些环境因素包括政治、经济、文化、社会心理以及国际环境等。它们渗透在政策执行的各个环节，与政策执行所涉参量紧密交融，并不断与之进行物质与能量的交换、要求和支持、输入与输出的转换。这种交换和转换的过程，为公众通过影响环境因素来参与政策执行创造了可资利用的机会与渠道。

4. 政策执行行为具有一定的自由裁量空间。在实际政治运行中，政策执行对社会价值权威性分配的贯彻落实，常常需要通过一系列持续的过程来实现，而"过程"一词，"可理解为在统治主体的管辖权内所有

---

[1] ［英］米切尔·黑尧：《现代国家的政策过程》，赵成根主编，中国青年出版社 2004 年版，第 118 页。
[2] 陈玲：《制度、精英与共识：寻求中国政策过程的解释框架》，清华大学出版社 2011 年版，第 112 页。
[3] S. Barret and Fudge (eds), *Policy and Action*, London: Methuen, 1981, p. 25.
[4] R. Eyestone, *The Thrends of Public Policy: A Study in Policy Leadership*, Indianapolis: Bobbs-Merril, 1971, p. 18.

行动、事件和决策的结合体"。[①] 这意味着，政策执行不是一个简单的照章办事的过程，而是不同层次执行者根据政策原则和具体情况不断选择和调适其行为的过程。这就给政策执行者预留了一定的自由裁量空间，使其能够因地、因时制宜，妥善处理各种实际问题，灵活应对和平衡政策执行过程中的各种利益关系。同时，从公共政策出台到面向公众的最终执行，中间存在一定的层级距离，而一些重大公共政策往往需要不同部门之间协同执行，这又使得政策执行者获得了一定的选择性执行空间。

政策执行与公众利益的显性关系为公众参与政策执行过程提供了动力基础，政策执行的再决策属性、与周围环境的互动关系以及执行过程的自由裁量特征，为政策制定阶段未竟的各方利益互动与博弈提供了进一步互动和谈判的有效空间，也使得公众参与成为避免政策执行发生公共性偏差的校正举措。换言之，在公共政策通过执行环节切实影响公众利益的同时，公众也在不断表达诉求和利益博弈而影响公共政策，就此而言，政策执行过程，实际上是执行方与公众之间不断调适与互动的过程。经验也表明，政策执行不仅受正式制度、非正式制度以及政策本身质量的影响，还受主体行为因素的影响，其中，"作为政策执行活动的参与者之一，政策目标群体对政策顺从、接受的程度对于政策能否有效地执行具有决定性的影响"[②]，这种影响往往通过其参与政策执行的具体行为活动来实现。

那么，在实践中，这种参与行为以及相互之间的调适互动是如何实现并影响政策执行的呢？再者，作为参与主体的"公众"本身是一个集合性概念，在形态上，它既可能是普通公民形式的基层公众，也可能是基于共同的问题意识、利益基础和心理共识形成的社会群体甚至组织化团体。那么，作为普通主体的基层公众在参与政策执行的具体行为上又有何特征呢？对此，已有的文献主要聚焦于政策制定环节的公众参与，而关于公众参与政策执行的研究，则相对缺乏。在国内，既有研究主要

---

① ［美］保罗·A. 萨巴蒂尔：《政策过程理论》，钟开斌等译，生活·读书·新知三联书店2004年版，第313页。
② 丁煌：《政策执行阻滞机制及其防治对策》，人民出版社2002年版，第100页。

从理论上阐发公众参与政策执行的意义、困境和途径（叶大风，2006；宁国良，陆小成，2003；韦春艳，王琳，2009 等）、政策执行中公众参与的非制度化因素（胡宁生，1999）等问题，而关于公众尤其基层主体参与政策执行的实证研究，以及这些主体如何通过政策参与来影响政策执行效能的问题，亦相对缺乏。有鉴于此，文章将从实证角度，对政策执行过程中的基层公众参与机制进行探讨。

为了透彻分析和阐明本项研究的主题，笔者以 Y 地搬迁避让事件为典型案例，以公众行为作为分析视角，通过分析事件发生和发展过程中相关公众的行为，来探讨在政策执行过程中基层公众参与的主要机制以及存在的多维困境，并在此基础上，进一步探寻优化公众参与政策执行机制的路径，提升公共政策的执行效能。

二 政策执行过程中基层公众参与机制案例分析

Y 地是我国西部山地小镇，距县城约二十公里，内有江河、国道、铁路和高速公路贯穿，水陆交通相当便利。但是，该地也是地质灾害易发区域，所处危岩带包括 11 处特大型危岩体，危岩滑坡涉及面广，直接危及该区域内 7000 多人的生命财产安全。对此，各级政府先后展开数次地质勘察并组织专家评审论证，于 2012 年制定了"危岩采取搬迁避让、监测预警"和"滑坡采取搬迁避让、系统排水工程和监测预警"的防治方案，并于当年着手准备并逐步实施，将该区域内居民整体搬迁至几十里地之外的邻镇集中安置。

该方案涉及的直接利益相关者包括当地常住村民、区域内生态移民、个体工商户、有门面房的居民以及有房无户或有户无房的居民、同属该区域内电站淹没区和地质灾害区的住户。虽然该方案对上述利益主体具有不同的公共政策效应，但存在一个共同的特点，即该方案的实施对于这些居民具有直接而深刻的利益影响，比如：对于常住村民而言，这里有赖以生存的土地和房屋，是上下几代人的安身立命之所，举家搬迁必然使其在物质水平、生活习性以及精神心理上都遭受巨大冲击；在 Y 地搬迁避让之前，该地曾推行生态移民工程，并于 2009 年开始修建生态移民家园，2011年完工，对于这部分移民来说，多数家庭已穷尽积蓄，新的搬迁避让政策无异于雪上加霜；而该区域内的个体工商户、有门面房的居民以及有房无户或有户无房的居民，在既定的搬迁避让政策下，既无法享受搬迁人口补助，也不具备在新址建房的资格；还有一部分住户既属于险区搬迁户又符合电站淹没区搬迁条件，但两种搬迁所享受的补助待遇差异显著。

在该方案执行过程中，这些公共政策效应引发的利益诉求差异化显著的主体本身，也具有一些共同的特点，调查显示，这些共同特点使得Y地搬迁避让中涉及的上述民众具有基层公众的典型特征，具体而言：

1. 在人员构成上，此次搬迁避让事件所涉及的民众大多是长期生活在此的住户，或者虽然外出打工但安家在此的居民，虽然涉及人数众多，但呈现出"老龄化"和"空心化"特征。在我国基层社会尤其农村地区，"青壮年外出谋生、妇孺老弱留守家中"的生计模式，使得大部分有较高能力和文化素质的乡村精英外出发展。对于Y地的调研结果显示，即便年关将至，但受访人群依然绝大部分是中老年人，青年只占到一成左右，而在这些青年中，又有39.5%的常年进城务工。[①]

2. 在资源禀赋上，这些民众既缺乏足以影响政策执行的物质基础、组织动员、领导技巧和专业组织资源，也缺乏参与政策执行过程、影响政策执行主体的社会网络，他们当中虽不乏关心时政大事者，但从整体来看，对具体政策的主动关注程度非常低。在基层社会，公告栏是政策信息的重要发布阵地，也是基层公众获取政策信息的重要渠道，但是，对Y地居民的调查显示，在受访者中，47.2%的人不清楚当地是否设置了公告栏，91%的人不清楚公告栏的更新频率，83.3%的人几乎从来不看公告栏。[②]

3. 在政策过程中，这些民众往往处于政策链条末梢和边缘，是政策的被动接受者。在Y地搬迁避让事件中，主要体现为民众在搬迁政策制定过程中几近缺位。在调查走访中，绝大部分受访者表示，自己是在搬

---

① 龚宏龄：《农村政策纵向扩散中的"悬浮"问题研究——基于C市宅基地退出政策传播效果的探讨》，《西北农林科技大学学报》（社会科学版）2017年第2期。
② 数据来源于对Y地住户的调查统计，2016年1月11—14日。

迁政策出台之后才被告知相关事宜，少有的几位知情者则是通过在当地公共部门任职的亲友事先得知此事。①

Y地搬迁避让方案的实施与上述民众之间存在直接而显性的利益关联，从而驱动民众采取各种方式参与政策执行过程，以促进实现其利益要求；与此同时，上述民众虽然在利益诉求上呈现出一定的差异性，但同时也具有基层公众的典型特征，这使得，当搬迁政策正式出台并付诸实施时，他们试图通过一系列契合自身特点的参与机制，来表达意见诉求对执行方施加影响，以争取促进政策调整或获得尽可能多的利益补偿。对于Y地搬迁避让典型案例的实证分析显示，这些基层公众参与政策执行的主要机制是：

1. 通过人际传播扩散政策信息影响公众对政策执行的认同

公众对公共政策的理解与认同，是政策有效执行的前提和基础。然而，政策制定者与基层公众位于治理的两极，政策信息从出台到被获悉，需要借助一定的传播活动来实现。就目前的实际状况来看，我国的政策信息主要通过组织模式（村干部、基层宣传部门、大学生村官等）、大众模式（电视、广播、电话、网络、图书等）和人际模式（亲友邻里、回乡大学生、打工青年等）予以传播扩散。不过，在不同的政策情景和社会环境下，三者在发挥政策传播和信息扩散的功能方面，存在着较大差异。

对Y地393位居民的调查表明，按重要程度排序，当地民众获取搬迁避让政策信息的渠道排列在前三位的依次是：亲友邻里（29.6%）＞村干部（28.6%）＞电视（8.5%）②。调查同时显示，对于当地居民而言，以亲友邻里等为主体的"口耳相传式"的人际传播，在实现政策信息向周围人群的扩散中同样扮演着非常重要的角色，多数居民在通过上述渠道得知搬迁的相关信息后，会在亲戚、朋友和邻里之间相互议论探讨，从而加深了人们对政策信息的了解，促进了政策信息在基层公众之间的传递、流动和共享，进而影响到人们对政策的认同度以及政策执行

---

① 资料来源于访谈记录《Y地搬迁避让调查笔录》，2016年1月11—14日。
② 数据来源于对Y地住户的调查统计，2016年1月11—14日。

的民意基础。

2. 利用网络平台塑造公共舆论以影响政策执行环境

任何一项政策的执行无一例外都受到其所处环境的影响和制约，"它们可以成为政策执行的巨大阻力或压力，也可以成为强有力的推动力，特别是在它们以公共舆论的形式表现出来时，对政策执行过程的影响和作用表现得更为明显"。[①] 这是因为，公共舆论具有传播属性，直接关系民众对政府管理的合法性与合理性认同，是一系列重大稳定和秩序问题的心理基础。在自媒体时代，网络平台成为信息发布和舆论传播的重要载体，它所建构的不仅仅是一个虚拟的世界，还是一个现实社会民众表达意见诉求的重要公共领域。

在 Y 地搬迁避让事件发展到一定阶段后，人们发现，非有序参与的个体行为，很难引起政府和社会关注，更加难以产生政策效应。为此，他们开始寻求新的渠道和方式，增强对于公共政策实施过程的影响力，在这其中，通过网络平台发布信息言论是重要选择。据笔者搜索，当地民众主要利用网络问政平台、天涯论坛、微博、微信朋友圈、博客、百度贴吧、地方论坛等网络平台，发贴曝光此次避险搬迁的补助标准问题，披露该项政策及其执行对当地民众造成的利益损害以及可能引发的一系列严重后果。还有一些人藉此说明在测量房屋面积、计算人口补助数目、认定搬迁范围和补助对象等方面出现的不合理现象。

由此可见，基层公众试图借助这些新媒体，寻求社会关注，以形成对政策执行的舆论影响和压力，塑造于己有利的政策执行环境。从 Y 地搬迁避让事件的相关网友的跟帖和评论来看，此举确实获得不少网民关注，但也出现不少过激言论。而且，在网络表达中，存在一个与表达主体相伴生的重要群体——网络围观群众，当中不乏富有"同情心"和"正义感"的人，这些人热衷于发表各种评论并传播扩散所关注的信息，然而，这种热衷、关注和传播扩散，往往基于对信息的盲目接受，逐步发展，就会形成不利于政策执行的舆论环境。

[①] 金太军、钱再见、张方华等：《公共政策执行梗阻与消解》，广东人民出版社 2005 年版，第 36 页。

3. 采用信访等方式表达意见诉求影响政策执行中的再决策

如前所述，政策执行往往伴随着再决策，这使政策即使在执行过程中依然可能被修改、调整甚至中止。这意味着，即使在政策执行阶段，人们依然可以通过表达意见诉求影响再决策，进而使政策执行朝着于己有利的方向发展。在基层社会，当政策执行导致其利益受损时，通过基层治理组织代为表达、采用接触式参与如直接找"领导"、依靠民间力量或熟人网络等，来向政府当局表达意见诉求，以求影响再决策，是多数基层民众利益表达的常见选择。在公众表达意见诉求的各种常见选择中，信访是实现利益表达的一种较为普遍的方式。中国人民大学综合社会调查显示，受访人在"遭受不公平对待时所采取的解决手段"中，上访位居首位，在"同政府机关发生纠纷时的应对措施"中，上访也排在第五位。[①]

信访这一极具中国特色的意见表达和诉求反映机制，在Y地搬迁避让事件中也得到运用。当地住户在接受访谈时表示，他们曾向当地政府反映"已经在此居住了几代，不想搬离现在的住处""政府制定的避险搬迁补助标准太低，与相邻镇的征地拆迁价格不一致""搬迁后，农民的土地离新址很远，不能耕种，后续生活困难""新址存在地质灾害隐患"等问题。[②] 另一些居民如有房无户者、个体工商户、生态移民等，也派代表前往基层政府及其上级单位反映关于补助对象、补助标准、新址建房资格以及停产损失等问题。其中生态移民的反应尤为激烈，并在其陈情表述中得到集中体现，比如他们认为，生态移民家园是在政府主导下修建的项目，购买价格高，部分移民家庭早已负债累累，再次搬迁将对其造成二次伤害，因此，要求提高补偿标准，弥补两次搬迁造成的损失；同时，他们还质疑生态移民工程的正确性，要求相关人员为之前的"错误决策"担责。[③] 这些信访行为及诉求表达引起当地政府的高度重视，在深入调查研究的基础上，政府最终决定调整部分政策内容，如

[①] 房宁主编：《中国政治参与报告（2011）》，社会科学文献出版社2011年版，第45页。
[②] 资料来源于访谈记录《Y地搬迁避让调查笔录》，2016年1月11—14日；大部分问题在当地政府政务平台"便民回答"中得到印证，http://wl.cq.gov.cn，2016年4月21日。
[③] 资料来源于访谈记录《Y地搬迁避让调查笔录》，2016年1月11—14日。

给予有意愿搬往新址的有房无户者以建房资格,适当提高生态移民的补助标准等。

4. 借助群体性事件宣泄情绪以影响政策执行主体的心态和行为

对于基层公众而言,当事态发展到难以控制的局面时,经济利益的剥夺感以及诉求表达的挫折感,往往驱使他们"更可能倾向于选择非制度渠道并以较激烈的方式表达其不满,所以一旦有具体事件的诱因,就会爆发出群体性事件"[①],由此酿成大规模非法的群体性事件,从而干扰和影响政策执行主体的心态,进而影响到其具体的政策执行行为。

在 Y 地搬迁避让事件中,政府从 2012 年开始着手准备搬迁事宜,此后,民众多次就相关问题向各级政府反映各种意见,但是,并未见明显效果,这滋生了民众的无奈和不满情绪。再者,Y 地镇政府、派出所、医院等公共服务设施先行搬走,给当地民众造成严重不便,使人们的不满情绪受到刺激而膨胀和蔓延。而 2015 年 9 月初关于各运营商、产权单位限期迁改以及居民限期提交搬迁新址集中建房方式的通告,则成为引爆民怨的导火索,通告颁发后,数百名群众自发集结到该地国道路段,要求当地政府公开上级关于搬迁避让的官方文件、提高搬迁补偿标准、解决搬迁后居民的生计和养老问题,前后拦堵交通长达近十小时,甚至一度引发骚乱,造成严重的社会影响。

在此情形下,政策执行主体的态度和行为出现一定程度的转变:该事件发生后,当地政府相关工作人员针对公共服务设施先行搬走所导致的不便利的问题,承诺在当地设置安置点、办公点以方便民众日常生活;针对搬迁补偿、搬迁后的新房购买价格、生计和养老等问题,向民众详细解读相应的政策规定;针对部分民众认为此举是借避险之名迁走民众,以便后续开发旅游或房地产的揣测,耐心解释以打消其疑虑。经过数小时的劝导和沟通,民众的激烈情绪得到缓和,从而有效防止了事态恶化。

5. 通过协商对话调和政策执行效率与公众接受性之间的矛盾

公众参与是公共政策公共性的内在要求,在公共政策过程中,公众

---

① 于建嵘:《我国现阶段农村群体性事件的主要原因》,《中国农村经济》2003 年第 6 期。

参与"有助于增强公共政策与公民需求之间的相互适应性",但是"同样也可能会影响到政府组织效益与效率的达成。"① 具体到基层公众参与政策执行实践中,这一悖论集中体现为政策执行效率与基层公众接受性之间的紧张关系。这在 Y 地搬迁避让的典型案例中得以集中显现,在案例中,地质灾害严重威胁到当地数千居民的生命财产安全,组织群众搬离刻不容缓,但是,民众却认为搬迁政策执行得越迅速越彻底,对他们的利益损害就越快越严重,由此激发了强烈的逆反甚至抗拒心理,从而使矛盾升级甚至演化为严重的群体性事件。

从调查走访的情况来看,当地民众所以不接受甚至抗拒该项政策实施,一个重要原因就是信息不公开,政策执行者与民众之间缺乏有效的沟通。有受访者表示:"如果真的是因为地质灾害必须要搬,即使补偿达不到令人满意的标准,其实大部分人还是愿意配合的,毕竟是为了我们自己的安全着想。但现在的问题是,信息不公开,感觉很被动……。"② 截至笔者前往该地调研之时,群众反映,实际上一直未曾见到政府下发的正式文件,关于搬迁避让所涉及的地质灾害、补偿标准、迁入后的生计、养老和发展规划等,也只是听干部们传达,有的甚至是依靠基层社会"口耳相传"式的人际传播才略知一二。由此可见,政策执行效率与公众接受性之间的紧张关系很大程度上是沟通协调不到位所致。

在解决上述悖论性问题时,秉持协商和对话原则的协商民主,具有重要的应用价值。从 Y 地搬迁避让事件的发展和演化来看,在拦堵道路事件爆发后,当地政府相关工作人员与民众针对公共服务便民安置点、搬迁补偿、新房购买以及生计和养老等问题进行了面对面的沟通协商。在后续政策执行中,基层干部主持召开了社员会、院坝会以及座谈会,进一步对搬迁避让政策进行宣传,并针对搬迁中的一些具体问题与民众进行沟通。民众在网络问政平台的咨询以及政府的回复和释疑,也印证了协商对话机制在后续政策执行中被广泛采用。政策执行者与公众逐渐

---

① [美] 约翰·克莱顿·托马斯:《公共决策中的公民参与》,孙柏瑛等编,中国人民大学出版社 2014 年版,前言第 10—11 页。
② 资料来源于访谈记录《Y 地搬迁避让调查笔录》,2016 年 1 月 11—14 日。

以平等"对话者"的姿态进行协商与合作,从而协调了政策执行效率与公众接受性之间的矛盾冲突,并取得了实效,使事态逐步朝着理性和有序方向发展。

三 基层公众参与政策执行的多重困境

在 Y 地搬迁避让事件中,当地民众采用多种机制,采取了一系列参与行动,积极反映意见诉求,以影响政策执行,取得了一定成效。但是,实地调查发现,在民众表达意见诉求以影响政策执行的具体行为中,也存在着一系列问题和困境,具体而言,主要有以下方面:

1. 基层公众对政策执行所涉信息缺乏了解

调查表明,从搬迁避让政策出台到 2016 年初,前后历经数年,但大部分居民对于具体政策内容仍然一知半解,如对于搬迁补助标准,大部分受访者只知道房屋补助是每平方米 200 元—660 元,却很少有人清楚知晓正房、偏房、附属设施各自补助多少,框架结构、砖混结构、砖木结构、木质结构以及土木结构各自的补助标准又是多少。在此背景下,公众对于官方公布的搬迁理由和补助标准怀有猜忌,以至于在各种抵触和拒斥政策执行的行动中,公开上级政府"关于 Y 地搬迁避让的政策文件和搬迁补助标准",成为公众的一项重要诉求。[①] 这主要源于,在基层社会,干群关系状况、意见领袖"缺位"、基层政策传播者认识偏差、公众自身的局限等因素,使得公共政策传达至基层政府及干部后,时常出现信息"悬浮"难以下沉的问题,这种状况,不仅使得基层公众缺乏对特定政策的理解,从而难以有效表达其意见诉求,也削弱了政策执行的民意基础。

2. 基层公众参与行为受到政策执行环境的反作用

基层公众在影响政策执行环境的同时,其参与行为也受到政策执行环境的反作用,其中一些参与行为还因此呈现非理性特征。这主要体现为:其一,网络空间的匿名性弱化了发言者的社会责任,使网络言论

---

① 资料来源于访谈记录《Y 地搬迁避让调查笔录》,2016 年 1 月 11—14 日。

"既有真实性、草根性的优势,又有非理性、偏颇性的不足"[1],这使公众在表达意见想法时有时呈现随意性和情绪化,甚至在毫无根据的情况下对政策意图及政策执行主体行为妄加揣测或蓄意中伤,如有网友在政府公开信箱发布言论,指责当地干部存在"利用职务之便为自己和家人谋取不当利益"的行为,但后续核查则表明该网友所反映的问题并非实情。[2] 其二,虽然现有制度体系为公众参与政策过程提供了相应的制度化渠道,但人们对这些制度化渠道的利用还不够充分,尤其当人们基于利益耦合和心理共识形成共同利益群体时,他们"往往倾向于聚集起来以群体的方式来影响政府的决策和行为。"[3] 群体心理和情境一旦引导不力,就很容易使民众失控,甚至"在某一小的事件的触发下,也可能演变成较大规模的非制度化的参与行为。"[4] 在 Y 地搬迁避让过程中,这种状况有着较为集中的体现,调查显示,自搬迁避让政策出台以来,围绕相关问题不仅出现了群体上访,还发生了聚众围堵道路的群体性事件,由此造成较为严重的交通隐患和社会影响。

3. 利益表达主体缺位使得政策再决策中基层公众影响力有限

公众在政策再决策中的影响力,首先在于能够充分合理表达自身利益诉求,并使之上达至再决策者。但是,我国基层社会尤其农村地区现有的生计模式使得"老龄化"和"空心化"特征明显,导致基层公众在参与政策执行实践中,意见诉求表达主体代表往往呈现形式或实质缺位,其信息反馈难以有效传达至再决策者。另一方面,在基层社会治理中,传统治理组织如村委会和居委会等承担着政策信息"下达"和民众意见诉求"上传"的"双重代理"功能,需要领导者具有高度的水平和觉悟,如果拿捏不当,往往使其在汇聚整合民意并代为发声的过程中发生失灵现象。进一步的问题是,特定地区农村自治小组被撤销,村民

---

[1] 王堃、张扩振:《网络民意的困境与出路》,《学术界》2012 年第 9 期。
[2] 《XX 县 Y 镇副镇长 XX 利用职务之便为自己和家人谋取不当利益》,XX 县政府公开信箱,2013 年 2 月 5 日,http://www.cq.gov.cn/PublicMail/Citizen/ViewReleaseMail.aspx?intReleaseID = 448910,2017 年 3 月 16 日。
[3] 麻宝斌、马振清:《新时期中国社会的群体性政治参与》,《政治学研究》2005 年第 2 期。
[4] 王明生、杨涛:《改革开放以来我国政治参与研究的回顾与展望》,《清华大学学报》(哲学社会科学版)2011 年第 6 期。

自治组织的行政化，使得基层社会组织与民众之间的关系逐步演变成实质上的"官和民"关系。与此同时，其他的社会组织如经济合作社、行业协会、专门理事会等的发展和规范程度仍有待提升。这使得基层公众利益的"组织"化代言人处于实际缺位状态，由此极大地弱化了基层公众在政策执行中再决策环节的影响效果。

4. 政策执行的自由裁量性一定程度上导致对基层公众参与回应性不足

政策执行是一个动态的过程，需要对已经作出决定的抽象政策予以明晰，并根据政策执行环境的变化以及政策执行中所遇到的新情况，进行因地、因时制宜的选择和调整，在这个过程中，政策执行者获得一定的自由裁量权以妥善处理各种实际问题。自由裁量权的使用需要政策执行者具有高水平的认知和觉悟，尤其对基层公众参与政策执行的合理定位，但长期的"命令—服从"式思维习惯使得一些政策执行者仅仅将公众视为被动服从的政策客体，导致出现对基层公众参与重视不够、回应性不足的问题。从 Y 地所在政府电子政务平台基本情况来看，与主流网络公共空间缺少有效链接，二者之间的相对隔绝状态，使得政府电子政务平台缺乏对于网络舆论的必要监测与及时回应。搜索发现，2016 年 6 月初，有人在网络问政平台咨询区政府关于房屋补助和在新址买房的差价、搬离 Y 地到入驻新址间隔期间的租房、搬迁后的生计等问题，但是，截至笔者搜索之日，只见到网络问政编辑给出的一条模板式回复。① 政府的回应性如此之低，相当程度上妨碍了民众对政策信息的了解，进而影响执行和落实该项政策的民意基础。

5. 基层公众的实际参与行为与政策执行方倡导的参与方式脱节

公众对政策的理解与认同，很大程度上取决于双方意见沟通和信息交流是否顺畅，而沟通交流顺畅与否，则又取决于其参与政策执行的行为与既有的制度机制的耦合状况。从 Y 地搬迁避让案例可见，当地群众表达意见诉求的实际行为，主要表现为私下抱怨宣泄不满、信访渠道表

---

① 《关于 XX 市 XX 县 Y 镇滑坡搬迁问题》，XX 市网络问政平台，2016 年 6 月 2 日，http://cqwz.cqnews.net/redirect-b2378f70-ee14-4651-8c17-f5b484616de9.html，2017 年 3 月 16 日。

达诉求、依靠网络平台发声等,这与政策执行方倡导的群众意见表达方式——通过电话、信函、传真、电子邮件、面谈或者按照有关公告要求的其他方式……发表关于本规划方案及环评工作的意见看法[1],存在明显脱节的现象。实际行为选择与制度化方式之间的脱节,使得政策执行效率与公众接受性的关系趋于紧张,并集中体现为公众与政府执行主体之间在意见沟通和信息交流上的悖论:一方面,制度化表达渠道处于虚置状态,政府无法通过既定方式获得政策执行所需的民意反馈信息;另一方面,公众诉求表达的实际行为效果不佳,甚至导致差强人意的后果。由此形成的政治和政策现象是,在征求意见阶段,公众参与冷漠,政策执行方案的公众满意度表面看来颇高,然而,一旦政策付诸实施,却遭遇来自各方的重重质疑和抵触,使得政策方案难以顺利落实。

四 结论与讨论:完善基层公众政策执行参与机制的对策

在日常生活中,人们深受公共政策的影响,然而,"文本形态或政府话语体系下的公共政策转化为现实形态的政策目标的过程并不是一个直线的过程"[2],在其中,政策执行所涉主体的认可、接受与支持对政策目标的达成有着非常重要的影响。但是,传统研究少有对公众尤其基层主体参与政策执行的实证分析,关于这些主体如何通过政策参与来影响执行效能的问题探讨亦相对缺乏。因此,从实证角度,对政策执行过程中的基层公众参与机制进行探讨,不仅有助于丰富政策参与研究内容,而且有助于深化对政策执行及其治理效能的研究。

对于 Y 地搬迁避让事件的分析显示,当地民众通过各种渠道汲取政策信息,并将其向周围传播扩散以寻求声援,进而影响公众对政策执行的认同基础;借助公共舆论塑造机制,形成对政策执行的阻力、压力或

---

[1] 《XX 县 XX 镇危岩新址修建性详细规划环境影响评价第一次公示》,XX 县 Y 镇危岩滑坡避险搬迁防治工作领导小组办公室,2016 年 4 月 13 日,http://www.cqyjpg.cn/html/? 79－53－1005.html,2017 年 3 月 21 日。

[2] 贺东航、孔繁斌:《公共政策执行的中国经验》,《中国社会科学》2011 年第 5 期。

推动力；通过各种形式的意见诉求表达影响执行中的政策再决策，以此使特定政策执行符合自己的利益要求；采用群体性参与等行为甚至非理性群体性事件来宣泄意见和不满，以此干预政策执行主体的心态，进而影响其政策执行行为；通过与政策执行方的协商对话，来调和政策执行效率与公众接受性之间的矛盾。在此基础上，民众的意见诉求得到表达，其影响政策执行的行为也取得了一定成效。

但与此同时，从Y地搬迁避让事件的发生和发展来看，在政策执行过程中，基层公众的有序参与存在多重困境，这些困境不仅使其意见诉求无法得到充分有效表达和及时回应，而且，他们所经历的利益诉求和表达空间有限的问题，会强化其挫败感和不满情绪，由此导致他们认为自己遭遇了歧视和偏见，极易致其不满情绪膨胀蔓延，进而引发社会矛盾冲突发展乃至升级。在实际行为中，他们有时会转而采取反常方式来对政策执行方施压，甚至可能"诉诸那种不利于社会稳定的群体性活动或者采取更加极端的行动取向"[①]，由此呈现"利益受损—制度化表达—非制度化表达"这样一个不断附加能量和演变转化的过程。

针对这种状况，结合调研走访情况，笔者认为可以从以下方面完善基层公众参与政策执行的机制，促进政策执行双方的良性互动：

1. 完善政策执行过程中的信息公开与传播机制。通过宣传教育等方式转变基层政府的为政理念，使其充分认识到民众在政策执行中的参与主体地位，重视民众意见反馈对于政策执行的积极效用。在实施机制层面，具体而言：其一，完善政策执行方的信息公开机制，通过传统信息发布阵地和电子政务平台，详尽公布政策内容、主要执行举措、民众对此的意见反馈以及政策执行方的回应、政策执行的进度与效果等信息，实现政策信息线上与线下同步更新。其二，构建政策信息传播扩散的多维格局，进一步发挥传统组织机制在政策信息传播与扩散中的作用，如定期召开村民大会，借助大会的公开透明性和集体情境向基层公众发布政策信息；积极考虑当前基层社会尤其农村地区"一个行政村下辖多个自然村，各自然村到村委距离不一"的实际情况，合理布局宣传栏和公

---

① 王文祥：《建立底层社会的利益表达机制》，《社会科学战线》2005年第6期。

告栏等信息发布平台，增强基层民众对政策信息的可获得性；规范大众传媒在政策传播中的行为，减少因片面裁剪和过度加工导致的群众心理落差；利用手机短信、电话以及广播等方式缩短政策传播距离，通过建立村务QQ群、微信群等新型传播平台，实现政策信息在外出务工群体之间的传递、交流和共享。

2. 完善基层公众参与政策执行行为的疏导和规制机制。对政策执行中基层公众的过激行为和非理性参与的防治，需要完善政策执行方对基层公众参与的疏导机制，如鼓励政策执行者主动联系、接触与走访群众，及时了解其意见诉求；广泛接收基层公众以各种方式反馈的政策信息，并及时予以回应，从而防止其非理性化冲动。另一方面，需要健全基层公众参与政策执行的程序，强化对各种反常规、非理性参与行为的规制，如完善信访程序，加强对越级访、重复访以及群体访的管理，防止因结转不力导致矛盾冲突累积恶变；健全舆情监测、风险评估和危机预警机制，对反常规参与行为进行事前干预，防止事态升级扩大；加强对群体性非理性寻衅滋事事件的处罚，防止其他参与者盲目从众、借机发泄；建立网民自律、政府引导、媒体把关和第三方监督的网络舆论机制，对网络意见表达进行规范与约束，防止虚假信息和不实言论干扰正常的舆论环境。

3. 健全再决策过程中的基层民众主体代表机制。具体而言，一是，健全基层民众诉求表达的"个体"代表机制：通过针对性的政策传播与解读，增强个体对政策的认知与认同，提高其合理表达意见诉求的能力素质；利用基层社会精英和意见领袖对政策信息的把握以及对基层社会的熟悉度，发挥其在民意表达中的"代表"作用；借助网络公共领域的迅速发展，引导外出人群积极关注政策实施动向，解决因人口老龄化和人员流动导致的诉求表达主体缺位问题。二是，强化基层民众利益表达的"组织"代表机制：充分发挥基层治理组织如村委会、居委会和基层党委等在汇聚民声和"下情上达"中的主体地位，促进零散化、私利化的诉求内容向整合型民意转变，从而提升这些意见诉求在政策执行过程中的话语影响力；积极引导基层社会组织健康发展，通过鼓励发展诸如经济合作社、行业协会、专门理事会之类的合法社会组织，培育基层民众利益的"代言人",以此增强其在政策执行中的利益表达能力,提升基层民众利益诉求表达的规范化和理性化水平。

4. 创新基层民众与政策执行方的政网互动机制。通过完善政策执行过程中基层公众参与的网络化渠道,创新与政策执行方的政网互动机制,优化网络舆论环境,从而奠定政策执行的重要社会基础。具体可以从以下方面采取相应措施:一是,建立政务平台与天涯论坛、网络社区、百度贴吧等主流网络公共空间之间的链接机制,防止因政府电子政务平台与主流网络空间的相对隔绝导致的信息障碍;二是,完善网络舆情侦测机制,通过网监部门如宣传部门和公安系统等对网上言论予以甄别,实现对网络公共舆论的了解与监测以获悉基层民众对政策执行的意见反馈,从而便于以洞悉先机和前瞻性的行为来缓和部分民众对政策执行的不满和抵触情绪;三是,健全政策执行过程中的网络信息反馈及回应机制,明确诉求表达和意见反馈对象的主体责任,使问题在双向交流与互动中及时得到回应和解决;四是,强化政策执行方对网络信息反馈和回应的督查机制,对于民众网络表达反映的实情,责成相关部门在规定期限内及时有效地解决,以此舒缓公众情绪,防止网络舆论失控和失真信息非理性传播扩散。

5. 整合基层公众参与政策执行的协商对话机制。政策执行方与民众之间的良性互动取决于双方意见沟通和信息交流顺畅程度,取决于该群体参与政策执行的实际行为与政策当局提供的制度化参与渠道的耦合程度。在这其中,关键在于整合政策执行参与的多元路径机制,促进制度化渠道供给与公众实际参与行为之间的衔接,尤其重视"将仅依靠公权力主体根据事实依规范做出裁决的'对抗性'机制,转换为多主体参与的'对话与协商'机制。"① 对于基层公众来讲,可通过强化基层人大代表的"代表性"、基层党员干部的职责义务、基层社会组织的自主性,畅通听证会、座谈会、电话或信件反馈等参与渠道,为其参与政策执行提供切实可操作的制度化途径,防止出现制度化参与渠道闲置或失灵问题;另一方面,考虑基层公众在参与政策执行中的实际行为偏好,从契

---

① 缪文升:《重视群体性事件处置中的协商机制》,《党政论坛》2011年第1期。

合该群体需要和行为习惯的角度，吸纳并规范各种形式的非制度化参与路径，如认真对待基层公众通过信访、网络论坛、坊间议论等非制度化渠道表达的意见诉求，从中发现并吸收政策执行所需相关信息，通过参与渠道的拓展，促进基层公众与政策执行者之间从单向意见反馈或信息传达向协商对话转变，促进二者之间通过协商对话机制实现良性互动，从而调和政策执行效率与公众接受性之间的紧张关系。

综言之，在转型发展阶段，"强调对于公共利益的责任、促进政治话语的相互理解、辨别所有政治意愿，以及支持那些重视所有人需求与利益的具有集体约束力的政策"[1]，是解决社会矛盾和治理社会冲突的重要举措。不过，研究表明，"在诸多矛盾冲突事件背后，是利益表达机制的缺失"[2] 以及由此而来的参与失灵，对于基层公众而言，尤其如此。基层公众的表达机制缺失，使其在公共决策参与中处于边缘化状态，为维护和实现自身利益，他们将诉求表达空间延伸至政策执行阶段。在这一阶段，基层公众通过一系列机制参与并影响政策执行过程，但该群体参与政策执行存在多重困境，导致其参与行为呈现"制度化—非制度化"这样一个逐渐附加能量和演变转化的过程。为此，须从相应角度完善基层公众参与政策执行的机制，通过促进利益诉求的合理表达，协调各方利益关系进而提升政策执行效能。

---

[1] Jorge M. Vakladez, *Deliberative Democracy, Political Legitimacy, and Self Democracy in Multicultural Socities*, USA Westview Press, 2001, p. 30.
[2] 孙立平：《矛盾化解，要以利益均衡为中心》，《北京日报》2011 年 5 月 9 日。

社区治理下的物业管理服务绩效及其评价体系研究

萧鸣政 周一昕[*]

(北京大学政府管理学院;北京大学人力资源开发与管理研究中心)

摘 要 社区治理为社会治理的重要战略空间,在国家推进"治理体系与治理能力现代化"的过程中,正成为国家治理体系与创新的重要载体。物业管理是随着房地产体制改革而产生的新生事物。随着社区治理工作的下移,物业管理作为一种新型的社区自治管理模式已融入社区治理之中,其服务内容涉及清洁、绿化、保安、通信、商业、娱乐、教育、医疗、家政等社区生活的方方面面,多功能、全方位的特点使其成为社区治理的主力军,成为和谐社区的积极实践者。本文基于国内外学者的有关社区治理、物业管理、服务质量的相关文献分析,对社区治理、物业管理、服务绩效等相关概念进行了阐述,将社区治理与物业管理相结合,系统地论述了在社区治理背景下物业管理服务绩效的内容和影响因素,分析了目前物业服务绩效评价实践的不足,并基于物业服务的绩效内容与影响因素,构建了一套比较全面与系统的社区物业管理服务绩效评价体系。

关键词 社区治理 物业管理 服务绩效 评价体系

---

[*] 萧鸣政,北京大学政府管理学院教授,北京大学国家治理研究院研究员,北京大学人力资源开发与管理研究中心主任;周一昕,北京大学人力资源开发与管理研究中心研究人员。

一 导论

(一) 研究背景

中国市场化改革不仅带来经济的快速增长，也导致社会结构的急剧变化。当前随着我国社会转型的深入，利益格局持续变化，社会矛盾凸显。城市社区作为社会治理的重要战略空间，在国家推进"治理体系与治理能力现代化"的过程中，正成为社会治理体系与创新的重要载体。

20世纪80年代，随着市场化改革浪潮的推进，我国住房产权的私有化和商品化得到空前的发展，物业管理作为住房制度改革的重要产物，进入社区居民的日常生活中，而契约式的物业管理在我国体制转型时期所带来的社会效应是不可估量的。同时，物业管理问题也在各大城市中大量出现。在居委会的不断行政化及业主委员会力量弱小的情况下，物业公司成为社区治理中凌驾于居民利益之上的组织。在北京市，物业纠纷不仅在数量上有上升趋势，而且矛盾冲突也有不断升级的迹象，这最终导致居民对目前的社区治理体制不满，也成为影响社区和谐与稳定的首要因素之一。

由于物业管理是新生的事物，物业管理的服务与其他行业相比，无论是在运作上，还是在管理服务的对象上都有着它自身一些特殊点，使得物业管理在理论界也逐渐成为一个新的研究课题。无论采用何种方法和途径得到何种研究成果，有一点得到了人们的共识，即不断适应社区居民需求的变化、提高社区物业管理服务绩效，是物业管理公司赖以生存和发展的基础。然而，服务绩效是一个难于计量的主观范畴，往往由被服务者在接受服务后的满意程度来决定，并非仅通过对所做工作的统计就能评判其优劣，只有建立科学的评价体系才能全面评价物业管理服务绩效，促进物业管理服务质量的提高。

现阶段我国社区物业管理出现了一个令人尴尬的现象：对于物业管理上级主管部门来说并没有一套评价系统考评行业的服务管理水平；对于社区居民来说也缺乏一套科学的评价系统来了解物业管理公司的服务能力；对于物业公司来说由于没有科学的绩效评价系统，导致了其看不到自己在同行业中所处的位置及在不同时期管理水平的变化。因此，需要从社区治理的角度来评价物业管理的服务绩效，建立一个适用、科学的指标体系，不断地完善服务的内容和形式，最终达到提高社区治理的总体绩效。为此，本文以我国城市社区物业管理为研究对象，结合社区治理和商业服务质量的评价理论研究成果，尝试通过分析社区物业公司的服务内容及影响社区物业管理服务绩效的各种因素，构建社区物业管理服务绩效评价体系，以期为提高我国城市社区物业管理服务绩效及社区治理水平提供参考。

（二）研究的目的、内容和意义

1. 研究目的与内容

第一，在总结以往相关研究成果的基础上，结合商业研究中的服务质量理论，提出城市社区物业管理服务绩效的内涵，并分析其影响因素和具体服务绩效评价的内容。

第二，构建一套能全面、准确、有效地反映城市社区物业管理服务的绩效评价体系，包括评价指标体系的建立以及评价方法的遴选，通过评价帮助物业管理企业了解自身的服务质量水平，了解业主对服务能力和质量的感受，以使其有针对性地改进物业管理公司服务水平，宏观上促进社区的持续健康发展。

基于此目的，本文研究的内容聚焦于社区治理下的物业管理服务绩效评价体系研究。首先，探索了社区治理的不同主体及其在物业管理服务绩效评价体系中的地位，基于社区治理的不同主体进了初步的分类，分析了社区治理中不同主体的职能定位，并比较了社区治理中不同主体的差异，提出了相关建议。其次，根据物业管理服务的特点，在现有的物业管理服务绩效评价内容和方法上，确定了模糊综合评价法的适用性，并确定了评价指标体系。

2. 研究意义

第一，本文在总结以往相关研究成果的基础上将物业管理与服务绩效结合起来，提出了城市社区物业管理服务绩效的内涵，并采用科学的方法深入分析其影响因素，为今后的相关研究提供了理论基础，具有一定的理论意义。

第二，本文在分析城市社区物业管理服务绩效影响因素的基础上，总结、归纳、形成了一套城市社区物业管理服务的绩效评价指标体系，为评价物业管理企业服务的绩效开辟了一条有效的途径。

第三，本文旨在建立城市社区物业管理服务绩效评价体系，在微观和宏观层面上，有利于物业公司了解影响其服务质量和能力的因素，了解业主对物业管理的满意程度以及服务中存在的问题，从而采取针对性的改进措施。从长远来看，有利于企业经营理念的转变，有利于物业服务绩效的持续改进和创新，有利于企业竞争力的不断增强，从而促进整个行业的健康发展。

第四，居民的有效参与是良好的社区治理秩序的基础，也是形成社区凝聚力与归属感的核心。社区治理的最终目的是在基层社区形成良好的秩序，促进社区的发展、满足居民的权益需求。在目前的城市社区中，普遍存在社区参与不足的局面，很多居民认为社区治理是政府的事情与自身无关，这在一定程度上影响了社区的治理效果。从社区居民的视角出发，对社区治理下的物业管理服务绩效评价体系进行研究，可以大力推进社区治理的有效性，并能使静态的治理变成动态的过程，可以在第一时间获知物业管理乃至整个社区治理与服务的效果，提高社区治理的居民满意度，化解基层矛盾。

（三）研究现状

1. 国内研究综述

随着社会经济条件的变化，特别是随着住宅物业的进一步市场化和社区化，在城市基层社区管理中，社区物业服务企业成为继社区居委会之后又一支重要的社区管理力量[1]。陈家喜[2]反思中国城市社区治理结构，认

---

[1] 陈喜强、尹丹华、罗宁霞、陈德豪：《和谐社区建设背景下物业管理与社区共同治理问题研究》，李江涛、简文豪主编：《中国广州城市建设发展报告》，社会科学文献出版社2009年版，第283—301页。

[2] 陈家喜：《反思中国城市社区治理结构——基于合作治理的理论视角》，《武汉大学学报》2015年第1期。

为单位制向社区制的结构转换后，我国城市社区基本形成"一核多元"的治理结构，突出社区党组织和居委会作用的同时，并没有给予社区新成员物业公司足够的重视，更多是作为社区治理的"旁观者"，应将物业公司纳入社区治理结构，构建社区主体间的合作机制。随着社会经济的发展，物业管理已经超越以房屋维护管理为主的服务范围，逐渐覆盖到社区生活的各个方面，成为现代城市社区管理的有效途径和组成部分。[1]

据中国物业协会调查，国内物业管理水平与国外相比还处于初级阶段。物业管理就服务的研究同目前的物业管理水平相适应，主要研究一些国内比较关心的课题。目前是主要从以下几个方面来进行研究的：物业管理的行业规范研究；如何与客户建立良好关系的研究；根据行业发展与客户的需求改变如何提高服务质量的研究。具体包括物业管理的发展阶段研究、物业管理服务内容研究、物业管理的经营模式研究、物业管理服务质量研究、物业管理品牌研究、物业管理服务质量测评及测评体系研究等。

在物业管理服务质量测评及测评体系的研究方面，许多学者从不同的角度或运用不同的方法进行研究：有的为评价指标体系的建立提供建议[2]；有的构建了较为合理的评价体系[3]，并运用定量方法进行评价[4]；有的提出用服务质量指数来衡量物业管理服务质量[5]；有的基于CRM理念来评价物业管理[6]；有的从企业的顾客价值角度进行评价[7]；有学者从顾客满意度的概念入手，并运用计量经济学方法，提出住宅小区物业管理CSL测评采用的理论模型[8]，并用这一模型制定出物业管理的CSL测

---

[1] 郑巧、肖文涛：《协同治理：服务型政府的治道逻辑》，《中国行政管理》2008年第7期。
[2] 黄安永、孔海峰：《构建物业管理质量评价体系思考》，《中国房地产》2002年第10期。
[3] 金序能：《住宅小区物业管理评价指标体系的研究》，《南京理工大学学报》（哲学社会科学版）1998年第6期。
[4] 张虹、刘威：《物业管理服务水平评价模型的研究》，《武汉理工大学学报》（信息与管理工程版）2006年第12期。
[5] 刘少文：《物业管理服务质量指数编制探讨》，《现代物业》2003年第12期。
[6] 范文飘、陈宇：《基于CRM的物业管理系统评价方法研究》，《黑龙江科技信息》2007年第9期。
[7] 肖丽华：《物业管理企业顾客价值评价体系的构建》，《商场现代化》2007年第10期。
[8] 张泽颖：《模糊综合评判法在小区物业管理客户满意度评价中的应用研究》，《科技资讯》2006年第27期。

评体系[①]。

2. 国外研究综述

国外的物业管理一般以美国、新加坡为代表，其管理及研究已日趋成熟。巴雷特（Barrett）[②]、鲍德里（Baldry）[③]给出"物业管理"的概念，并认为物业管理需要进行战略性的定位，管理水平需要持续提升。亚历山大（Alexander）等人[④]则认为需要在四个层面上考虑物业管理，这四个层面是公司的层面、战略的层面、战术的层面和运作的层面。通过这些层面的考虑，有助于解释和澄清物业管理的概念、方法和技术，并有助于解决物业管理发展中产生的争议。格里姆肖（Grimshaw）[⑤]从20世纪末的社会、经济和政治的背景下考虑物业管理问题，并提议更深入地理解那些持续影响物业管理的发展的、围绕着后现代主义讨论所产生的问题。

关于物业管理服务的研究主要集中在以下方面：1. 服务质量的测量。一个重要的研究课题是应如何选择科学的方法和方式对服务质量进行定量和定性测量，在这方面，西方学术界提出了服务质量差距分析模型、SERvQUAL评价模型、SERVPERF模型、非差异评价模式等方法，该方法有助于改善企业的经营管理，提高企业经济效益，企业可以用它们来识别主要的竞争者，掌握顾客的忠诚程度，识别自己的市场竞争能力，预测公司的投资回报率。2. 技术质量的研究。新技术发展对物业管理带来很多挑战，客观上要求物业管理公司必须通过创新成为顾客所真正需要的公司。在技术手段层出不穷的环境下，如何将高技术含量的服务项目引入物业管理中来、进而掌握顾客的需求并提供优质服务，是物业公司面临的新研究课题。

3. 国内外研究述评

新世纪以来，国内外对物业管理的研究也逐渐增多，理论成果也相

[①] 王青兰：《物业管理的满意度测评》，《中外房地产导报》2003年第1期。
[②] BarretP. Facilities Management: research Directions [M], RICSBooks, 1992.
[③] Amaratunga. D. Baldry. A conceptual framework to measure facilities managementPerformance, . *Property Management*. 2003 (2): 171 – 189.
[④] Alexander. K., A Strategy for facilities management: Theory and Practice, London: E&FNSpon. 1996.
[⑤] Grimshaw. B., Facilities management: the wider in implications of managing change, Facilities, 1997 (17): 24 – 30.

当丰富，但主要集中在如何规范和发展物业管理、物业管理服务的内容、经营模式上。在这些研究中，"物业管理"被视为房地产业的后续环节，大多数文章的研究还停留在综合性研究的阶段，局限在宏观的层面上，对某一类具体的物业管理领域进行研究的文章还不多见，对具体操作层面上研究还欠深入。虽然也有一些文献从经济、管理、法律等方面对"物业管理"作出了不同程度的理论分析，比如运用产权理论、委托—代理理论分析城市物业管理的理论基础，但从社区物业管理与社区治理和公共服务内在相互关联的视角来对城市物业管理进行研究的文献不多，研究成果只是零星地分散在相关的研究文献之中。对于服务绩效的评价，目前几乎以研究服务质量为主，仍停留在行业评先、企业自我质量评价和一般性的业主满意率调查的层次上。

（四）研究方法与创新点

本文主要通过文献浏览和文本分析，找出构成社区物业管理服务绩效及其评价体系的要素，对这些指标和要素进行整理、归纳和分析。

创新点主要体现在文献查阅的基础上，基于顾客（即社区居民）的需求与期望，找出需求的所有特性，针对各个特性分析其组成要素，进行组合、提炼、归并，确立对不同地区、不同类型、不同档次、不同住户群的物业管理项目对业主或住户而言重要的、需要的、具体的、可测量的、并能够控制的评价指标，然后根据每一个要素制定出能够充分反映社区居民需求的服务绩效评价指标体系，考察这些指标在物业管理企业的实际可操作性，使这些指标符合物业管理服务绩效评价的科学性要求。

二 社区治理下的物业管理服务绩效评价研究的相关理论分析

（一）基本概念

1. 社区物业管理

社区物业管理是物业管理中的一个重要组成部分，是目前物业管理业务覆盖最广泛的业务类型，也是物业管理中艰巨而复杂的任务。社区物业管理是指物业服务企业运用现代管理理念及管理手段,依法或依合同对其负责的社区内的居民、房屋建筑及其配套的设施设备、绿化、交通、治安、环境等管理项目进行维护、修缮、整治及服务的过程,使社区内的居民有一个优美、方便、舒适、安全的居住环境。[①] 社区物业管理是静态、动态相结合的管理过程,静态是指社区内的物业及其配套设施、场地、绿化的管理,而动态是指其管理的主体、客体、手段等因素都会随时发生变化。

2. 服务绩效

绩效指社会经济活动中的组织或个人在一定时期内投入一定的人力、物力和财力等物质方面的资源,通过合理的组织和有效的管理所产生的在工作任务上的经济效率或质量数量上等的成果和效益。绩效简单来说就是成绩和效益,是一种可以量化的实践活动所产生的结果状态,该结果状态与劳动耗费有着一定的对比关系。不同的绩效因素将产生不同的影响,某些特定的因素变化将对绩效产生直接或间接的影响。

服务绩效包括服务质量和服务效益。国外学者对服务质量概念的研究完完全全跳出了有形产品质量的概念模式,大都从消费者对质量的理解和感受这一角度进行研究。归纳总结国外关于服务质量概念的研究文献,可发现:服务质量是服务的异族固有特性满足顾客要求的程度;服务质量是一种主观范畴,其本质是一种感知。去决定于顾客对服务质量的期望和其实际感知的服务水平之间的对比,由技术质量和功能质量两个方面组成。顾客是服务质量的最高评价者。

综上所述,结合服务质量和效益的概念,笔者提出社区物业管理服务绩效的概念:社区物业管理服务绩效是物业管理公司实现其社区治理和服务职能预期功能的程度,与社区的居民对物业管理企业提供的物业服务的期望与接受服务后感知绩效密切相关。

3. 评价体系

根据企业确定的目的和要求,测量绩效主体系统的属性,并将此属性客观量化或者主管效用的一种过程,就是所谓的评价。评价是负责

---

① 刘湖北:《社区与物业管理》,武汉大学出版社 2009 年版,第 40—41 页。

的，并借助现代科学技术的发展成果，采用系统的、综合的评价思想和方法对对象作出客观、公正的评价。

评价体系又称为评价指标体系，是指在评价过程中，若干有关的或某些因素相互联系而构成的评价指标整体，主要由以下三个部分组成：（1）效能指标，包括从工作效果的角度确定的效果标准和根据产出与投入的比例来衡量工作成果的效率标准；（2）职责指标，主要是对评价对象所应承担的责任和完成任务的情况进行评价；（3）素质指标，是从各种职责或完成各种任务应具有的条件的角度提出的。[1]

物业管理服务绩效评价体系的这三个组成部分是最基本的、主要的。在物业管理服务绩效评价的系统运转过程中，三者的作用是交织在一起的，但他们又具有相对的独立性。所以，自每个具体的评价指标中，三个组成部分并非并重，可能会出现偏重于某一方面的情况。这要根据实际情况来确定。目前，在执行或草拟的各种评价指标中，多侧重于效能指标和职责指标。

（二）社区物业管理服务绩效的结构及其影响因素

1. 社区物业管理服务绩效的结构

基于以上的分析，我们在探讨物业管理服务绩效时，将综合考虑以下因素：

（1）以顾客（即社区居民）作为服务绩效的研究核心。

（2）以职能作为服务绩效的研究主线。

（3）以组织自我评价、顾客评价和第三方评价作为服务绩效的输入。

从使用者角度，将评价体系划分为企业内部评价和外部评价两个范畴。企业内部评价体系主要是满足物业管理企业对服务绩效实施管理控制的需要，外部评价体系则主要是满足业主或政府、行业主管部门对物业管理服务绩效进行监管和测量的需求，如小区业主大会可以委托业委会续签新一期物业管理服务合同，运用该模型对社区服务绩效进行评价，或在日常监督中，每年组织一次外部评价，以达到科学评价社区物业管理企业服

---

[1] 钟宇：《我国高校教师评价体系研究》，硕士学位论文，西南交通大学，2010年，第22—23页。

务能力，并实施有效监督，促进物业管理企业持续改进服务。

物业管理服务绩效的结构模型，如图1所示：

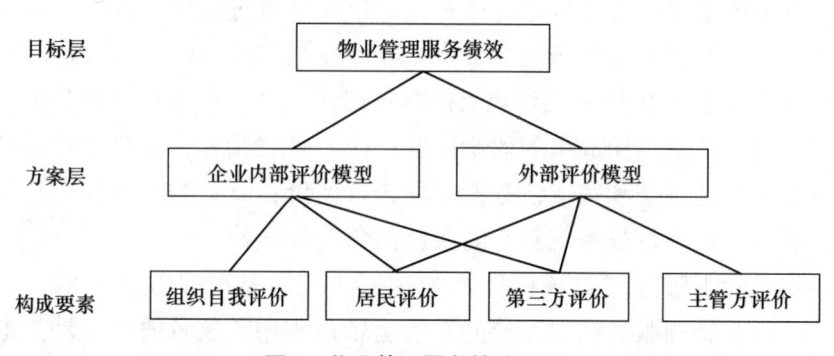

图1　物业管理服务绩效结构

服务绩效企业内部评价与外部评价是按照使用者角度进行划分的。企业内部评价是物业管理企业自我发展的内在需求，其评价结果是为了满足企业管理的持续改进。外部评价主要用于总结性评论，是物业管理服务绩效评价的最终目的。一方面，物业管理企业的任何经营活动和管理手段都是满足业主的认可。另一方面，为了规范物业管理市场，引导业主理性消费，让业主科学、系统、有效地判定物业管理企业的服务绩效，是满足物业管理服务绩效评价的最终目的。可见，企业内部评价体系，是企业自我改进和持续提高的内在动力，外部评价体系为物业管理企业自我完善企业内部评价体系，提高服务绩效提供了外在推动力。二者相辅相成，缺一不可，是互为促进的关系，我们均应给予重视和不断完善。

2. 社区物业管理服务绩效的影响因素

通过对服务绩效相关影响因素的分析，确定企业在管理实践中所要解决的问题，才能有的放矢制定对策与措施来改进或提高物业管理服务绩效。有学者分析了影响物业服务需求的因素，主要有相关物品的价格、消费者的偏好、对未来的预期和人口及其结构。[①] 有学者通过对物业管理服务过程的调查发现，采用因果分析法分析了物业服务质量和效

---

① 张贯一主编：《物业服务与管理》，华中科技大学出版社2004年版，第33—34页。

益的影响因素，主要来源于管理体系、协调、操作、人员、要求和相关方等六个方面，共计27个因素。[①] 归纳以上研究，可将社区物业管理服务绩效的影响因素总结归纳为以下两个方面：

第一，客户感知因素。客户感知因素包括居民在享受物业管理服务过程汇总出现的等待时间和过程时间，物业管理服务的卫生、安全性、保密性和可靠性及其物业管理服务人员在服务过程中所表现出来的应答能力、方便程序、礼貌、胜任程度、信用和有效的沟通联络等。物业管理行业属于服务行业，其产品就是服务。物业管理服务绩效归根到底是由顾客（即社区居民）说了算，而物业管理的顾客由于每个人的知识、生活背景、价值观都不相同，对某项服务的敏感度也不同，有时甚至加上感情的因素对物业公司的管理服务品质认知会有相当大的差异，所以经常发生住户之间为物业管理公司的服务品质认定互相发生争执。再加上，很多物业管理公司根本不具备管理客户关系、管理顾客感知因素的意识与能力，因为对物业管理在社区治理评价中的形象有着不良影响。

第二，物业公司管理因素。物业管理公司的管理因素是其服务绩效的决定性因素，服务绩效的好坏与公司的管理制度、教育训练等都有着很深的关系。目前物业管理公司在服务绩效上无法稳定的主要原因有：

（1）员工流动率高。公司员工流动率高的原因有很多如薪酬、福利、管理制度、工作场所环境等。无论什么原因离职，流动大，服务人员对顾客永远是陌生的，顾客的需求无法了解，感情无法建立，工作场地环境不熟悉，服务绩效就无法稳定。

（2）教育训练。物业管理工作的内容是多元的，需要有清洁、绿化、消毒、垃圾处理、治安、消防、动力、能源、车辆、建筑结构、力学、通信等各种专业技术支持，才能真正做好服务工作。而物业管理属于微利行业，成本是物业管理公司必须要考虑的要素。人力配置精良是物业管理公司成功运作的关键，而一位优良的现场服务人员如果能充分

[①] 倪东：《关于提高物业管理服务质量的几点体会》[EB/OL]，http://www.zcfw.net/html/2006-11/4154.htm，2006-11-02.

了解及操作专业服务的工作，必须要基于周详的教育训练。目前物业管理从业者由于流动率高，如果依照正规的教育训练完成后再派驻服务，会给企业造成成本增加的风险，所以物业管理公司一方面要迅速补齐缺员的缺口，另一方面要降低成本，于是只能让新进人员到职场接受在职训练，边服务边训练，如此可以降低因流动而增加成本的风险，也可以训练工作人员确实了解职场的环境。但如此一来训练的时间加长，也增加了服务品质无法立即提升的风险。

（3）人为的变量。由于物业管理的服务项目很多但仍以人为服务的主体，以人为服务主体的服务品质变量极大。一个人的学识、人际背景、价值观、家庭环境、身体状况、心理状况、气候、心情、工作环境都会影响服务品质，所以物业管理公司的品质可能昨天仍然口碑很好，而隔日就因为某一服务人员情绪的失常成为众矢之的。服务品质的变量很大，品质稳定性很难长久维持，常因服务人员的表现而变动。

（4）品质管理技术。物业管理企业更多注重于外在表象的管理，更注重于代表品质品牌的形象因素的管理，但对于质量管理体系的运行不甚重视，也忽视现场改善技术的运用，更没有意识到服务业品质管理的特性，没有建立符合服务业管理规律的服务管理体系，也不懂得服务管理控制的要素，更不懂得服务品质管理的技术工具运用。许多物业管理企业十分注重工作人员的服务态度，却忽视了技术因素，以致在服务过后出现质量问题等纠纷。

三 社区治理下的物业管理服务绩效评价体系研究

（一）基于参与社区治理的不同评价主体的分析

改革开放以来，特别是住房商品化、市场化以来，中国城市社区治理依托主体及性质发生深刻变化，利益关系复杂，运行状态不良，许多根源性、深层次的矛盾暴露出来，给城市社区治理带来新的考验。对社区的研究离不开"国家—市场—社会"的基本眼光。[1]

---

[1] 陈鹏：《国家—市场—社会三维视野下的业委会研究——以 B 市商品房社区为例》，《公共管理学报》2013 年第 3 期。

所谓"国家"视角,主要强调一种权力的逻辑,便于简单的管理和控制。[①] 政府的派出机构街道办事处和社区居委会是其在城市社区治理的主要依托主体,治理资源来自政治资源——权力,治理逻辑是管理和控制。国家在社区治理主体中是具有强势地位的源于"党的一元领导"体制。[②] 所谓"市场"的视角,主要强调一种盈亏的逻辑,便于追求利润最大化。房地产商、物业服务企业是市场参与社区治理的主要依托主体。治理资源来自经济资源——资本,治理逻辑是利润最大化,治理体制是经济体制。市场在社区治理主体中是具有次强势地位,源于其强大的经济资源。所谓"社会"的视角,主要强调公平正义的逻辑。便于公民权的实现。业主委员会、社会组织以及社区公民个人是社会参与社区治理的主要依托主体。治理资源来自社会资源——社会网络或社会资本,治理逻辑是公民权或业主主体性实现,治理体制是社会体制。社会在城市公共空间中得到发展还比较艰难,与作为社区治理主体的政府、市场相比处于弱势地位。

具体来分析,以城市社区为例,目前参与社区治理的主体包括社会、国家与市场等多种多元元素,已形成多元治理模式:内部,前期物业由开发商建设及招标选聘物业公司进行管理;后期物业由各社区大会选出业主代表成立业主委员会,然后由业委会选聘物业公司进行管理。外围,既有水、电、气、通信等由专业服务机构及环卫站等市政服务机构提供服务,又有社区居民委员会、街道办事处等进行地方行政管理。此外,房产行政管理部门是物业管理活动的行政主管部门,依照国务院《物业管理条例》等行政法规、规章对辖区内物业管理活动进行指导、监督与管理;物业管理协会是物业服务行业自治组织,近几年在接受物业服务企业的投诉、调处物业纠纷方面发挥重要作用。

(二) 物业管理服务绩效评价内容与指标的分析

1. 现有评价内容综述

由于物业管理服务绩效评价体系针对的不是某个特定物业管理社区,

---

① 夏建中:《中国公民社会的先声——以业主委员会为例》,《文史哲》2003年第3期。
② 俞可平:《中国治理变迁三十年》,社会科学文献出版社2008年版,第4页。

各种物管项目硬件设施、配套设施、服务要求、管理服务的侧重点各不相同，因此针对物业管理服务绩效评价的对象不应该是宏观的物业管理，而应该是物业管理活动的具体工作项目和内容。应该对物业管理工作进行结构分解，将结构分解的结果作为物业管理服务绩效的基本框架。

2003年9月1日实施的《物业管理条例》中对物业管理这样定义：物业管理是指业主通过选聘物业管理企业，由业主和物业管理企业按照物业服务合同约定，对房屋及配套的设施设备和相关场地进行维修、养护、管理，维护相关区域内的环境和秩序的活动。物业管理提供的劳务是一种有偿的无形的商品。这种劳务的投入能起到完善物业使用效能，并使其产生保值、增值的作用。有学者根据此认为，物业管理主要包括两个方面的内容：对物的管理和对人的行为的管理。其中，对物的管理主要针对建筑物及其附属设施的保养、改良、利用及处分等；对人的行为的管理又可称为对损害共同物业利益的人的行为的管理，主要包括对建筑物不当损毁行为、不当使用行为和对公共生活秩序妨害行为的管理。[1]

在物业管理服务具体内容的界定方面，不同的学者各有不同的看法，没有一个定论。其中学者张虹、刘威将物业管理的内容分为6个方面：维护和保养；确保物业的正常运行；保安和消防管理；公共服务；专项服务与特约服务。[2]

根据物业管理的服务项目，容易出现遗漏，或者过于详细。因此，有学者根据社区物业管理服务的属性和提供的服务方式，将物业管理服务的结构分为三大类：常规性的公共服务、针对性的专项服务和委托性的特约服务，常规性公共服务包括：房屋建筑主体的管理、房屋设备、设施的管理、环境卫生的管理、绿化管理、保安管理、消防管理、车辆道路管理、公众代办性质服务；针对性专项服务：日常生活类、商业服务类、文化体育卫生类、金融服务类、经纪代理中介服务、社会福利

---

[1] 杨云云：《基于可持续发展的住宅小区物业管理运行方式改进与评价的研究》，硕士学位论文，中南大学，2004年。
[2] 张虹、刘威：《物业管理服务水平评价模型的研究》，《武汉理工大学学报》（信息与管理工程版）2006年第12期。

类；委托性特约服务：家政服务、教育卫生服务、代办商务事务。[1]

为了规范住宅小区物业管理服务的内容和标准，中国物业管理服务协会根据我国物业管理服务现实情况，于2004年印发了《普通住宅辖区物业管理服务等级标准（试行）》，从物业管理服务的基本要求、房屋管理、共用设备设施维修养护、协助维护公共秩序、保洁服务、绿化养护管理六个方面界定管理服务内容，制定了三个等级的服务标准，作为物业服务企业与建设单位或业主大会签订物业服务合同，确定物业服务等级，约定物业服务项目、内容、标准及测算物业服务价格的参考依据。[2][3]

2. 评价指标体系的归纳与说明

构建服务绩效评价体系时我们可以采用开放式问卷调查方法：让受调查对象（包括业主、业内人士、专家学者、政府管理人员等）列出他们认为与物业管理服务绩效有关的因素，然后分析和整理问卷，将意见比较集中的作为评价指标。由于这种方法比较繁琐，所需的时间较长、人力较多，一般物业公司和个人很难完成。本文在开展研究时由于时间和人力资源的限制，没有采用开放式调查方法，而是从分析社区物业管理各项服务内容入手，结合有关文献研究，初步确定了一些影响物业管理服务绩效的因素。

随着物业管理服务业的不断发展，大多数物业管理公司认识到服务绩效评价对于企业发展的重要作用，建立了各自的评价指标体系，这对于公司的运作和发展起到了很大的推动作用。但是从现行的评价指标体系来看，普遍存在着以下一些不足之处：

（1）现行评价体系的指标设置不全面，大多只集中在评估要素的某些方面，没有形成一个全面的客观服务评价指标体系；

（2）评价指标体系主要针对企业的成本费用，而忽视了响应速度和柔性的评价；

（3）现行的物业管理服务绩效评价指标在时间上较为滞后，主要用

---

[1] 李晓萍：《物业管理服务质量评价与服务认证》，中国标准出版社2010年版，第8—9页。
[2] 方芳主编：《物业管理服务》，上海财经大学出版社2011年版，第404页。
[3] 潘茵主编：《社区物业管理》，电子工业出版社2004年版，第229—235页。

于衡量过去的绩效，不能反映物业管理服务动态变化的情况。

（4）很多物业公司的评价体系中定性指标的比重较大，过多依赖人的主观判断，降低了评价的准确性。

（5）评价体系缺乏完善的反馈功能，评价结果不能及时有效地反馈到业务流程环节中去。

（6）指标体系注重对于企业内部绩效的评价，而忽视其外部绩效评价，不能科学地反映物业管理公司与其他社区治理主体之间的合作关系，更不能客观地评价整个社区物业管理服务的情况。

结合国家颁布的优秀管理住宅小区的标准，本文最终确定社区物业管理服务绩效评价指标体系，如表2。

目标层	准则层（一级指标）	综合指标层（二级指标）
社区物业管理服务绩效	基础设施的管理指标体系	公共设施建设指标 公共设施维护指标 房屋管理指标
	物业管理服务的工作质量指标体系	服务项目指标 员工素质指标 服务便利程度指标 服务效率指标 服务收费指标 接待服务指标
	社区的环境指标体系	安全管理指标 文化娱乐指标 环境卫生指标 社区绿化指标 人际融合指标

（1）基础设施的管理指标。基础设施的管理指标是反映物业管理公司对社区内物业建设、维修和管理的指标，其具体指标包括：

1. 公共设施建设指标：具体体现在公共设施齐全率，即已有公共设施数量占应配备基础设施的比例；

2. 公共设施维护指标：具体体现在公共设施的完好率、公共设施维护率、公共设施维修及时率、公共实施维修合格率；

3. 房屋管理指标：具体体现在房屋修缮率、房屋附属设备管理率、房屋档案管理率。

（2）物业管理服务工作质量指标。物业管理服务工作质量指标从社区居民的视角出发，具体反映社区居民对物业服务的满意程度，其具体指标包括：

1. 服务项目指标：具体体现在物业管理服务的项目和内容是否齐全，是否满足居民生活、工作的需求；

2. 员工素质指标：具体体现在物业管理企业工作人员的岗位技能、工作态度、应变和沟通能力等；

3. 服务便利程度指标：具体体现在社区居民获取物业管理服务是否方便；

4. 服务效率指标：具体体现在物业管理公司在提供服务时的反应时间和服务提供时间；

5. 服务收费指标：具体体现在物业管理公司在收费方面是否合理，有没有一定的无偿服务；

6. 接待服务指标：具体体现在城市居民的投诉便捷程度、物业管理企业处理投诉的及时性、投诉的处理质量以及投诉回访。

（3）社区的环境指标。具体包括：

1. 安全管理指标：具体体现在治安管理状况、消防管理状况、车辆和交通管理状况以及社区的安全标识等；

2. 文化娱乐指标：具体体现在社区文化活动的开展、宣传栏内容、娱乐和建设设备等；

3. 环境卫生指标：具体体现在社区道路卫生、楼宇卫生、垃圾清运、排污排水、噪声控制情况、空气清新程度以及环保、卫生、健康等知识的宣传等；

4. 社区绿化指标：具体体现在社区绿化覆盖率、绿化布局、绿化养护、景观布置等。

5. 人际融合指标：还有人际之间关系融洽与融合的指标，具体体现在邻居之间、人际之间的情感融合、活动参加、相互关心、关怀与帮助的行为。

本研究将社区物业管理服务绩效评价指标体系初步分为三级：第一级指标层为准则层；第二级指标层是综合指标层；第三级指标层是细化服务指标层。分层选择指标时按社区物业管理各个职能部门的工作内容先列出综合性的指标，再将指标进一步细化，列出第三级指标层。按级细化指标服务内容，主要有以下优点：其一，指标体系系统性强，能够比较全面地体现服务的内容；其二，各项指标独立性较强；其三，各项指标都是业主在生活中能够接触和感受到的，便于理解和操作，有利于在找出业主不满意因素后，有针对性地改进职能部门的工作；最后，可以将次级指标进一步细化，有利于调查的进一步深入。

（三）评价的方式与方法分析

物业管理服务绩效评价是一把双刃剑，科学的评价能对物业管理企业服务绩效的提高起到促进作用，而低劣的评价不仅耗费有限的资源，而且还会对物业管理企业的发展起到误导作用。因此，必须慎重地选择适合物业管理企业的服务绩效评价方法，以促进物业管理行业的完善发展。

评价方法比较典型的有数据包络分析法、效用理论法、简单排序法、模糊综合评价法等。数据包络分析法在使用的过程中显示出一定的可行性和优越性，但存在着很多的不便。比如使用过程中需要用到比较高深的数学知识，计算过程比较复杂繁琐。效用理论在服务行业效益评价方面的应用还不是很广，计算过程也较繁琐。简单排序法的前提条件是每项指标都同等重要，然而实际情况却并非如此，而且方法中所需要的目标也很难确定。模糊综合评价法是以模糊数学为基础，将内容复杂、边界不清，难以定量和模糊的因素定量化，进行综合评价的一种方法。近年来广泛应用于餐饮、教学、医学等研究领域，并取得了较好的研究效果。住宅小区物业管理服务的内容和过程较复杂，决定物业管理服务质量的因素众多，所涉及的指标也是多种多样，且多数是定性指标，带有明显的模糊性。由于物业管理是第三产业，其服务水平随着服务人员不同、时间不同、地点不同会产生差异性。同时，人们对物业管理认识的不同，对物业管理人员的工作理解也就不同。因此采用静止的方法来判定其服务质量，容易以偏概全。比如，环境卫生下的二级指标楼宇卫生、垃圾清运、排污排水，不同的业主对指标的理解会有很大的不同，没有明确的衡量标准。因此，笔者认为采用模糊综合评价法对社区物业管理服务绩效进行评价相对有适用性。

所谓模糊综合评价法即是利用模糊数学理论对现实世界中广泛存在的那些模糊的、不确定的事物进行定量化，从而做出相对客观的、正确的、符合实际的评价，进而解决具有模糊性的实际问题。[①] 模糊综合评价可以用来对公共管理中的人、事、物进行比较全面、正确而又定量的评价。一些领导者在面对多种复杂的方案、褒贬不一的人才、众说纷纭的成果时，往往会感到不知所措，以致由于主观决策失误，给工作带来损失，但是，此时若能运用模糊综合评价决策方法，就有可能避免上述情况的发生。

模糊评价法的步骤可用图 2[②] 来表示：

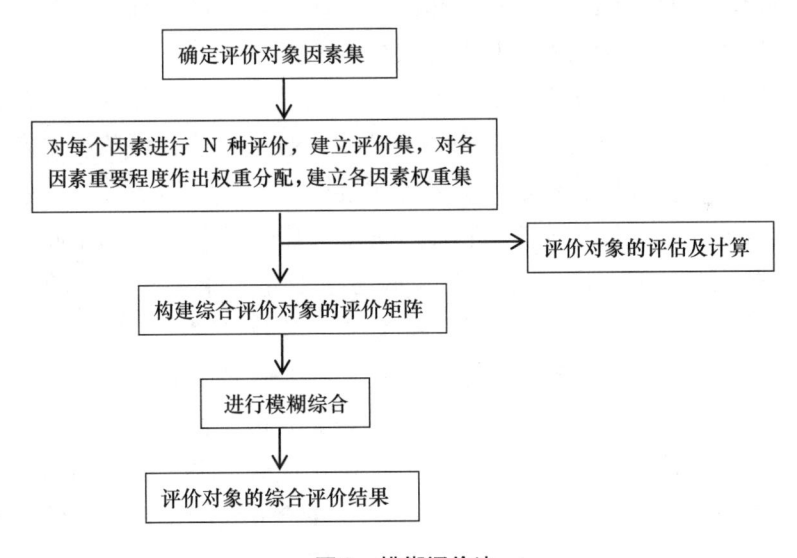

```
┌─────────────────────┐
│   确定评价对象因素集   │
└─────────────────────┘
           ↓
┌─────────────────────────────────┐
│ 对每个因素进行 N 种评价，建立评价集，对各 │
│ 因素重要程度作出权重分配，建立各因素权重集 │
└─────────────────────────────────┘
           ↓              → ┌──────────────────┐
┌─────────────────────┐      │ 评价对象的评估及计算 │
│ 构建综合评价对象的评价矩阵 │      └──────────────────┘
└─────────────────────┘
           ↓
┌─────────────────────┐
│     进行模糊综合      │
└─────────────────────┘
           ↓
┌─────────────────────┐
│ 评价对象的综合评价结果  │
└─────────────────────┘
```

图 2　模糊评价法

---

① 张泽颖：《模糊综合评判法在小区物业管理客户满意度评价中的应用研究》，《科技资讯》2006年第 27 期。
② 黄志强：《城市社区物业管理服务质量评价研究》，硕士学位论文，湘潭大学，2008 年。

四 结语

社区治理是有效整合基层秩序推进社会和谐稳定的基础。在转型期,基层社区作为社会治理的重要战略空间,在国家推进"治理体系与治理能力现代化"的过程中,正成为社会治理体制改革与创新的重要载体。

物业管理是随着房地产体制改革而产生的新生事物。随着社区治理工作的下移,物业管理作为一种新型的社区自治管理模式已融入社区治理之中,其服务内容涉及清洁、绿化、保安、通信、商业、娱乐、教育、医疗、家政等社区生活的方方面面,多功能、全方位的特点使其成为社区治理的主力军,成为和谐社区的积极实践者。目前,虽然物业管理进入社区后,发挥了巨大作用,推动了社区治理,但在实际操作过程中依然出现了种种问题,因此,探讨和解决中国社区治理与物业管理相结合的服务绩效评价问题,具有重要的现实意义。

社区物业的社会属性决定了其承担公共性职责的必然性,因此,单纯的企业性绩效评价对物业公司并不公平,必须从公共性角度出发进行服务绩效评价。社区物业的服务绩效主要体现在优化服务、维持社区稳定、提升业主满意度与业主舒适度等方面。服务绩效管理体系同时适用于物业公司的管理,只要物业公司服务于业主,服务于社区的属性存在,公共性服务功能就不会消失,强化服务绩效管理就是必要的。

本文立足于社区治理,对社区治理、物业管理、服务绩效等相关概念进行了阐述,基于社区治理的主体和职能分析,将社区治理与物业管理相结合,论述了在社区治理背景下物业管理服务绩效的内容和影响因素。最后,全面分析了目前物业服务绩效评价方法的不足,并借鉴了国内外评价社区物业管理服务的相关指标内容,构建了一套全面的、系统的社区物业管理服务绩效评价体系。

参考文献

方芳主编:《物业管理服务》(第二版),上海财经大学出版社2011年版。
李晓萍主编:《物业管理服务质量评价与服务认证》,中国标准出版社2010年版。

刘湖北主编:《社区与物业管理》,武汉大学出版社2009年版。

俞可平:《中国治理变迁三十年》,社会科学文献出版社2008年版。

潘茵主编:《社区物业管理》,电子工业出版社2004年版。

张贯一主编:《物业服务与管理》,华中科技大学出版社2004年版。

Alexander. K, *A Strategy for Facilities Management: Theory and Practice* [M]. London: E&FNSpon, 1996.

Barret P., *Facilities Management: Research Directions* [M], RICSBooks, 1992.

陈鹏:《国家—市场—社会三维视野下的业委会研究——以B市商品房社区为例》,《公共管理学报》2013年第3期。

范文飘、陈宇:《基于CRM的物业管理系统评价方法研究》,《黑龙江科技信息》2007年第9期。

肖丽华:《物业管理企业顾客价值评价体系的构建》,《商场现代化》2007年第10期。

张虹、刘威:《物业管理服务水平评价模型的研究》,《武汉理工大学学报》(信息与管理工程版)2006年第12期。

张泽颖:《模糊综合评判法在小区物业管理客户满意度评价中的应用研究》,《科技资讯》2006年第27期。

王青兰:《物业管理的满意度测评》,《中外房地产导报》2003年第1期。

Amaratunga. D. Baldry. "A Conceptual Framework to Measure Facilities Management Performance", *Property Management*, 2003 (2).

夏建中:《中国公民社会的先声——以业主委员会为例》,《文史哲》2003年第3期。

刘少文:《物业管理服务质量指数编制探讨》,《现代物业》2003年第12期。

黄安永、孔海峰:《构建物业管理质量评价体系思考》,《中国房地产》2002年第10期。

金序能:《住宅小区物业管理评价指标体系的研究》,《南京理工大学学报》(哲学社会科学版)1998年第6期。

Grimshaw. B. "The Wider in Implications of Managing Change", Facilities Management: . 1997 (17).

杨云云:《基于可持续发展的住宅小区物业管理运行方式改进与评价的研究》,硕士学位论文,中南大学,2004年。

黄志强:《城市社区物业管理服务质量评价研究》,硕士学位论文,湘潭大学,2008年。

城市水生态治理网络中的社会资本研究

徐晓林 黄 宸 毛子骏[*]

（华中科技大学公共管理学院；华中农业大学公共管理学院；
华中科技大学公共管理学院）

摘 要 工业化和城市化发展推动了城市经济快速增长，也造成了水生态环境不断恶化，如何平衡生态环境效益、经济效益和社会效益成为新时代社会发展的重要研究课题。水生态文明建设是生态文明建设的核心内容，是实现"美丽"中国建设的重要保障，需要政府和非政府主体的广泛参与。本研究基于生态博弈框架（Ecology Of Games Framework），以水生态文明试点城市鄂州为对象，构建市区镇三级政府部门、企业和第三部门共计59个利益相关者的水生态治理网络，探索不同社会资本对行动者合作行为的影响。分析结果显示，团结型资本能够提高利益相关者之间的信任程度，提升整体合作水平；桥接型资本能够增强参与渠道的有效性，激发利益相关者的参与积极性。因此，本研究提出，加强利益相关者之间的沟通与联系，充分发挥社会资本对合作行为的积极影响，形成水生态治理的合力。

---

[*] 徐晓林，华中科技大学公共管理学院教授，北京大学国家治理研究院兼职研究员；黄宸，华中农业大学公共管理学院讲师；毛子骏，华中科技大学公共管理学院副教授。

关键词 水生态文明建设 水生态治理 社会资本 社会网络分析

当前，中国环境治理形势日趋严峻，加强水生态治理迫在眉睫，探寻适合我国实情的水生态治理模式成为解决当前我国水生态问题和缓解环境治理压力的"良药"。水生态治理需要连续、有效的行动[1]、一定的理论与实践知识、以及多层治理系统[2]。但由于治理过程所涉及的行动者较多，容易导致"碎片化"治理，降低了多层治理系统的效能[3][4]。研究表明社会资本对提高行动者的合作水平有积极影响，既能够通过促进行动者之间的信息流动来解决合作问题（cooperation problem），又能够通过加强行动者之间的交流来解决协作问题（coordination problem）[5]。

一 引言

水是人类赖以生存的重要资源之一，它与人类社会中食物、能源以及其他事物和服务的供给密切相关[6][7][8]。水生态与自然界中的其他生态

---

[1] Watts, D. J., & Strogatz, S. H. "Collective Dynamics of 'Small World' Networks". *Nature*, Vol. 393, 1998, 440–442.

[2] Medema, W., Wals, A., & Adamowski, J. "Multi-Loop Social Learning for Sustainable Land and Water Governance: Towards a Research Agenda on the Potential of Virtual Learning Platforms". *Wageningen Journal of Life Sciences*, Vol. 69, 2014, 23–38.

[3] Berardo, R., & Scholz, J. T. "Self-Organizing Policy Networks: Risk, Partner Selection, and Cooperation in Estuaries". *American Journal of Political Science*, Vol. 54, No. 2, 2010, 632–649.

[4] Feiock, R. C. "The Institutional Collective Action Framework". *Policy Studies Journal*, Vol. 41, No. 3, 2013, 397–425.

[5] Reeds, C., Campbell, A., George, M., Leuenberger, D., & McCarty, J. Social Capital in large-scale environmental collaboration: the case of the Platte River.

[6] Berardo, R., Lubell, M., & Scholz, J. T. "Who participates in an Ecology of Policy Games and Why? A comparison across weakly and strongly institutionalized policy making systems". In: the Annual meeting of the Midwest Political Science Association, Chicago IL, 2013.

[7] Godfray, H. C., Beddington, J. R., Crute, I. R., Haddad, L., Lawrence, D., Muir, J. F., Robinson, S., Thomas, S. M., & Toulmin, C. "Food security: the challenge of feeding 9 billion people". *Science*, Vol. 327, 2010, 812–818.

[8] Mulder, K., Hagens, N., & Fisher, B. "Burning water: a comparative analysis of the energy return on water invested". *Ambio A Journal of the Human Environment*, Vol. 39, 2010, 30–39.

系统紧密相连，水、土壤、大气等既分属于不同的生态系统，又密不可分，共同组成了人类生存的生态环境[①]，政府设置了相应的分管部门。以水资源为例，所涉及的管理部门包括环保、水务、农业、林业、国土等多个部门，"多龙治水"产生行政的碎片化使得部门之间责权不清，"踢皮球"现象屡见不鲜，行政效率低下，治理效果一般。为推进公共事务综合管理，最大限度地避免政府职能交叉、政出多门、多头管理，提高行政效率，降低行政成本，2013 年国务院启动新一轮大部制改革，国务院组成部门减少至 25 个。十三届全国人大一次会议提出《国务院机构改革方案》，原国土资源部、国家海洋局和国家测绘地理信息局被改组为自然资源部；原环境保护部被生态环境部所取代，统一负责生态环境监测和执法工作。政府机构改革为社会资本在治理网络中的孕育提供了载体。

社会资本是实现社会可持续发展的最关键资本之一[②]。有效的集体行动能够激发关系网络中的社会资本，反之则可能导致集体行动障碍。由于水生态治理涉及的行动者较多，社会资本促进行动者之间沟通与合作，将其从孤立的个体变成紧密团结的整体[③]。社会资本的三个基本要素包括信任、规范和关系网络。社会资本与水生态网络化治理存在着高契合度和逻辑相关性，具体表现为如下三个方面：其一，网络行动者之间的信任，是水生态网络化治理的重要基础。信任作为一种社会资本的形式，在经济与社会中具有重要的意义[④]，对水生态文明建设具有重要影响。水生态治理涉及主体较多，各种利益关系交织，组织目标分歧不断，"碎片化""原子化"趋势增强，行动者之间的普遍信任是建立良好"关系"的基础。其二，规范是实现水生态网络化治理的制度保障，

[①] Wiek, A., & Larson, K. L. "Water, people, and sustainability-A systems framework for analyzing and assessing water governance regimes". *Water Resour Manage*, Vol. 26, 2012, 3153–3171.

[②] Gupta, J., Pahl-Wostl, C., & Zondervan, R. "'Glocal' local stainabiAnthropocene". *Environmental Sustainability*, Vol. 5, 2013, 573–580.

[③] Dale, A., & Onyx, J. *A Dynamic Balance: Social Capital and Sustainable Community Development*. British Columbia: UBC Press, 2005.

[④] Pretty, J. & Frank, B. R. "Participation and Social Capital Formation in Natural Resource Management: Achievements and Lessons". In *Plenary Paper for International Landcare 2000 Conference*. Melbourne, Australia, 2000.

是"善治"的重要保证。增强水生态治理网络中的规范性和有序性，建立制度化的治理模式，是确保实现水生态"善治"的重要条件。网络化治理的高效性和科学性，离不开有效的制度，既可避免"飞镖效应"，又能让行动者在规范中产生良好的默契，形成互惠行为。其三，关系网络是确保水生态治理效果的重要平台。水生态治理网络为不同的利益相关者建立了良好的沟通合作平台，将各级政府部门、企业、第三部门和公众等多种类别的利益相关者连接在一起，当相互之间的利益偏好存在差异或者冲突时，能够以整体利益为前提，通过平等协商和平解决问题。

在水生态治理网络中，不同的关系配置方式能够解决因"碎片化"而导致的协作问题与合作问题[1]。研究表明，社会资本能够增强网络行动者之间的信任程度，缓和社会关系和政治关系[2]，激发政策网络中行动者之间的合作[3]。大体上，社会资本可以分为桥接型社会资本（bridging capital）和团结型社会资本（bonding capital）。桥接型社会资本能够有效解决协作问题，网络中的核心行动者不局限于其已有的合作网络，寻求与其他联系较少或者尚未建立合作关系的行动者建立有效的联系，既能使网络边界不断延伸，还能帮助行动者更好地定位和评价潜在的合作伙伴[4]。团结型社会资本能够帮助解决合作问题，该类型的社会资本产生于合作网络内部，通过加强行动者之间的联系，消除行动者之间的沟通障碍，降低交易成本。以往的研究多关注于不同区域、流域或者城市之间以府际合作的方式来解决水生态问题，而鲜少关注某一城市内部利益相关者所构成的合作治理网络。社会资本理论为水生态网络化治理研究提供了新的思路，本研究将对水生态治理网络中行动者之间的关

---

[1] Berardo, R., & Scholz, J. T. "Self-Organizing Policy Networks: Risk, Partner Selection, and Cooperation in Estuaries". *American Journal of Political Science*, Vol. 54, No. 3, 2010, 632–649.

[2] ［美］弗朗西斯·福山：《大分裂——人类本性与社会秩序的重建》，刘榜离等译，社会科学文献出版社2000年版。

[3] Sabatier, P. A., Focht, W., Lubell, M., Trachtenberg, Z., Vedlitz, A., & Matlock, M. "Swimming upstream: collaborative approaches to watershed management, American and comparative environmental policy series". Cambridge/Massachusetts: The MIT Press, 2005.

[4] Scholz, J. T., Berardo, R., & Kile, B. "Do networks solve collective action problems? Credibility, search and collaboration". *Journal of Politics*, Vol. 70, No. 2, 2008, 393–406.

系，以及由此而产生的各种社会资本展开研究。

二 数据收集与分析

为充分了解城市水生态网络化治理的现状和障碍，本研究选取中国首批水生态文明试点城市之一鄂州市为案例，采用半结构访谈和问卷调查相结合的方式来获取相关数据和信息，建立包括市级涉水部门、区级涉水部门、镇街涉水部门、涉水企业和第三部门在内的水生态合作治理网络。从访谈大纲制定、问卷设计到实地访谈、问卷发放再到资料整理和数据收集，整个过程持续约11个月（2016年10月至2017年8月）。

（一）半结构访谈

根据《鄂州市水生态文明试点城市建设实施方案》（后简称《实施方案》），水务局、环保局、水产局等9个部门被确定为鄂州市水生态文明建设子目标的牵头部门，并详细列出包括用水总量、万元工业增加值用水量、万元GDP用水量、主要水功能区水质达标率等在内的27项子目标和量化指标值。综合考虑各方因素后，本研究将水务局、湖泊管理局、环保局、发改委、市委组织部、鄂城区区委组织部、葛店经济开发区、水务集团有限公司确定为访谈对象。结合部门职能定位和《实施方案》中的部门分工，本研究针对每个部门的实际情况设计了个性化的访谈大纲，试图从不同层级的政府部门的角度来了解鄂州市水生态治理的现状、治理网络的建构、合作的主要障碍等。除此之外，为了避免受访者之间的互相干扰，保证信息的真实性，本研究采取半结构化访谈，所有受访者都是单独接受采访。受访者在接受采访前一至两天都会收到访谈大纲，以便提前准备相关资料。

访谈得到了各部门的大力支持，受访者从本职工作出发，不仅详细介绍了鄂州市水生态治理的现状，还就各部门的职能分工、跨部门合作等问题进行了详细说明，针对水生态治理过程中部门的合作方式以及存在的合作障碍等提出见解，并结合实际情况对水生态治理策略提出了许多有价值的意见，对本研究具有重要意义。

（二）问卷调查

根据贝拉尔多（Berardo）和舒尔茨（Scholz）提出的生态博弈框架（Ecology of Games Framework）和《实施方案》，本研究设计了《鄂州市水生态网络化治理研究调查问卷》（后简称《调查问卷》）。《调查问卷》共有25个问题，包括个人信息、水生态治理的现状、水生态治理过程中的合作情况、主要合作对象、公众参与情况五个部分。除了个人信息，其他四个部分均采用选择题的形式，如果所提供的选项都不符合实际情况，问卷作答者也可以提出自己的看法。在部分问及对某种现象或者行为的个人观点时，为更直观地了解问卷作答者的认可程度以及后续的量化研究，《调查问卷》采用了七点李克特量表，数字1到7代表对所述观点认可程度不断增强。

为了从不同职能部门的角度了解水生态网络化治理的现状，构建涵盖行动者范围更广、更能够反映出实际情况的鄂州水生态治理网络，本研究参阅《实施方案》、政府工作报告、报纸、政策文献等资料，运用参与法确定了包括水务局、湖泊管理局、环保局、农委、水产局等18个市级涉水部门，鄂城区委组织部、华容区政府办公室、梁子湖区委组织部、葛店经济开发区党政办、鄂州经济开发区组织人事局等12个区级涉水部门，街道办事处和镇、乡农业服务中心共计23个单位，水务集团有限公司、城市建设投资有限公司、水质监测有限公司等3个鄂州市重要涉水企业，水利学会、水利建筑设计研究院、环境工程研究院等3个鄂州市重点水生态研究机构在内的59个重要行动者填写问卷。为让被访者更加清楚地了解《调查问卷》，使其提供更加符合事实的信息，除了在访谈过程中向部分参与者提及过该问卷，还在《调查问卷》中附页介绍了问卷发放单位的情况和问卷目的，并承诺严格保护被访者的个人信息。

问卷的发放采用网络问卷和纸质问卷相结合的方式，通过微信、电子邮件、短信、快递和电话等多种形式。为了保证问卷回收的效率，《调查问卷》中清楚地写明了问卷的截止时间。在规定的截止日期前，共收到问卷114份（含21份重复问卷或无效问卷），确保了100%的回收率，所有调研对象均提交了有效的回复问卷。

(三) 社会网络分析

所谓社会网络，就是连接一系列人或者事的特定类型的关系，这一系列人或事被称为"行动者（actor）"或者"节点（node）"，而他们之间所形成的各种关系则被称为"联结"（connection）[1]。社会网络分析法（Social Network Analysis, SNA）是一种通过图论来研究社会网络的分析方法。该方法通过研究由行动者（actors）及其之间的关系（relation）所构成的网络，获得该网络属性及其特征[2]。近年来，社会网络分析方法广泛应用于社会过程和问题的研究。合作治理网络属于社会网络，利用社会网络分析方法来剖析水生态治理网络中行动者及其之间的关系，能够很好地反映合作治理的现状，发现治理过程中的潜在问题。

Ucinet 是常见的社会网络分析软件之一，其中集成了一维与二维数据分析的 Netdraw 组件可以直观地将分析数据可视化。因此，本研究使用 Ucinet 6.0 对问卷数据进行分析，并使用 Netdraw 绘制出鄂州市水生态治理网络。

密度是用来测量网络中行动者之间紧密程度的指标。密度越大，说明行动者之间的关系越紧密，交流越顺畅，信息和资源的共享程度也越高。根据 Ucinet 计算结果，鄂州市水生态治理网络的密度为 0.193，共存在 661 个关联关系。该网络密度相对较高，连通性较好，59 个行动者整体呈现出较为活跃的状态，彼此之间的联系较为密切。行动者能够通过直接或者间接的联系进行沟通与合作，交流在治理过程中遇到的问题，共享宝贵资源和成功经验。

三 桥接型社会资本

权力（Power）是一个重要的社会学概念，单独的个体是没有权力

---

[1] Scholz, J. T., Berardo, R., & Kile, B. "Do networks solve collective action problems? Credibility, search and collaboration". *Journal of Politics*, Vol. 70, No. 2, 2008, 393–406.

[2] Mitchell, J. C. "The Concept and Use of Social Network". In: *Social Networks in Urban Situations*, edited by Mitchell, J. C., Manchester University, 1969.

的。个体的权力源自于与其他个体的关系,并通过这种关系对其他个体产生影响。简而言之,个体权力的来源就是其他个体对其权力产生的依赖性。在治理网络中,拥有更多桥接型资本的行动者能够掌握更多的信息和资源,控制着网络中主要的信息流动,比其他行动者具有更强的竞争优势[1]。因此,桥接型资本能够帮助行动者获取更大的权力和影响力。

网络的中心度是权力的量化分析指标[2],主要包括两个概念,一是点的中心度(Point Centrality),衡量的是单个节点的中心性,一个节点的中心度越大说明这个节点的中心性越高,该节点在网络中的重要性也越高;二是图的中心势(Graph Centrality),衡量的是图的中心性,网络的中心势越高,说明网络越密集,中心点与边缘点的中心度数值相差越大。经过 Ucinet 计算,鄂州市水生态治理网络的中心势为 0.58,其中出度中心势为 0.49,入度中心势为 0.58。中心势越接近 1,表明网络的中心性越高,权力越集中。相较于美国坦帕湾(Temper Bay)的水治理网络[3],鄂州市水生态治理网络的中心势较高,表明少数行动者掌控着网络中大部分的连接,权力集中较为明显,核心行动者和边缘行动者的权力对比悬殊。出度中心势和入度中心势较为接近,说明该网络中的行动者既能够主动地寻求与其他行动者的联系,建立有效的连接,巩固合作关系,又能够充分利用自身的优势资源,吸引到其他行动者的关注,被动建立关联关系。但是,综合网络密度和中心势发现,合作治理网络中的连接数量仍然偏少,需要通过增加行动者之间的有效联系来提高整体网络的通达性。

(一)度数中心度

衡量桥接型资本的标准是网络中的连接数量,它既能够充分反映网

---

[1] Wasserman, S., & Faust, K. *Social Network Analysis: Methods and Applications.* Cambridge University Press, 2012.

[2] Burts, R. S. *Brokerage and Closure, An Introduction to Social Capital.* Oxford University Press: Oxford, 2005.

[3] Smythe, TC., Thompson, R., & Garcia-Quijano, C. The inner workings of collaboration in marine ecosystem-based management: A social network analysis approach. *Marine Policy*, Vol. 50, 2014, 117 – 125.

络中存在的各种关联关系，又能够发现网络中的关键节点。度数中心度（Degree Centrality）是常见的社会网络的概念工具，也是中心度的指标之一。它主要是用来测量行动者在网络中的位置，能够有效反映行动者在网络结构中所处的位置和优劣势。度数中心度越高，说明行动者在网络中地位越重要，对网络中信息流通的控制力越强[3]，对其他行动者和网络的整体表现具有越大影响[1]。如表1所示，在鄂州水生态治理网络中，环保局（点102）的出度中心度最高，水务局（点101）的入度中心度最高，他们是鄂州水生态治理的核心行动者，在治理网络中拥有着较大权力，这一点在《实施方案》的责任分配中就得到了充分的体现。

以环保局为例，环保局的出度中心度为39，入度中心度为33，表示环保局主动与其他39个行动者建立了联系，占行动者总数的66.10%，而有33个行动者主动与环保局建立了联系，占行动者总数的55.93%。超过半数的行动者主动或者被动地与环保局建立了关联关系，表示环保局控制着网络中大部分的信息交互和资源共享[2]，它在水生态治理网络中的重要性可见一斑。水务一体化改革后，水务局在水生态治理中承担着更重要的角色，网络影响力也大幅度提升，其入度中心度达到44，行动者总数占比接近80%。水务局的关系网基本覆盖了整个水生态治理网络，奠定了其在水生态治理中的龙头地位。

比较不同类别节点的度数中心性发现，市级政府部门的度数中心性普遍高于其他类别的行动者。度数中心性偏低，说明行动者所建立的直接关联关系不多，需要借助其他行动者的关系来实现彼此之间的沟通，增加了交易成本，导致水生态治理效率不高，严重制约水生态文明城市的建设。因此，在水生态网络化治理模式的探索初期，需要注意畅通行动者的沟通渠道，鼓励行动者之间的交流，激发有效的合作行为，形成水生态治理的合力。

---

[1] Yi, H., & Scholz, JT. "Policy Networks in Complex Governance Subsystems: Observing and Comparing Hyperlink, Media, and Partnership Networks". *Policy Studies Journal*, Vol. 44, 2016, 248–279.

[2] Jackson, M. O. *Social and Economic Networks*. Princeton University Press: Princeton, 2008.

表1　　　　　鄂州市水生态治理网络的度数中心性分析

	Outdegree	Indegree	nOutdegree	nIndegree
102	39	33	0.672	0.569
321	39	15	0.672	0.259
101	38	44	0.655	0.759
109	34	7	0.586	0.121
401	34	13	0.586	0.224
118	26	0.000	0.448	0.000
403	25	10	0.431	0.172
503	25	4	0.431	0.069
…	…	…	…	…
502	2	4	0.034	0.069
302	1	19	0.017	0.328
305	1	13	0.017	0.224
307	1	15	0.017	0.259
320	1	16	0.017	0.276
	Out-Centralization		In-Centralization	
1	0.4875		0.5752	

（二）中间中心度

中间中心度（Betweenness Centrality）测量的是网络中某一节点与其他节点之间的距离，能够反映该节点在多大程度上是网络中其他节点的"中介"。网络"中介"掌握着信息的流通，能够促进行动者之间的交流。从整体上来看（见表2），鄂州市水生态治理网络的中心势为21.9%。中间中心势是中间中心度最高的节点与其他节点中间中心度的差距。中间中心势越高，表示该网络中节点的聚类现象越严重，存在多个小团体，"权力"集中在少数行动者手中，网络中信息的传递主要依赖于这些关键节点。相较于东莞市水生态治理网络的中间中心势（38.7%）[1]，鄂州水生态治理网络的中间中心势较低，表明网络的模块

---

[1] Huang, C., Chen, T., Yi, H., Xu, X., Chen, S., & Chen, W. "Collaborative environmental governance, Inter-agency cooperation and local water sustainability in China". *Sustainability*, Vol. 9, 2017, 2305.

化程度相对不高。信息和资源的分布较为分散，小团体现象不明显，信息的流通不仅仅依赖于少数行动者，行动者能够凭借自身所建立的联系来进行有效的沟通。模块化程度越低的网络，行动者之间的信任程度越高，越能够积极主动地参与合作治理。较低的模块化程度，增强了鄂州水生态治理中行动者之间的信任感，彼此之间更容易建立起连接关系，有利于开展合作治理。

从行动者个体上来看，水务局和环保局的中间中心度远高于其他节点，是网络中重要的"中介"节点，具有"经纪人"或者"守门人"的作用。网络中的核心节点对信息和资源的占有率较高，联系数量较多，可直接或者仅需要较少的连接关系就能够与其他节点取得联系。实证研究发现，随着行动者中间中心度和度数中心度的增加，其合作行为的偏好性也会随之增加[1]。在鄂州水生态治理中，水务局、环保局等核心行动者掌握了最新的政策动向和最丰富的资源，对网络中信息的流通具有重要影响力。他们应该充分发挥其领导者和协调员的角色，增强网络中不同行动者之间的协调，增进鄂州水生态治理中的多元合作。正如在访谈中市委组织部的被访者提到的那样，"水生态文明建设领导小组的建立，不仅提高了鄂州市水生态治理的效率，行动者之间的沟通和交流也变得更加顺畅"。

表2　　鄂州市水生态治理网络的中间中心性分析

	Betweenness	nBetweenness
101	757.635	22.917
102	552.618	16.716
105	159.010	4.810
321	145.089	4.389
107	100.132	3.029
401	84.518	2.557
…	…	…

[1] Freeman, L. "Centrality in social networks". *Social Networks*, Vol.1, 1979, 215–239.

续表

	Betweenness	nBetweenness
206	0.000	0.000
203	0.000	0.000
208	0.000	0.000
202	0.000	0.000
Mean	45.780	1.385
Std Dev	120.475	3.644
Sum	2701.000	81.700
Network Centralization Index = 21.90%		

四 团结型社会资本

团结型社会资本有助于加强关系网络中互惠原则的建立，增强行动者之间的团结，通过营造网络内部高度信任的氛围，增强内部忠诚度，为网络行动者的可持续合作创造了良好的条件[1]。

互惠性（Reciprocity）是衡量网络中团结型社会资本的基本指标之一。互惠性能够增强行动者之间的信任感，并向其他行动者释放信号，吸引他们与之建立联系[2]。互惠性较高的网络包含的连接多以对称性连接为主。鄂州市水生态治理网络的混合互惠性为0.1637（见表3），互惠性程度较低，表明该合作网络中以分级结构为主，意思是网络中存在一些"明星"节点，其他节点为了寻求更多的信息和资源"争先恐后"地与其建立联系，形成了非对称性连接关系。例如，市水务局的对称值为0.577，非对称值为0.423，对称值略大于非对称值，表明市水务局作为"明星"节点，充分发挥了它的明星效应，在其他节点主动与水务局建立联系的同时，水务局也积极与该节点建立合作关系，使双方关系从

---

[1] [美] 普特南·罗伯特：《独自打保龄球——美国社区的衰落与复兴》，刘波等译，北京大学出版社2011年版。

[2] Berardo, R., & Scholz, J. T. "Self-Organizing Policy Networks: Risk, Partner Selection, and Cooperation in Estuaries". *American Journal of Political Science*, Vol. 54, No. 3, 2010, 632–649.

单向联系变成双向合作，使网络内部行动者之间的联系变得更加紧密。而市环保局、湖泊管理局、发改局等"明星"节点，对称值远低于非对称值，却在一定程度上加剧了网络内部的分级化程度，不利于网络内部成员之间的团结，减少了网络中的团结型资本。正如普特南所说，"一个普遍互惠性的社会比一个无诚信的社会更加有效，就像货币交易比物物交换更有效一样"。

表3　　　　　　　鄂州市水生态治理网络的互惠性分析

Overall Reciprocity Measures	
	Measures
Recip Arcs	186
Unrecip Arcs	475
All Arcs	661
Arc Reciprocity	0.281
Sym Dyads	93
Asym Dyads	475
All Dyads	568
Dyad Reciprocity	0.164
Hybrid Reciprocity: 0.1637	

聚类系数（Clustering Coefficient）是团结型资本的另一测量指标。聚类系数是行动者在网络中联系的实际数量与应该拥有的联系数量之比。聚类系数能够反映网络中整体的聚类现象[①]。聚类系数越大，说明网络中可能存在重复的连接关系则越多，但重叠联系也在一定程度上提高了关系网络中行动者之间的信任程度和达成共识的可能性，因此也更加容易解决集体行动问题。经过Ucinet计算（如表4所示），鄂州市水生态治理网络的聚类系数为0.34，加权聚类系数为0.279，表明该网络整体的连接性较好，聚类分布性较强，交易成本偏低，有利于行动者之

[①] Watts, D. J., & Strogatz, S. H. "Collective Dynamics of 'Small World' Networks". *Nature*, Vol. 393, 1998, 440–442.

间信息的交流与资源的交换,有效避免陷入集体行动困境。网络的聚类性越高,网络中的团结型资本越多[①]。鄂州水生态治理网络整体表现出较高的聚类性,网络内部行动者之间存在许多重复的联系,行动者之间表现出更高的信任度,能够产生出更多的团结型资本。从不同类别的行动者来看,政府部门的行政级别越低,聚类系数越高,表示行政级别越低的政府部门会更加关注辖区内的公共事务治理,合作对象也更加局限于网络内部行动者。非政府部门的聚类系数也相对较高,说明此类行动者的合作对象也多来自网络内部,具有封闭性、排他性等特征。但是,水生态治理的复杂性要求行动者不断创新治理理念,在国家政策的引导下,加强彼此之间的交流与合作,充分挖掘网络中的社会资本,提高水生态治理的能效。

表4　　　　　　　　鄂州市水生态治理网络的聚类性分析

	Clus Coef	nPairs
101	0.193	1326
102	0.193	1326
103	0.379	91
104	0.333	171
105	0.217	595
…	…	…
201	0.000	1
202	0.357	171
203	0.333	36
204	0.554	28
205	0.235	153
…	…	…
301	0.339	171
302	0.284	171

① Scholz, J. T., Berardo, R., & Kile, B. "Do networks solve collective action problems? Credibility, search and collaboration". *Journal of Politics*, Vol. 70, No. 2, 2008, 393 – 406.

续表

	Clus Coef	nPairs
303	0.314	153
304	0.359	153
305	0.423	91
…	…	…
401	0.218	741
402	0.390	105
403	0.271	406
501	0.408	120
502	0.700	15
503	0.232	325
Overall graph clustering coefficient: 0.340		
Weighted overall graph clustering coefficient: 0.279		

传递性（Transitivity）是团结型资本的另一个代表特征，通过计算网络中可能存在的三联体（Triad）数量，来发现网络中实际连接的可传递的三联体[①]。网络中重复连接数量的增加，能够降低解决集体行动问题的交易成本，增加网络行动者之间合作的可能性[②]。可传递的三联体（transitive triad）产生于紧密联系的群体之间的重复交互行为，因此，它被认为是反映网络行动者之间信任程度的可靠指标之一。经 Ucinet 计算，鄂州市水生态治理网络的三联体可传递性为 0.263，表明网络中存在 26.3% 的能够实现完整传递的三联体，通过多重紧密联系，行动者之间能够产生团结型资本来帮助解决网络中可能存在的合作障碍。"三角"关系属于最稳定的关系组合，三联体数量越多，行动者之间的关系越稳定，彼此之间的信任感也将随之增加，实现可持续的合作。鄂州水生态治理网络的三联体可传递性较强，行动者之间稳定的关联关系，能够在

---

① ［美］普特南·罗伯特:《独自打保龄球——美国社区的衰落与复兴》，刘波等译，北京大学出版社 2011 年版。
② Borgatti, S. P. & Foster, P. C. "The Network Paradigm in Organizational Research: A Review and Typology". *Journal of Management*, Vol. 29, No. 6, 2003, 991–1013.

治理网络内部激发出更多的团结型资本，增进行动者之间的沟通与交流，让内部行动者能够发展成为一个紧密团结的整体，有助于合作治理效率的提升。

五　结论

行政体制的碎片化使行动者容易陷入集体行动困境。从网络化治理的视角，本研究通过社会网络分析方法，对鄂州市水生态治理网络中的团结型资本和桥接型资本展开深入分析。作为一种制度性的创新，网络化治理模式在鄂州水生态治理过程中得到了较好的实践。通过半结构访谈和问卷调查发现，鄂州市水生态治理的行动者基本上能够从容应对水生态治理过程中遇到的各种问题，并开始逐渐意识到合作的重要性。尽管在政策制定时，政府仍然是主要的参与者和执行者，分级化的政策治理方式也已根深蒂固，但是网络化治理模式已经被广泛地运用到公共事务治理当中，越来越多非政府行动者通过各种渠道参与到政策制定和执行的过程之中[1][2][3]。

社会网络分析指标显示，鄂州市水生态治理网络的团结型资本较为丰富，内部行动者的联系较为紧密，彼此之间的信任感较强，有利于信息的交流与资源的共享，实现合作的可持续性。然而，团结型资本主导的网络可能会导致内部行动者的排他性和封闭性，缺乏对外部行动者的开放性和包容性，再加上市水务局、环保局等核心行动者控制着治理网络中大部分的信息和资源的交互，"中介"效应过于强大可能会导致信息来源单一、

---

[1] Zhu, X., & Chen, S. "Research on the Cooperation Mechanism between the government and NGOs in public crisis network governance in China". In *International Conference on Public Administration* (*ICPA 9th*), 2013.

[2] Yeh, G. A., & Lee, T. "Building a Competitive Pearl River Delta Region: Cooperation, Coordination, and Planning". In *the seminar on Building a competitive Pearl River Delta Region: Cooperation, Coordination and Planning*, The University of Hong Kong, Centre of Urban Planning and Environment Management: Hong Kong, 2002.

[3] Liu, Y., Li, Y., Xi, B., & Koppenjan, J. "A governance network perspective on environmental conflicts in China: findings from the Dalian paraxylene conflict". *Policy Studies*, Vol. 37, 2016, 314 – 331.

资源多样化欠佳等问题，不利于长远发展。根据鄂州市水生态网络化治理的现状，本研究提出如下三条建议来推进城市水生态治理工作。

首先，加强行动者之间的沟通和交流，强化城市水生态治理网络的韧性。城市水生态治理的当务之急是明确行动者的责任和义务，加强彼此的沟通和交流，避免由于"重复治理"而造成的资源浪费。顺应"互联网+"趋势，广东省搭建了"智慧水务"平台，通过"互联网+湖长制""互联网+河长制"等模式，实现跨部门数据共享与分工合作，是完善水生态治理模式的一次不错的探索。在城市水生态治理中，政府部门作为核心行动者，应该加强与上级主管部门和下级分管单位的合作。向上，增进与水利部、省水利厅等部门的纵向合作，及时了解国家最新的水利发展趋势，掌握宏观水生态治理政策动态；向下，深入水生态治理的一线，充分了解本地区真实情况，制定出适应本地水生态治理的策略。同时，建立横向管理部门的联动机制，实行由发改委、环保局、住建委、农委等主要涉水部门参与的联席会议制度，定期沟通和交流经验，了解各部门工作进展，制定出整体的发展策略。除此之外，非政府主体应该增强"主人翁"意识，与政府主体组成水生态治理的联盟。建立合作型伙伴关系，鼓励多元行动者的广泛参与，该模式已经在越南[1]、巴基斯坦[2]、印度尼西亚[3]等国的水生态治理中得到了良好的实践，建立"政府引导、市场推动、多元参与、社会共担"的水生态治理模式是现代水生态治理的趋势。

其次，确定水生态治理的主要负责部门，挖掘网络中的桥接型社会资本，提高治理网络的连接性。因"多龙管水"而形成的碎片化导致治理网络中产生了多个彼此分离的子群，子群之间的交流渠道不畅，形成"信息孤岛"。各子群基于"一亩三分地"的思维定式，欠缺"一盘棋"的大

---

[1] Van Tuyen, T., Armtage, D., & Marschke, M. "Livelihoods and co-management in the Tam Giang lagoon, Vietnam". *Ocean & Coastal Management*, Vol. 53, 2010, 327 – 335.

[2] Bano, M. "Negotiating collaboration in Pakistan: Expertise networks and community embeddedness". *Public Administration and Development*, Vol. 31, 2011, 262 – 272.

[3] Palmer, C. "Making a difference? Accounting for nongovernmental organizations in the comanagement of Lore Lindu national Park, Indonesia". *Journal of Environment & Development*, Vol. 23, 2014, 417 – 445.

局意识，缺乏共同体理念和一体化观念，行动者之间缺乏良好的信任和有效的沟通，只一味追求自身或所在子群的利益最大化，损害了整体网络的利益。核心行动者作为治理网络的"中介人"，通过搭建子群间连接的桥梁，将独立的子群连接成一个整体，减少因碎片化而导致的集体行动障碍问题。自2000年水务一体化改革以来，国家提出"水资源综合管理"的构想，全国各地陆续将水利局改组为水务局。除了名称的变更，更重要的是职能的完善，实现了水资源的优化配置、高效可持续利用，真正做到了从"水源头"到"水龙头"的转变。鄂州现已成立了由市长为组长，发改委、农委、住建委等24个主要涉水部门为成员单位的水生态文明领导小组来统筹水生态文明建设相关事宜，并在水务局设立了水生态文明领导小组办公室，由市水务局局长担任办公室主任。水生态文明领导小组办公室成为了鄂州水生态文明试点城市建设的领导者和中介者，对培育和发展治理网络中的桥接型社会资本具有重要意义。因此，顺应水资源一体化管理趋势，把握水务局改组契机，发挥水务局的"中介"职能，搭建行动者之间交流与沟通的桥梁，培养彼此之间的信任感，建立信息共享机制，提高公共事务治理的透明度，加强彼此的监督管理，激发行动者合作的主动性和积极性，促进行动者之间的紧密合作。

最后，加强治理网络内部的连接性、传递性和互惠性，培育团结型社会资本，提高行动者之间的信任度。在合作风险较高的网络中，行动者往往更倾向于寻求建立团结型关系。而在行动者彼此熟悉，相互信任的强关系中，团结型社会资本存在的可能性更大。从微观上来说，团结型社会资本能够增强合作治理网络中行动者之间的信任感。信任感既能够通过促进信息和资源在行动者之间的传递来实现信息共享，并在多次的良性互动中得到不断的强化，减弱"囚徒困境"对合作治理的负面影响；因良性互动而产生的互惠性还能在一定程度上缓解因信息不对称而产生的猜忌和不信任感，避免因个体的"理性行动"而造成集体的"非理性结果"和"飞镖效应"[1]。从宏观上来说，团结型社会资本能够

---

[1] 肖建华、邓集文：《多中心合作治理：环境公共管理的发展方向》，《林业经济问题》2007年第1期，第49—53页。

增强行动者的公共理性，形成治理共同体。团结型社会资本能够让行动者产生合作、信任、理解，让治理网络中的行动者从以自我为中心的利己主义者转变为以集体利益为前提、利益共享、责任共担的"共同体"。在水生态治理中，行动者以实现水生态文明城市建设为共同目标，以信息传递和资源共享等多种形式的的互动，形成诸如信任、互惠规范、集体行动原则、归属感等共同的文化价值，建立网络合作关系，提高治理网络中行动者之间的凝聚力，增强网络共同体集体行动的理性。网络化治理模式作为水生态治理的政策创新，尚处于不断探索和完善阶段，各地需要结合自身实际情况，构建符合当地现状的高效的水生态治理网络。

地方治理中大数据技术运用的不足及改进

赵 滕[*]

(北京工业大学马克思主义学院)

摘 要 地方治理从来是中国政治治理的关键落脚点,随着网络技术的发展,大数据时代已经来临。大数据为地方治理提供了新的技术凭借。在大数据支撑下,地方治理可以更加差别性地提供公共服务,其治理模式和治理机制也产生不同程度的创新。本文采取数据分析和案例研究的方法,分析地方治理中大数据运用的机制、特点和存在问题,提出改进策略。

关键词 大数据 地方治理 治理机制

一 导论

地方政府治理是政治治理的落地环节,其从基础层面决定着整个国家公共服务的质量与效率。从某种意义上说,一个国家的治理水平从根本上说是由其地方政府治理的水平所决定的。在良好地方治理的基础之上,整体意义上的善治才是可能的。在信息时代,地方政府治理越来越与大数据息息相关。2015年8月,国务院印发《促进大数据发展行动纲要》(以下简称《行动纲要》),在政府治理中重视大数据的作用已经成

---

[*] 作者系北京工业大学马克思主义学院讲师。

为国家发展的战略。研究地方治理过程中大数据技术运用的现状与不足，从实质上说是分析地方治理与信息技术运用之间的矛盾，从管理学的角度理顺两者之间的关系，充分发挥大数据技术在地方治理过程中的作用，从而推动整个国家治理现代化的努力。强化地方政府治理中运用大数据技术的能力是提高地方政府行政治理水平、推动地方经济、社会建设，从而实现全面建设小康社会的必然要求。

二 地方治理概念

从直观看，地方治理指对地方公共事务的管理。这个概念有几个要点：

第一，地方治理具有公共性特点。对"治理"这一概念，学界较为公认的界定是"治理是公共或私人的组织机构在处置其公共事务过程中那些方式的总称"[1]。这个概念的重心不在于治理的主体，而在于治理的对象——公共事务。地方治理就是各种机构在处理地方公共事务过程中的方式。公共事务反映一定范围内人群的公共性，它具备公开性、共享性的特征。而信息则是这种公共性治理的重要凭借和载体，在大数据时代，地方治理离不开数据的运用。

第二，地方治理具有管理性特点。治理与统治是有区别的，前者注重事务性、后者注重政治性；前者具备具体性，后者具备概括性。格里·斯托克曾深入探究治理与统治二者的内在继承性与本质性的不同，他认为治理具有以下特征：主体行为者不单是政府、责任边界模糊、自主自治、不依赖行政命令[2]。无论是西方政体还是中国政体，地方治理都不同于一般意义上的政治统治，它体现出事务性和具体性的特点。地方治理面对的是落地的现实事务，不同于高度概括的政治统治话题。地方治理要解决多样、复杂、高度变化且迫切的社会需求，其依托就不能是具有高度概括性的信息。信息的可分性、准确性、及时性以及高效性

---

[1] 俞可平编：《治理与善治》，社会科学文献出版社2000年版，第23—56页。
[2] ［英］格里·斯托克：《作为理论的治理：五个论点》，《国际社会科学杂志》1999年第1期。

就成为地方治理过程中的迫切要求。从这个角度而言,大数据顺应了地方治理的这种要求。

第三,地方治理的主体呈现出多元性特征。学者库伊曼认为地方治理具有主体多元化特点,地方政府治理存在组织内部的、协同层面的、跨层级不同部门的治理①。罗茨认为治理应需以新方法来统治社会。奥斯本和盖布勒在论述政府治理时强调"今天,我们所面临的核心问题,不是它们做什么,而是如何做。……关于政府应该为谁做什么问题的辩论,已经退居其次。"文森特·奥斯特罗姆在地方政府治理领域作出深入的实践与理论分析,他认为多中心治理必然成为未来发展趋势,并在未来地方政府实践活动中发挥巨大作用②。西方的地方治理除了地方政府,较多地依赖社会组织、团体的力量,形成其多元主体的特征;中国的地方治理以政府为重心,也体现出纵向多层级政府、横向多政府部门的主体多元性。

第四,地方治理与官僚制密切相关。地方治理的对象是地方的公共事务,而公共事务又与奉行官僚制的政府有着千丝万缕的联系。现代官僚制研究的鼻祖韦伯就已经看到了官僚制管理的封闭性与应变的迟滞性。当代行政管理理论对官僚制的弊端的研究已经从形式走向了内容,即关注具体的行政行为模式而非行为的内容。"怎么做"比起"做什么"要重要得多。从这个角度来对官僚制的弊端进行改革,是当代行政管理研究对官僚制的重要关注。如彼得斯在《改革政府:企业精神如何改革着公营部门》(1996)一书中指出,传统政府管理的官僚制弊端必须通过行为导向的策略才能得以改进。他认为美国地方政府应采取10项策略,这些策略作为政府祛除自身官僚制弊病的改革方向与技术方法,是从行为的方式、方法入手,而非从工作内容入手,要注重政府治理模式与治理思维的创新,不能仅仅抓住行政管理的内容。显然,官僚制内在的逻辑规定了它"怎么做"的行为模式,简单地试图通过若干措施是很难祛除官僚制的弊端的。总之,地方治理离不开地方政府,其应

---

① 汪乃澄:《论治理理论的中国适用性》,《当代社科视野》2010年第12期。
② [美]文森特·奥斯特罗姆:《美国地方政府》,北京大学出版社2004年版。

用大数据技术的行为必然会受到地方政府官僚制内在问题的影响。

三 大数据对地方治理的意义及其要求

美国政府前助理信息官、纽约大学法学院教授贝丝·诺维克（Beth-Noveck）在其专著《维基政府：运用互联网技术提高政府管理能力》说到在数字化时代，运用网络和大数据将有利于建立高效而低成本的地方政府。

1. 效率高

大数据（Big data，Mega data），别名海量信息，属于互联网时代的信息激增下的概念。从学科看，信息技术、计算机技术等自然科学与政治学、公共政策学、管理学等社会科学领域对大数据（big data）的定义各有侧重。从理论渊源上看，大数据又同传统的统计学（statistics）、数据分析学（dataanalytics）和数据科学（data science）关系密切，经常被理解为对海量数据的分析。一般而言，与地方治理相关的大数据有两个来源：其一是与公民活动相关的数据。这些数据又分成两类：一类是公民表达意见而生成的，如媒体、网站、搜索引擎、社交媒体等平台生成的数据；另一类是对公民行动的客观记录。如建筑物探头、机动车记录、街道传感器、移动终端信息等各种自动获得、传输并存储的数据。除了与公民活动相关的数据，公共事务领域的大数据还包括与公共部门相关的数据，即公共部门在其运营过程中生成的或者部门间相互收集的数据。显然，公共部门生成的及其主动收集的数据往往标准化程度较高并且自然的具备特定结构，而与公民活动相关的持续和自动收集的实时数据标准化程度较低，其结构性也需要进一步整理和建构。

显然，在政府治理过程中，基于数据进行决策可以大大提高决策的科学性。如克里斯托弗·胡德认为数字技术是提升政府能力的利刃，在研究大数据背景下政府治理变革时他指出其新的模式特点为空间识别、群体定位与多元节点[1]。一般而言，学界通常用 4V（Volume、Variety、

---

[1] 李传军、李怀阳：《大数据技术在社会治理中的价值定位》，《电子政务》2015 年第 2 期。

Value、Velocity）来概括大数据的高效率。Volume 指大数据的大容量。大数据以其超强的数据涵盖能力和整体性的分析方式来解析社会情况，有助于从整体上动态把握社会变化趋势；Variety 指数据的多样性。大数据不是同质性的数据，而是不断变化，反映社会多元需要的数据；Value 指大数据的价值，巨量的数据本身就意味着价值，大数据所反映的社会趋势更是弥足珍贵；Velocity 指大数据的实时性。大数据不是传统静态的数据，而是动态发展的数据，它的领域、范围时时更新，这就使它具备了强大的能力。

2. 成本低

如果大数据建设能够科学地实现，那么大数据一般会与规模经济密切相关。所谓规模经济（Economies of scale）是指通过扩大生产规模而引起经济效益增加的现象。规模经济反映的是生产要素的集中程度同经济效益之间的关系。规模经济的优越性在于：随着产量的增加，长期平均总成本下降的特性。在传统经济中，一般的生产要素并不意味着生产规模越大越好，因为规模经济追求的是能获取最佳经济效益的生产规模。如果生产要素投入超过了最优规模，则会产生边际成本提升的现象。在网络时代，信息是重要的生产要素，其与一般的生产要素的区别在于：信息的最优生产规模几乎没有上限，只要信息本身的质量有保证，那么信息被分享得越多，其创造的价值也就越大。换言之，当高质量的信息以大数据的形式被广泛共享时，一条信息的边际成本会无限降低。相应的，其所创造的边际价值在理论上会不停地升高。

3. 标准统一

大数据之所以能发挥共享之中的经济效用，主要是因为其标准统一。大数据之"大"，就在其能够在公共领域内形成通用的标准，能够被广泛的主体所分享。从这个意义上说，大数据必然具备某种公共品的特征，即非排他性。这种非排他性的必要条件，就是大数据必须有一整套能够被公共所接受、分享的统一标准。这种标准体现为数据的标准、管理的标准以及呈现的方式等诸多方面。以数据可视化（Visualization）为例，如果一个城区的共享数据具备可视化的特征，那么这种可视化的数据就应该是一种统一的标准，即在该地所有城区都应该拥有统一的这种可视化的硬件和软件支撑，并且形成这种可视化的信息分享过程。从这个角度而言，大数据的建设对于一个国家的公共设施投资要求是非常高的，只有建立了从硬件到软件、乃至信息标准等整个信息分享过程的统一标准，才能将大数据的重要作用发挥出来。

四 目前地方大数据治理存在的问题及本质

目前地方治理中大数据技术运用存在的不足，其本质就是地方治理中多元性主体以及官僚制的弊病与大数据内在统一性要求之间的矛盾。通过上文的分析，我们可以看到地方治理的特征与大数据技术的要求之间既有统一性，也有冲突性。其冲突性就体现在多层级、多部门地方政府主体以及官僚制问题综合作用与大数据统一标准的分享要求之间的冲突。

1. 共享困难

大数据的核心价值就在于共享。很多地方政府、部门因担心承担分享信息的责任，尚未对手中的数据进行充分共享。目前大量医疗、交通等领域的信息无法发挥其"大数据"意义上的价值。以某省的交通数据为例，在信息公开的公共交通专栏，仅有公交车站的地理位置。而公共交通的一些指标如承载人数，每日运载量等数据尚未开放，这对于商业环境中的诸如广告业等等行业的效用就大大降低。不仅如此，很多政府、部门经常将本单位掌握的信息视为重要的资源，认为奇货可居，如果轻易分享就会丧失自身的"神秘性"，损害自身的权威。所以一些管理部门经常开出不必要的信息获得手续或者证明，这就阻碍了数据的分享，降低了信息的价值，直接堵塞了大数据的生成。

从纵横向的官僚制角度来看，地方治理过程中数据本位主义突出。地方治理在运用大数据技术时缺乏数据管理的顶层设计与统筹规划，使得各单位各自为政。一方面，平级政府部门之间怕出丑，怕出错，信息共享数据成本大，数据互相难以往来，甚至很多领导干部认为同级部门来要数据会造成"隐患"。虽然在官僚制内部的管理过程中，存在以"开会"、"请示"、"批示"等形式的传统信息协商模式，但是其程序较多、耗时较长、反应较慢、效率低下，达不到"大数据"意义上的效率性和经济性；另一方面，纵向上下级部门之间信息共享不对等，不真实。由于上下级之间存在着领导与被领导的关系，上级部门往往只取不予，下级部门则经常采取手段扭曲数据，报喜不报忧。

信息共享的困难，本质上就是官僚制下一些单位有意或无意地将信息制造成稀缺性资源，从而规避责任，甚至图谋私利。这就形成了公开的信息没价值，有价值的信息不公开的乱象。在这里，"信息孤岛"本质上就是"权力孤岛"。以上种种情形，一方面破坏了信息升级为"大数据"的渠道；另一方面也造成信息可靠性存疑，数据质量较低的弊端。从各级政府、部门的角度而言，保护政治性的、重大性的信息秘密是可以理解的，但是为了保护秘密而一概拒绝分享，这就偏颇了。这本质上就是官僚制的特点与大数据技术的内在要求所导致的，除非另辟蹊径，否则很难能够化解。

2. 多元标准

与共享困难相辅相成的就是信息管理的多元标准。目前，我国地方治理中不同层级政府、部门之间数据平台的建设各自为政，这种局面的必然结果就是数据的生成、管理和共享过程缺乏统一标准。以对困难群众的帮扶服务信息共享为例，公安部门、妇联机构、街道办事处、民政局等等多头单位各自保有数据孤岛，重复录入数据，导致大数据资源整合程度低，不仅没有形成大数据的高效率、低成本优势，反而使得获取成本升高。目前，地方的精准扶贫服务工作也是一样，从村委会、街道办到乡、县、市乃至省级政府，因为信息无法充分共享，导致"精准扶贫"变成了"精准填表"，在数据处理上出现重复录入、遗漏、甚至是人为虚构等等问题。多头管理、多元标准下，数据分布十分分散，很难保证数据的可比性、完整性与可靠性。地市级政府持有中观的治理信息，省级政府则集中宏观大数据信息，县乡街道、村维护数据生成、维护与存储诸种环节各自为营。

大数据的内在要求，就是标准的统一，而标准的统一必然要求硬件层面的兼容性。目前地方治理运用大数据过程中相关数据平台建设标准

· 275 ·

与数据端口建设滞后，已经严重影响大数据的建设。国内以北京市的信息共享为例，其平台数据端硬件兼容接口仅有一种，而美国纽约市政府的硬件兼容接口已多达十一种，基本实现数据共享在硬件层面的自由，对比之下差距之大令人咂舌。在我国地方治理过程中，不同层级的政府、不同政府部门，甚至同一座办公楼内不同单位之间数据类型及其硬件都不能做到兼容统一。

在杭州、重庆等南方地区，不同时段、不同区位的数据的共享程度极低，留下了诸多矛盾。如城镇区、县之间的户籍信息做不到完全共享，跨区域的居民在获取服务的时候就会遇到诸多困难。很多部门还为信息的录入设定障碍，如社保部门的指纹信息系统要求必须有居民身份信息方能采集，很多居民持户口本就不能录入数据，令外如因年龄高和身体不便等原因无法长途奔波的，即可能无法录入指纹信息。

3. 大数据技术落后

目前我国各级地方政府在大数据技术投入较多，大数据相关行业发展很快，但与先进国家相比，大数据技术、应用硬件与软件研发等方面仍有诸多不足之处，这些不足集中体现在人才和平台两个方面。以贵州为例，在全面布局大数据行动计划过程中，大数据技术缺乏实用性软硬件平台、应用研究滞后、数据硬件发展后劲不足等问题。在大数据应用过程中，由于缺乏人才，传统的数据分析方法难以改变，这些都导致大数据工具基础层面与市场对大数据的需求不对称。在大数据领域，较其他国家和地区，国内软硬件厂商仍处于初级阶段，在线数据、数据库、专业领域的平台等基础建设滞后。目前的地方治理中，对大数据技术的运用仍集中在商业应用上，以市场主体的市场活动为主。政务平台的大数据技术因人为和技术的原因，其建设成本过高。大数据技术内在统一性标准的要求使得其对基础设施的投资较高，周期较长。这就给很多落后地区的政府造成了困难，如中西部很多地区在财政资金匮乏，技术、人才奇缺的压力，往往导致大数据建设只是支离破碎的结果。目前世界范围内，大数据的技术水平已经不断发展，可视化与可理解性逐渐成为大数据的内在标准，我国很多地方政府提供的大数据往往是非可视的难以理解的专业数据，一般群众理解起来十分困难，这造成大数据的经济效益转化程度较低。

五 解决方案

综上分析，我们可以看到大数据技术运用的内在规律与地方治理中官僚制弊端、多元性之间存在着重大的冲突，导致了种种问题。为了解决这些应用过程中的不足，本文建议采取如下措施。

1. 数据及数据源的保密分级

数据共享是大数据的现实价值，而共享与隐私保护又关系到公民个体和国家整体的安全。在数据领域，对数据信息和信息生成两个领域进行保密，是大数据建设的重要环节。首先，对于涉及国家机密的信息，采取封闭和保护的态度，限制甚至禁止其被分享。在国家机密的保护机制中，可以根据信息的敏感程度设计其保密级别、保密期限等等，为下一步数据外包管理做好准备。其次，对于个人隐私的分类，应当遵循两种原则：第一、"告知与许可"原则。即让人们自主决定是否、如何以及经由谁来处理他们的信息，这就意味着将个人隐私保护的责任放在了每个公民个体的受众。第二、使用者负责原则。在信息时代，个人信息的保护很难完全由公民自身完成。有学者认为应改变传统的隐私保护体系，将隐私保护的责任由公民个体转移到数据使用者身上，即由数据使用者为其行为承担责任，而非停留于收集数据之初的是否取得个人同意。围绕使用者负责的原则，目前又提出了数据脱敏技术和数据分类分级等一系列隐私保护手段。信息脱敏技术是指将数据脱敏为不含用户隐私的测试用数据；数据分类分级从隐私安全与保护成本的角度出发，对数据进行分类和等级划分，进而根据不同需要对关键数据进行重点防护。

2. 将保密分级低，社会需求高的数据统一外包

在保密分级工作的基础之上，将分级等级较低、社会需求较高的政府信息与公众信息统一外包给政府外机构进行管理。这里的信息不仅仅是数据本身，还涉及数据生发、编辑、存储的途径。这样，就规避了政府机构多元管理、官僚制弊端的影响，而且发挥了市场机制的作用。更

重要的是，在专门的市场化信息管理主体中，信息的管理必然会采取统一的标准化模式，这样才能降低主体管理大数据的成本，这与大数据的内在要求一致。另外，市场化管理主体往往没有种种行政性质的偏向，其管理下的大数据的质量更高，具备较高的可比性、可靠性。此外，市场化信息管理主体会以效率为优先考虑，这样更加便利于大数据规模经济效应的产生。在盈利方面，大数据具备一定的公共品性质。所以应参照公共服务的政府补贴模式，即政府对数据信息获取的收费标准进行统一规范，按照市场进行运营，对数据管理主体的盈亏进行补贴。实际上，市场主体在运营中就已经产生并收集了海量数据，它们本身就是大数据的一个来源。如电商网络平台对店铺信用的评价星级、各种体验网站上对线下实体店面的评价等等，这些信息都是有价值的大数据信息。将这些信息外包给市场主体管理，本身也是顺理成章的。

3. 政府设置机构对外包管理机构进行监管

大数据时代，无论是政府信息还是公众信息，一旦成为大数据的内容，就有可能涉及国家利益以及个人权利的保护问题。所以即便对保密等级较低、社会需求较高的数据和数据源进行了外包管理，政府也必须通过立法、行政等手段对外包管理机构进行监督。这种监督不应该是立法之后的一劳永逸，而应该是动态的监督，即频次较高的定期检查与不定期的监督相结合的方式。根据大数据管理企业的运营情况，政府还应当鼓励建立行业标准，为政府立法提供经验支撑。对于数据管理机构的违法行为和滥用大数据的惩戒也要有充分的预判和规制。

4. 立法统一大数据各项标准

无论是保密、外包还是监管的环节，统一大数据管理、运营的各项标准是重中之重。这个任务只能通过立法来解决。在立法环节，应当注重上位法的重要作用，下位法必须在上位法的框架之中进行，以保证各地方政府、各政府部门所管辖的大数据能够具有统一标准。大数据立法是一项新事物，还应当在行业发展和实践中不断丰富、修订和完善。

参考文献

David Osborne & Ted Gaebler, *Reinventing Government: How the Entrepreneurial Spirit IS Trans-*

forming The Public Sector,Addison-Wesley Publishing Company,Inc1 1992.

Michael Hammer and James Champy：*Reengineering the Corpration*：*Manifesto for Business Revolution*,A. Zondervan,1993.

［美］文森特·奥斯特罗姆：《美国地方政府》，北京大学出版社2004年版。

［英］维克托·迈尔-舍恩伯格、肯尼思·库克耶：《大数据时代》，盛杨燕、周涛译，浙江人民出版社2013年版，第23—46页。

［美］安东尼·M.汤森.智慧城市：《大数据、互联网时代的城市未来》，赛迪研究院专家组译，中信出版社2014年版。

［美］桑尼尔·索雷斯：《大数据治理》，匡斌译，清华大学出版社2014年版。

涂子沛：《大数据：正在到来的数据革命》，广西师范大学出版社2013年版，第22—49页。

俞可平编：《治理与善治》，社会科学文献出版社2000年版，第23—56、120—141页。

俞可平、何增科主编：《政府治理》，中央编译出版社2015年版。

周平：《当代中国地方政府》，高等教育出版社2010年版。

涂子沛：《数据之巅：大数据革命、历史、现实与未来》，中信出版社2014年版。

孙柏瑛：《当代地方治理：面向21世纪的挑战》，中国人民大学出版社2004年版，第81—103页。

徐继华、冯启娜、陈贞汝著：《智慧政府：大数据治国时代的来临》，中信出版社2014年版，第28—46页。

章政、皮定均、吴崇宇：《大数据时代的社会治理体制》，中国经济出版社2016年版。

赵成根：《大数据时代的国家治理》，中国社会科学出版社2015年版。

李志刚：《大数据：大价值、大机遇、大变革》，电子工业出版社2012年版。

Contents and Abstracts

China's Governance: Experience, Problems and Challenges

Yan Jirong

Abstract: There are so many countries in the world, whether they belong to the "leading country", the "successful country" or the "failed country", their status is related to the ability of governance. Over the past 40 years, China's national governance capacity and level have greatly improved. This paper attempts to assess China's governance experience in the past 40 years of reform and opening up based on the governance needs of a large country with a long history. The article holds that China's governance has been supported by the "system effect" of the CPC's centralized leadership and the "policy effect" of reform and opening-up. China's "reform and opening-up", modest learning and maintaining flexibility and adaptability of the governance process are the key reasons for its achievements. Today, China's governance still faces many problems. As long as we continue to adhere to the principles of "reform and opening up", modest learning and flexibility and adaptability of governance methods in the process of governance, China's governance will surely contribute more wisdom to global governance.

Key Words: Governance; Authoritarianism Resilience; China Rises; Reform and Opening-up; National Governance

Discuss on the Positive Role of Chinese Philosophy in the Process of Modernization of National Governance

Hao Geng

Abstract: There has an urgent mission that the construction of national governance system and governance capacity in the field of contemporary Chinese political life. Seeing through the history, realism and international experience, by comparing the experience of national governance at home and abroad, and using Chinese wisdom to analyze the gains and losses of the process of modernization of national governance, we can find out the enlightenment of gains and losses in the process of national governance from multilevel and multi-dimensional perspectives. The capitalist countries have undergone large amounts of practice more than 300 years. The exploration of the contradictory relations between government and market, government and society, governmental will and objective law, public rights and private rights, national economy and people's livelihood that provide us with a lesson draw from their experience. The progressive trend of free-intervention-selective reflected in between government and market that just coincides with the positive-negative trend of negation of negation. Meanwhile, the concepts of Chinese philosophy, such as the value of man over things, righteousness over benefit, virtue over power, harmony between man and nature, the unity of man and nature, the unity of good and the unity of truth and beauty that also absolutely conform to the core values of state governance in our contemporary. To realize the modernization of state governance, we should base ourselves upon China and look at the world, stand at the forefront of the development of human society, combine the reality of our political and economic evolution, interact with foreign experience, and rely on our own wisdom, which find out the basis of promoting the modernization of our political civilization and seek a rational, scientific and regular way of state governance.

Key Words: National Governance; The Pattern of Modernization; The Guide of Philosphy; Chinese Path

Authority, Representation and Public Deliberation in State Governance

Duan Demin

Abstract: Public deliberation is usually considered as a very important part of state governance. Scholars often consider the public nature and the effectiveness of public deliberation depends on extensive political participation and empowerment of individual and social actors. While not denying the validity of this judgment, this paper intends to argue that this idea tends to unnecessarily pit political authority in the form of political representation against public deliberation, and thus ignore the inherent potential of public deliberation in political authority. In this regard, both Chinese experience and representative politics in western countries could provide sources for reconsideration.

Key Words: State Governance, Authority, Public Deliberation, Political Representation

On Ignorance of a Society, Its Education and Management of Its Risks

Huang Hengxue

Abstract: A modern society is involved in social risks of different types. Intensification of management of the risks of a society is a significant mission of improving the system for governing a country. This paper, based on the theories and approaches of various disciplines, explores the relationship among ignorance of a society, education of such a society, and the management of its risks. The author of the paper introduces a philosophical proposition of ignorant people, on the basis of which the author presents the idea of the ignorance of a society—a hypothesis of a basic theory. On the basis of that the author thinks that the supposition of ignorant people should be a theoretical primary supposition of education and management; and the supposition of ignorant people in a society should be primary supposition of social education and social management. An ignorant society could result in many different social problems and risks while the education of a society is the fundamental solution that improves the knowledge of the society but decreases its ignorance. Therefore, an active education of a society by comprehensively boosting educational programs of all kinds for building up an education-oriented society will be conductive to the adaptability of a society, improvement of its administration, and furthermore, effectively decrease and prevent social risks.

Key Words: Hypothesis of Ignorant People; Ignorance of A Society; Education of A Society; Social Risk; Social Management

"State" In "State Governance": Arena or Agent?

Li Xiuke

Abstract: In 2013, the third plenary session of the 18th CPC Central Committee identified to advance China's State Governance system and State governability. Since then, massive literature concerning Governance and State Governance has emerged. Ironically, the enrichment of literature on State Governance not makes a definite understanding, but blurs the connotation of this term. This paper will trace back the original meaning of governance and reveal it's modern signification. The rejuvenation of governance indicated the dilemmas confronting western states. comparatively, the prevalence of state governance in China illuminates the dilemmas and confusion confronted to China, which is apparently distinguished from that of Western states.

Key Words: Governance; State Governance; Welfare State; New Liberalism; State-building

Governance Modernization and American Political Development

Liu Guoli

Abstract: This article examines governance modernization, political development, and current policy challenges of the United States. What are the key elements of governance modernization? What are the key lessons from the United States in its governance modernization and state building? What is unique about American political development? We use selective case studies to demonstrate governance modernization and American political development. We also examine some current policy challenges facing the United States. Critical analysis of the unique path of American political development and the contemporary policy challenges should help us better understand governance in global perspectives.

Key Words: Governance Modernization; Political Development; US Policy Challenges

The Government-led Government-business Relation and its Spill-over Effects Based on the International Comparison

Ran Hao

Abstract: The Developmental State mode has made profound effects on the Government-business relation in East Asian countries and districts. Based on this, the studies on the traditional Government-business relation in China should be diversified to such as the short-term historical mode change analysis and the interest analysis, in order for the further comprehension of the Government-led Government-business relation in China. Further, one of the important spill-over effects of the Government-led Government-business relation is to what extent does the government scale influence the economic growth? The basic law drawn from the international comparative experience is that the government scale and the economic growth have the inverted-U relation, namely, the former benefits the latter whilst the national economy stays low, yet the former does not remain beneficial for the latter when the government scale expands to some one particular 'critical point'. The conclusion marks of great importance, in terms of the government scale and the economic growth relation, to the studies on the Government-led Government-business relation in China.

Key Words: Government-Business Relation; Government Scale; Economic Growth

The Experience of Local Governance in Ancient China: Analysis on The Defects of Local Governance in The Qing Dynasty

Wang Cheng   Xie Xinqing

Abstract: In the practice of state governance, local governments have the same important status as the central government. In some cases, the impact will be greater than that of the central government. History and reality tell us that as long as the country, population and other factors reach a certain scale in any country, in order to achieve normalization of governance, it is necessary to set up local government organizations with different styles, and the central and local governments can coordinate to complete national and social governance. As the last imperial dynasty in China, the Qing dynasty's rulers developed the monarchical system to the most perfect and refined stage on the basis of summing up the experience of the previous generation. The influence of its local government system design on future generations is huge and long-lasting. There are three major drawbacks in the governance of local government in the Qing Dynasty: the supervisory position is highly weighted, and the main government officials in the grassroots government monopolize; the government has been empowered by the government, and the local government has been corrupted. The level of local government institutions is complicated and the authority of officials is staggered. Today's China is a continuation of historical China, with many similarities in history, culture, national psychology, political operation, and government processes. In the process of modernization and governance, we believe that we can get useful inspiration from the treasures of history and culture.

Key Words: Ancient Times; Local Governance; Qing Dynasty

The Historical Evolution and Future Prospects of Digital Governance in Foreign Countries

Huang Jianwei   Liu Jun

Abstract: From e-government to digital governance, it embodies the development of ICT and governance. It is the process of organic combination of technology and value concept. Through the combing of the development of digital governance in foreign countries, the potential of digital governance has been widely recognized. However, in practice, its development has been slow and has generally gone through three stages: government billboards-providing information, services-public participation and limited interaction, and overall in the development of the intermediate stage. More and more scholars have found that the development of digital governance has changed from a technical issue to a social science issue and needs new thinking to guide future development. Under the historical background of the transition of human society to the globalization and post-industrialization, this paper proposes a development path of 'interaction-trust-cooperation'. Specifically, when using ICTs, government departments should shift from one-way information distribution strategies to two-way interactive strategies and promote socialized cooperative relationships under the premise of increasing social capital so as to eventually move forward with the development of digital governance toward cooperative governance.

Key Words: Digital Governance; Historical Evolution; Future Prospects; Cooperative Governance

Empowerment, Procedure and Democratic Effect of Grass-roots Deliberation in China

Tong Dezhi

Abstract: On the basis of 352 effective cases of grassroots deliberation in China, we examined grassroots deliberative democracy in China from 5 core coding points, 11 axis coding points and 26 open coding points, including subject selection, agenda setting, program operation, theme type and result usage. We found that grass-roots deliberation widely existing in China has an obvious empowerment in the choice of subjects, making autonomous organizations and residents the subjects of consultation. On the other hand, at the same time, this deliberation process has obvious democratic attributes in terms of knowledge and expression, determination of deliberation contents, and use of deliberation results. The empowerment process of grass-roots deliberation in China is not only embodied on the basis of current laws and relevant regulations, but also confirmed in practice from the initiation of deliberation, the organizers of deliberation, the makers of deliberation procedures, the subjects involved in deliberation, the main components, and the selection of participants. In the process of grass-roots deliberation, it showed full democracy in the aspects of knowledge and expression, institutionalization, deliberation subject, and use of deliberation results. Not only was the deliberation process seldom interfered with, but the deliberation results were fully respected and implemented.

Key Words: Grass-Roots Deliberation; Empowerment; Democratic Process; Democratic Effect

Analysis on the Mechanism of the Provincial People's Congress Standing Committees Accepting the Internet Expression of Public Interests
Gao Pengcheng　Zhang En

Abstract: As the basic form of Chinese democratic politics, the people's congress system is the most fundamental and important interest expression system of Chinese citizens. The rapid development of the Internet has brought new opportunities and challenges to the people's congress representative system to bring together public opinion and comprehensive social interests. In order to summarize and evaluate the current situation of the system of the people's congress accepting the public's interest through the network, this paper comprehensively analyzes the applications of content analysis and experience to examine the official websites of 31 provincial people's congresses and the WeChat public accounts. The Standing Committees of the Provincial People's Congress of China had basically established the interest expression mechanism for the collection of legislative items, the collection of opinions on the special rules and regulations, and the suggestions for the collection of regular opinions. However, there are still much more needed to be done on expression functions, general normative designs of functional module, functional usage of interaction and interface friendliness. In this regard, this paper proposes to solve the above problems from the aspects of concept renewal, top-level design, media integration, and institutional innovation, in order to strengthen the institutional capacity of the provincial people's congresses to gather and integrate public opinion.

Key Words: People's Congress System; Standing Committee of the People's Congress; Interest Expression; Internet

Social Network, Life Satisfaction and the Quality of Local Government: Based on Questionnaire Conducted on Districts and Counties in Jiangxi Province

Nie Pingping   Huang Wenmin

Abstract: We use questionnaire conducted on districts and counties in Jiangxi Province to analyze the relationship between social network, life satisfaction and the quality of local government by structural equation model (SEM) and linear regression equation model. The results show that social network has a significant positive effect on the quality of local government; life satisfaction has a significant positive effect on governance's performance and trust of local government, but has no significant impact on democratic construction; different indicators of social network and life satisfaction have different effects on the quality of government. Besides family life, the other five indicators of life satisfaction affect governance performance significantly; working status, family life perception and community (village) living environment perception will significantly affect government trust; except community (village) living environment, other factors do not affect democratic construction. Among the four indicators of social network, the trust of the general population and the sense of social acquisition will significantly affect all aspects of government quality, while the trust of intimate groups will only affect the trust of government, and social expenditure will only affect the construction of democracy. Therefore, in order to improve the quality of local government, we should pay more attention to the construction of grass-roots social environment such as villages or communities where residents live, promote the trust of the general population and improve the employment environment of the people.

Key Word: Social Network; Life Satisfaction; the Quality of Government; Government Trust; Democratic Construction

Grass-Roots Public Participation Mechanism in the Implementation of Public Policy: Analysis Based on Relocation and Avoidance Event in Y Place

Gong Hongling

Abstract: At present, social contradictions and conflicts are increasingly showing public policy trends. Research shows that the imperfect participation mechanism is an important reason to cause even intensify social conflicts. For the grass-roots public, participation failure causes them to be "virtual" in the game of interests of public decision-making. In order to realize their own interests, they push forward the expression space to the stage of policy implementation. The analysis shows that the grass-roots public often participate in and influence the policy implementation process through a series of mechanisms. However, the participation of this stage is multi-dimensional, which leads to its participation behavior present a continuous energy and evolution transformation characteristic as 'institutionalization to non-institutionalization'. This paper discusses this phenomenon, and points out based on the analysis of relevant issues that we should constantly improve the participation mechanism in policy implementation from the perspective of policy information diffusion, appeals expression of the main body, interaction between governments and networks, behavior counseling and regulation, and negotiation dialogue to promote interest demands expressed properly and all parties interests coordinated, so as to enhance the policy execution efficiency.

Key Words: Policy Implementation; Grass-Roots Public; Participation Mechanism; Negotiation Dialogue

A Study on Property Management Service Performance and Evaluation System in Community Governance

Xiao Mingzheng   Zhou Yixin

Abstract: Community governance is an important strategic space of social governance, and it is becoming an important carrier of national governance system and innovation in the process of national modernization of governance system and governance capacity. Property management is a new thing arising from the reform of the real estate system. With the downward shift of community governance, property management, as a new type of community autonomy management mode, has been integrated into community governance. Its service content covers all aspects of community life, such as cleaning, greening, security, communication, commerce, entertainment, education, medical treatment, housekeeping and so on. The main force of community governance has become an active practitioner of a harmonious community. Based on the analysis of relevant literatures on community governance, property management and service quality by scholars at home and abroad, this paper expounds the concepts of community governance, property management and service performance, combines community governance with property management, and systematically discusses the content of property management service performance under the background of community governance. And the influencing factors, analysis of the current property service performance evaluation practice deficiencies, and based on the property service performance content and influencing factors, to build a more comprehensive and systematic community property management service performance evaluation system.

Key Words: Community Governance; Property Management; Service Performance; Evaluation System

Research on Social Capital Embedded in Urban Hydro-ecological Governance Network

Xu Xiaolin　Huang Chen　Mao Zijun

Abstract: Industrialization and urbanization promoted vigorous growth of urban economy, while deteriorated aquatic ecological environment at the same time. It has been a significant research topic that how to keep balance among the benefit of eco-environment, economical benefit and social benefit in the new era. Hydro-ecological civilization construction is the core content of ecological civilization construction and necessary safeguard of beautiful China construction, which required widely participation of governmental and non-governmental actors. On the basis of Ecology of Games Framework, this research selected E' Zhou, one of the pilot cities of hydro-ecological civilization, as the sample, to establish a hydro-ecological governance network, which includes 59 stakeholders from different levels governmental departments, enterprises and non-profits. The key objective of this research is to explore how social capital make influence on cooperative activities among actors. According to the statistical results, bonding capital could improve trust among stakeholders and enhance whole collaborative performance. Bridging capital could strengthen the effectiveness of participative channel and thereby motivate the enthusiasm to take part into the governance.

Key Words: Hydro-ecological Civilization Construction; Hydro-ecological Governance; Social Capital; Social Network Governance

Deficiencies and Improvements of the Application of Big Data Technology in Local Governance

Zhao Teng

Abstract: Local governance has always been key point for Chinese political governance, along with the technology of internet, the era of Big Data is becoming. By the hand of Big Data, local governance can provide public service more differentially, and the mechanism and logic of local governance can be innovated. The essay focus on the mechanism, characteristics and shortcomings for Big Data tech used in Chinese local governance, and trying to bring up the strategy for improvement.

Key Words: Big Data; Local Governance; the Mechanism of Governance

《国家治理现代化研究》征文启事

为推进国家治理体系和治理能力现代化,提升国家治理学术研究水平,推进中国特色新型智库建设,推动相关优秀成果的转化应用,现公开征集《国家治理现代化研究》学术成果,诚邀国内外专家学者踊跃投稿。具体事项如下:

一 概要

《国家治理现代化研究》是由北京大学国家治理研究院与北京大学·复旦大学·吉林大学·中山大学·中国财政科研究院国家治理协同创新中心共同编辑、定期出版的刊物。辑刊围绕国家治理现代化进程中的重大理论和现实问题,重点刊发对国家治理和公共决策有重要参考价值、对实践有重要指导意义的研究成果。国家、教育部重大、重点项目,教育部人文社会科学重点研究基地重大项目,以及国际合作项目等项目研究成果,具有采用刊发的优先权。

二 主题

辑刊以马克思主义为指导,贯彻理论联系实际和科学创新的方针,积极推进国家治理现代化,以"国家治理体系和治理能力现代化研究"为主要征稿内容,欢迎与该方向相关的专门研究稿件,如国家治理理论、战略、模式、方法研究;市场治理与监管、社会治理、公共服务、地方治理、乡村研究、城市治理研究;产业政策、发展治理、生态治理、环境治理以及治理改革、比较治理研究等。辑刊同时也欢迎与本主题有关的书评和学者访谈。

三 稿件要求

1. 请在上述方向中任选一个角度撰写论文，题目不限，论文应突出原创性，字数以 10000 字左右为宜。

2. 所提交论文一般应为未公开发表的中文或英文文章，论文一经本刊采用，《国家治理现代化研究》享有最终版权，并且支付相应稿酬。

3. 投稿者应遵循学术规范，严守学术道德，一经发现有学术不端行为，将严肃处理，来稿两个月后未收到刊用通知即可转投他刊。

4. 来稿一律采用以下格式：

（1）首页：标题（中英文对照）、作者简介（包括姓名、单位、研究领域等）、联系方式（电话和电子邮箱），以及中英文对照的论文摘要和关键词。

（2）论文正文用小 4 号宋体字，1.5 倍行距。

（3）注释一律采用脚注，文末无需列参考文献。具体格式参见：http://www.cicsg.pku.edu.cn/tzgg/87950.htm 。

（4）论文采用 word 文档格式，文件命名为："单位简称+作者+标题"。

请将稿件发至 gjzlxtcx@pku.edu.cn，邮件标题请注明"投稿+单位名称+姓名"。

四 联系方式

1. 电子邮箱：gjzlxtcx@pku.edu.cn，本启事长期有效
2. 电话：010-62754337/62756637　传真：010-62754257
3. 联系人：靳梦醒　王婷

北京大学国家治理研究院

北京大学·复旦大学·吉林大学·中山大学·中国财政科学研究院
国家治理协同创新中心

2019 年 4 月 29 日